本研究得到了安徽高校人文社会科学研究重大项目(项目编号:SK2017ZD04)以及安徽省教学研究重点项目(项目编号:2017jyxm0162)资助。

中国当代消费观教育转型研究

阮超群　著

U0837539

东南大学出版社
SOUTHEAST UNIVERSITY PRESS
·南京·

图书在版编目(CIP)数据

中国当代消费观教育转型研究/阮超群著.—南京：东南大学出版社，2019.8

ISBN 978-7-5641-8297-7

Ⅰ.①中… Ⅱ.①阮… Ⅲ.①消费观念-研究-中国 Ⅳ.①C913.3

中国版本图书馆 CIP 数据核字(2019)第 025703 号

中国当代消费观教育转型研究

著　　者	阮超群
出版发行	东南大学出版社
出 版 人	江建中
网　　址	http://www.seupress.com
电子邮箱	press@seupress.com
社　　址	南京市四牌楼 2 号
邮　　编	210096
电　　话	025-83793191(发行)　025-57711295(传真)
经　　销	全国各地新华书店
印　　刷	江苏凤凰数码印务有限公司
开　　本	700mm×1000mm　1/16
印　　张	14
字　　数	260 千
版　　次	2019 年 8 月第 1 版
印　　次	2019 年 8 月第 1 次印刷
书　　号	ISBN　978-7-5641-8297-7
定　　价	59.00 元

本社图书若有印装质量问题，请直接与营销部联系。电话(传真)：025-83791830

绪　论

党的十九大宣布中国特色社会主义进入新时代，我国社会主要矛盾已经转化为人民日益增长的美好生活需要和不平衡不充分的发展之间的矛盾。新时代主要矛盾的转换必然带来消费观的变化，消费观的变化也必然带来消费观教育的转型，比如教育内容、教育方法、教育方式、教育路径的转型。针对新时代人民群众美好生活需要所呈现的多层次、多样化、多方面的特点，从消费观教育切入，有助于深入研究“美好生活需要”的时代内涵，对于主动引领、实现人民日益增长的美好生活需要，具有重要意义。

消费观是消费者在消费过程中体现出来的价值观。在后现代社会，消费观的主体可以是个人、集体、单位、国家。国家的消费观表现为不同时期的消费意识形态。国家消费观引领个人消费观，个人消费观反作用于国家消费观。消费观教育，从国家这一教育主体看，是国家在不同时期，将体现国家自身价值观的消费政策、消费意识形态引领消费者个体消费的一种重要活动。本文对消费观教育的相关概念进行解析，对中国当代消费观教育转型的脉络进行考察；对中国当代消费观教育面临的困境进行梳理；对消费主义消费观的基本状况进行分析；对当代中国消费观教育的现状与制约因素进行评析；从如何进一步优化当代中国消费观教育的角度进行系统论述。

对当代消费观教育转型问题的研究，其理论意义和实践意义表现如下：

第一，有利于将消费观教育融入思想政治教育活动之中，开拓思想政治教育新领域。思想政治教育本质是做人的工作，而消费是人的基本活动。消费观出问题直接影响思想政治教育的效果，消费观领域的问题应该直接成为思想政治教育关注的对象。

第二，有利于将社会主义核心价值观教育植入消费观教育，开辟社会主义核心价值观践行的新路径。资本主义以“自由、平等”为内容的核心价值赋予了消费主义消费观合法性;以“大生产、大丢弃、大消费”为内容的资本主义伦理赋予了消费主义消费观合理性;资本的鼓噪放大了消费者的消费错觉,奠定了消费主义消费观的形成机理;消费主义消费观的有效教育与传播让消费者忘却了对消费的反思与批判。消费主义消费观的全球实践,带来了消费者与自身身心健康的冲突,消费者与社会的秩序冲突,消费者消费与生产的平衡冲突,消费者消费与环境的承载能力、净化能力冲突。在当代中国,面对消费主义消费观的理论局限和实践困境,正确的选择是用科学发展观、社会主义核心价值观引领社会主义消费观,在此基础上,对消费主义消费观进行彻底的扬弃与超越。

第三,有利于从社会转型的维度看消费观教育转型的必要性。用科学发展观建构和谐社会绿色消费观,是一种以满足消费者的真实需要为落脚点,以消费者的全面发展为最终目的的消费观。它体现了以人为本的伦理意蕴,渗透着浓郁的人本理念、适度理念、公平理念、和谐发展理念;它倡导科学、可持续、文明、健康的生活消费方式。用科学发展观建构社会主义消费观有利于帮助消费者走出消费主义带来的生存困境,实现人的尊严及其存在意义。

第四,有利于促进社会认同,提升社会凝聚力。用科学发展观、社会主义核心价值观建构社会主义消费观,形成和谐社会绿色消费观是缩小贫富差距,进一步实现社会主义本质的有效途径。消费主义消费观如果无限扩大,则会是富人的消费档次越来越高,其示范效应越来越明显;而穷人连基本的生存需要都无法得到满足,无法享受社会空前繁荣的好处,客观上会诱发社会心理失衡与心理焦虑。就消费者与社会的关系来说,用科学发展观建构社会主义消费观,是推进社会主义核心价值建设的关键。资本主义国家企图将消费主义消费观作为统治世界的生活方式和价值观念,这会对不发达国家主流价值建设产生严重冲击,不仅会腐蚀人的灵魂,而且会涣散社会生活,消解社会制度的凝聚力。消费主义消费观的全球蔓延,极大打击了不发达国家民族自信心、自豪感,进而引发社会合法性危机。用科学发展观建构社会主义消费观,是推进社会主义核心价值体系建设的重要抓手。通过对消费主义消费观的理论评析、实践检验,我们越发感受到消费主义消费观要被和谐社会绿色消费观所扬弃并超越。其背后的本质是资本主义核心价值观被社会主义核心价值观所扬弃。

第五，有利于引导消费者从单纯追求协调消费者同自身的消费关系扩大到协调消费者与自身、消费者与他人、消费者与生产、消费者与环境的多维消费关系。有利于提高广大人民群众的消费生活质量，推进经济发展、社会稳定和共同富裕的目标实现；有利于节约资源和保护环境，促进消费者与自身的和谐、消费者与他人的和谐、消费者与生产的和谐、消费者与环境的和谐、消费者与社会的和谐。

就消费者与自身的和谐来说，消费不仅是一个肉体生产的过程，也是精神生产的过程。用科学发展观引领的社会主义消费观，使消费者不再盲从自然的、肉体的、非理性需要，摆脱消费主义把人生的意义淹没于对物的片面追求之中，拯救消费主义带来的精神极度空虚和意义世界的严重倾斜。有利于把人从对金钱、权力、物质财富的无限追求中解放出来，让人协调好生存消费、发展消费、享受消费的关系。就消费者与生产者的和谐来说，就是要促进消费者的劳动能力的不断提高，因此努力推进人的能力的发展是用科学发展观建构社会主义消费观的应有之义。由于社会的发展本质上就是人的劳动能力的发展，而消费是人的劳动能力的基础，是劳动力再生产的前提，是提高劳动者素质的必要条件；因此，用科学发展观建构社会主义消费观，有利于人的个性自由全面发展。

本书的研究与写作，得到了师长、前辈、同事和朋友的大力支持与帮助，对此深表感谢。尉天骄教授、孙其昂教授、郑大俊教授、戴锐教授、金林南教授、双传学教授等诸位专家曾给予我许多的悉心指点和无私帮助，感激之情，无以言表。我的父母对我的研究给予了无私的支持，妻子和儿子为我的工作和研究牺牲了很多，在此一并表示感谢。

目 录

第1章 引 言

1.1 问题的背景

1.1.1 现实的追问

有资料显示，目前中国仅餐饮行业，一年要倒掉2亿人的口粮，这在过去的匮乏时代是不能想象的。今天，国家已经逐渐走向物质丰裕时代，但浪费性消费就具有正当性、合理性吗？这样的现实问题引发出更多的理论思考：在中国当前经济发展语境下，国人应该持有一种什么样的消费观？国家应该推行一种什么样的国家消费观？国家应该用什么样的消费观去引领消费者个人消费观？这些都是当前消费观教育亟待解决的问题。如果国家不从国家消费观教育的层面解决这些问题，那必定会造成这样的局面：一方面，富有的消费者大肆浪费，另一方面，全国还有几千万人挣扎在温饱线上，常常食不果腹。由此最终造成社会的不和谐，也让社会主义本质不能全面彰显。更为重要的是，由于浪费性消费行为的盛行，一方面生态危机的警钟一次次敲响，另一方面，不合理的消费、畸形的消费带来了消费者身与心的矛盾、消费者与消费者的矛盾、消费者与生产的矛盾、消费者与社会的矛盾、消费者与生态的矛盾。面对这些矛盾，政府一方面要从民生消费的视角，提出国家的消费意识形态——致力于实现让全体人民劳有所得、住有所居、病有所医、老有所养、学有所教的消费政策目标；另一方面政府又要努力倡导“以艰苦奋斗为荣，以骄奢淫逸为耻”的核心价值，并将其植入国家消费观，使其成为国家消费意识形态的内容之一。如何将政府的倡导融入社会主义消费观的理论研究与实践操作之中去，并运用这些消费观对广大消费者进行消费观教育呢?

消费观教育是一个在不同时代生产力发展环境下,教育的主体、教育的方式、教育的情境、教育的参与者有明显差异的过程。通过消费观教育,形成消费者的消费观,消费观指导消费者的消费行为。然而,现实的消费观教育过程中,由于消费观教育发生情况的复杂性、消费观内容的差异性、不同消费者所持有的消费观内容的冲突性,消费者常常变成自己的对立物,即面临真实需要与虚假需要的矛盾、灵魂与肉体的矛盾、理性与欲望的矛盾。现实生活中的消费者个人,如何尊重自己肉体的真实存在,尊重肉体和欲望的真实合理性,又不断地对肉体和欲望进行管控和超越,逐步从价值视角,去拓展心灵世界和精神世界,使人在现实生活中去彰显、张扬生命存在的尊严。然而,消费者价值尊严的实现又常常令消费者在消费的过程中面临许多悖论:消费者自知又不自知;追求真理和幸福却又永远达不到真理和幸福;不愿意承受劳碌之苦,但空虚和无聊又让人难以忍受……消费赋予人尊严,消费使人优于自然物,但是,消费又给人带来忧虑、烦恼和危机,消费又可能使人陷入种种诱惑、无知、自我迷失之中。这些都是今天的消费观教育不能回避的话题。

1.1.2 理论层面的困境

将消费观教育转型作为一个研究话题提出来,目前在学界还不多见。因此,要将消费观教育系统研究下去,在理论层面还存在系列困境。

1. 如何寻找消费观教育转型的理论支撑?

研究消费观教育,需要储备哪些基本理论作为研究的逻辑起点?如何准确把握消费、消费观、消费观教育、消费观教育转型等基本概念?如何在论文写作过程中,科学运用这些概念?

2. 如何从马克思恩格斯经典中寻找消费观教育的理论资源?

如何通过阅读马克思恩格斯原典,准确提炼出马克思的消费观?如何发现马克思消费观理论的一般特征?如何发掘马克思消费观理论分别在生产、消费、流通、分配四个环节中的内生性、依存性、蕴含性?尤其是通过概括,提升马克思消费观理论的洞察力,让本文的写作紧紧围绕马克思主义消费观理论指导,并将马克思消费观理论时代化、中国化。

3. 如何从传统消费观教育中挖掘有效的、可资借鉴的理论资源?

研究中国消费观教育转型,如何通过对传统消费观的考量,来观照今天的消费观及其形态?传统消费观教育内容是什么?传统消费观教育方法对当今消费观教育有何启迪?传统社会中,匮乏、短缺一直是人的需要满足的障碍,在匮乏主导的社会条件下,消费常常没有被赋予道德正当性。消费的正当性一旦失去,会对社会发展造成哪些危害?用马克思的消费观理论来测度传统消费观教育,会得出哪些结论?安贫乐道、知足常乐作为传统社会消费观教育的主导内容,其教育的方法、途径是什么?重义轻利、存理去欲为什么成为传统社会的主导消费价值观?

4. 中国不同时期消费观教育的内容及其成因是什么?

改革开放以前,为什么艰苦奋斗、清心寡欲是大众普遍的消费价值观?政府是站在何种角度抑制生活消费,鼓励"新三年,旧三年,缝缝补补又三年"的消费观的?社会为什么流行计划生产、有限供应、凭票消费的消费模式?当随着市场经济的发展,原本束缚人的消费需要的客观物质条件大大改善,人们可以随心所欲地选择自己的生活方式、消费方式时,人们为什么被前所未有的焦虑、纠结、郁闷、孤独、空虚所包围?

5. 如何在协调以消费者为中心的多维矛盾中搞好消费观教育?

现代人的消费受到一系列关系的挤压,表现为:个人需要与自己生理阈限的挤压;生产能力与消费能力的挤压;消费冲动与环境承载限度的挤压;社会消费潮流与时尚演绎的消费前沿与自己的购买能力有限性的挤压;富人炫富与穷人仇富的挤压。如何协调这一系列关系?这就是本文研究的理论层次面临的困境。

1.1.3 问题的提出

研究消费观教育转型必须在社会经济结构转型、生产方式转型、分配结构转型、消费对象转型、社会运行模式转型的大背景下进行。因为"教育发展并非孤立的运动,非自始至终与世绝缘的运动,而是随着人类精神生活的发展而发展的。所以在任何地方,我都把广阔的人类精神生活发展的趋势及其在教育上的影响,尽可能清楚而明晰地显示出来。"①教育转型是为社会转型服务了,而社会

① [德]弗·鲍尔生.德国教育史[M].滕大春,滕大生,译.北京:人民教育出版社,1986:1.

转型反过来又推动了教育转型，两者相互借重。“教育的转型始终是社会转型的结果与征候，要从社会转型的角度入手来说明教育的转型。”①

消费观教育的相关概念有哪些？如何考察中国当代消费观教育转型的脉络？如何分析中国当代消费观教育面临的困境？如何客观评析消费主义消费观？本文研究中国当代消费观教育转型，将产生一个问题集，其顺序如下：

考察中国当代消费观教育转型的脉络，必须从时间的维度分析改革开放以前，中国社会的消费观教育是什么形态？具体化为主流消费意识形态消费观教育方式、内容、载体、原因等因素的分析。改革开放以来，中国消费观教育发生了什么转型，转型的背景是什么？消费观教育转型的目标为什么是建构对中国特色社会主义道路的认同？如何建构消费认同？在消费观教育转型中，国家如何发挥应有的主动作用？

如何遵循马克思的消费理论，并且与中国国情相结合，推动马克思主义消费观中国化？全面分析我国当代消费观教育转型面临的困境，在论证过程中发现，只有致力于消费观教育转型，才能推动中国和谐消费、民生消费目标的完成。根据马克思的生产与消费的辩证观，只有生产与消费相适应，才能推进社会再生产的顺利进行，使经济平稳发展。因此，我们要设法使国民的消费能力的提升与国家的 GDP 增长相协调。按照马克思的生产消费同一性原理，努力实现消费公平，尤其重要的是，在消费前实行社会再分配的公平，利用社会主义制度优势，努力保障弱势群体享有平等的消费权利。目前，我国社会保障制度的不完善、贫富差距加大的现状客观上导致了低收入阶层消费意愿减弱、消费能力降低，而社会大众消费的低迷则直接影响了再生产的进行，所以，实现消费公平具有重大经济、政治意义。如何反思传统的消费观教育，尤其是要反思传统消费观中压抑人的正当、合理欲望的部分，并抛弃传统消费观中的落后内容？但反思并不意味我们可以毫无原则地矫枉过正，不意味着将节俭、朴素视为落伍、保守。

客观评价消费主义消费观，是开启中国消费观教育转型研究的重要环节。目前不能回避的事实是，消费观教育被商家主导了。商家主导的商品被商家文

---

① [法]爱弥尔·涂尔干.教育思想的演进[M].李康，译.上海：上海人民出版社，2006：228.

化化以后，将文化予以蒸馏，就露出消费观，商家主导的消费观教育体现了商家的盘算。消费观教育与商家的盘算粘连在一起，可能对社会核心价值体系予以解构，因此是消费控制生活而不是生活控制消费。商业活力和美学感觉是对于商业选择的两个条件。现代消费主义消费观教育看到的是物的产生、完善及人类自己的消亡。这种物“既非动物也非植物，……这种由人而产生的动植物，像可恶的科幻小说中的场景一样，反过来包围人、围困人①”。

1.2 研究目的

通过消费观教育，旨在引导人们科学处理利益关系，特别是要协调好个体人的利益和多数人的利益。通过消费观教育研究，引导消费者管控好自己的利益、协调好自己的利益、实现好自己的利益。马克思指出：“思想一旦离开了利益，就会使自己出丑。”消费是人类所有利益的核心利益，而消费观是消费过程中的价值观，对消费活动起统领作用，直接影响消费者的利益。研究消费观教育转型，最终目的是为建构一个健康的消费社会结构，寻找合理的思想理论基础。消费观教育应当成为目前思想政治教育学科重点关注的领域之一。从时间维度挖掘改革开放前与改革开放后消费观教育内容的差异以及成因；从消费观的角度论证中国特色社会主义道路的科学性以及坚持这条道路的必要性。确立和谐社会绿色消费观是当代消费观教育的重点，要用和谐社会绿色消费观抵制消费主义消费观，最终从消费的视角，协调好个人利益与多数人的利益。

消费观教育旨在帮助消费者打造科学的消费行为指南，引导消费者对自身的消费行为进行测度。消费者有什么样的消费观就有什么样的消费行为、消费模式与之相适应。消费观教育引导着消费者的消费行为，培育消费者的消费方式，打造着消费者的消费结构。消费观教育的形式、内容最终会影响人类的全面发展。首先，消费观教育能够不断加深认识消费在社会生活中的作用，最终引导着人类的生产。消费对生产的影响具体表现在：一方面，消费使社会再生产能连

① [法]让·波德里亚.消费社会[M].刘成富，全志钢，译.南京：南京大学出版社，2000：2.

续不断地循环下去，消费提供了社会再生产得以实现的手段，生产出来的产品如果不被人们适当消费，再生产就失去了动力意义，自然再生产也无法进行下去；另一方面，消费推进生产者劳动能力的再生产，消费为生产过程提供必要的劳动者。劳动者各方面素质的高低实际上取决于消费；消费为社会再生产提供源源不断的动力，消费为生产发展提供广阔的空间，激起更高的需求；消费为再生产提供导向，市场上什么样的产品滞销、什么样的产品畅销，只有通过消费反馈、分析才能知晓。因此，科学消费观教育能促进产业规模协调发展、引导生产投入，产业结构以及布局上的合理化。其次，消费观教育可以对人们的消费方式和行为产生重大影响。主流的消费观念给人们的日常消费以背景和参照，犹如舞台对演员的影响。再次，消费观教育能够调节人与生态环境的关系，从而影响社会与人的存在和发展。比如，消费主义消费观造成的全球性环境恶化、资源匮乏、生态失衡等问题，已经严重威胁到了人类的可持续发展。

通过消费观教育，有利于挖掘消费活动过程的消费观教育属性。消费者的消费观教育，并不完全是个人的独立选择，通过自我教育而形成的，在很大程度上它受到社会因素的影响。参照群体正是社会对个人施加消费影响的重要手段与途径之一，它是消费观形成的社会性的突出体现。在消费实践中，通过参照群体带有说服性意图的产品和品牌的使用，向消费者展示一种消费理念和消费方式，影响消费者自我概念的发展、消费观价值与态度的形成，并产生对群体消费服从的压力。

1.3 相关研究成果综述

目前，学术界虽然还没有直接研究消费观教育转型的论文、专著，但研究消费、消费观、教育转型等话题的中外学者、研究中心不断增多。研究消费、消费观、教育转型的论文，各种层级的科研课题，包括国家社科基金项目、教育部社科规划项目、省哲学社科规划项目也时常见诸网络、媒体。从内容上看，主要集中在以下方面：

1.3.1 关于消费观的研究

1. 消费观内涵的研究

在消费观含义的揭示上，许多学者进行了多维度的概括。林白鹏认为，消费观是消费者的消费价值观，它是消费群体对消费对象整体化的价值取向或评价，通俗地说就是消费者喜欢什么样的产品，或购买何种类型的产品最满足。它反映了消费对象与消费者的关系，是消费者对消费对象有无价值或价值大小甚至负价值的评价原则，决定着消费群体消费行为的大方向。① 不同国家、地区、民族群体的消费者，由于消费观不一样，对同一商品与服务会有完全不同的评价。在人们生活消费中，其习惯、要求、意向和心理状态以及消费行为本身都具有一定的文化意识。一般说，消费任何物质产品都会对消费者的心理产生一定影响，具有不同文化和心理素质的人会从价值功利、审美情趣等方面对其做出不同的反映和评价，这便赋予物质消费以文化的特征②。郑红娥认为，消费观是人们关于消费的根本看法、根本观点。人们的消费观基于人们的价值观，是人们价值观的具体表现。有什么样的价值观就有什么样的消费观。不同时代主导意识形态的不同，导致不同个体对消费的根本看法不同，由此形成不同的消费观③。罗子明认为，消费观念是潜藏于人们内心之中，指导其消费行为的价值准则，是特定经济环境中长期积淀而成的掌控人们消费结构、消费方式以及消费水平的“心理情结”。其一旦形成便具有较强的“惯性”特征。④ 石文典、丁乃姝认为，消费观的层次结构包含消费审美观、消费价值观、消费伦理观等内容。消费观是消费主体对整个消费行为所给予的具有重要影响的内在评价标准，而消费价值观则是消费主体对消费者的重要消费行为进行的一种内在评价标准。杨奎、董雅丽认为，纵观西方现代社会消费主义消费观主导的消费实践，可以实证分析得出，消费观有三种表现样态：从消费者的生理本能发起的基础层次的消费观，关注的是纯粹物的消费，

① 林白鹏.消费经济辞典[M].北京：经济科学出版社，1991：12.

② Leon G.Schiffman，Leslie Lazar Kanuk.Consumer Behavior. Upper Saddle River，N.J.：Prentice-Hall International，Inc，1997：2.

③ 郑红娥.社会转型与消费革命[M].北京：北京大学出版社，2006：34.

④ 罗子明.消费者心理学[M].北京：清华大学出版社，2002：137-139.

重点关注物的使用价值;从经济学层次生发的中间层次的消费观,关注的是商品的交换价值,通过测度消费对象的含金量,展示自己的社会地位、与众不同,炫耀自己的富有与金钱;从文化层次、心理学层次、升华层次出发的消费观,则是关注于商品的符号价值,以表现自己的个性和品位。陈爱华、沈明以《1857—1858年经济学手稿》为基础,援引马克思将消费分为生产消费与生活消费的理论,提出了将消费伦理观分为生产消费伦理观与生活消费伦理观的重要观点。

以上对消费观的研究,指出了消费观与价值观的密切关联性以及消费观的影响因素;但是,缺乏以消费者为中心的多维关系去研究消费观的形成机理、理性消费观与错觉消费观的差异,国家应当如何从政策上引导、建构消费观的政策导向,以使消费观教育处于一种良性发展理路。目前,学界将消费观等同于生活消费观的文章较多,没有紧密结合中国消费现状,将消费观进行合理分层,更没有揭示消费观各层次的关系。比如在生产领域还没有关于生产消费观的研究。实际上,市场经济下劳动力已经成为商品,科学技术、生产资料、环境、品牌均成了商品,这是基于社会分工,劳动者和消费者彻底分离之后才出现的现象。消费者在消费过程中,拓展了社会关系系统,表现为消费者同自身的身心健康的关系、消费者同生产者的依存关系、消费者同他人的共生关系、消费者同社会的依赖关系。如何处理消费者同以上几方的关系,是消费观教育必须深入研究的问题。最近几年,三聚氰胺奶粉事件、苏丹红事件、瘦肉精事件、达芬奇家具事件,实际上是生产消费观中,企业在消费技术的过程中,由生产消费观主导的生产消费出现了问题;永和豆浆事件、北京海底捞事件,是生产消费观中生产企业没有处理好同消费者的关系;富士康员工跳楼事件是生产企业在消费劳动力的过程中与劳动者的关系处理不当。以上无不折射出生产消费观问题。生产消费观中表现同环境的关系有:黑色生产消费观、灰色生产消费观,等等,当然这是负面的。正面的也有很多:绿色生产消费观、蓝色生产消费观。中国汽车召回制度就体现了和谐生产消费观。张瑞敏的质量观、格兰仕的成本观,让消费者买得起,本质上是在实践中回应了马克思有关生产与消费的同一性理论。

2. 对中国古代消费观的研究

中国传统思想中,有关消费观的论述丰富多彩、博大精深,其中尤以儒家和道家最有代表性。对中国古代消费观的研究，孔大强认为，孔子的消费观主要是提倡节俭，力主适度消费和理性消费。① 韩涛认为，在财富的消费上，孔子是崇俭的，主张治国要“节俭而爱人”。就是隆重的礼仪，也要与其奢也，宁俭。② 傅允生从儒家道家思想内涵的不同切入，比较分析了儒道两家消费观理论的特征。孔子主张消费的等级规范约束、仁义道德约束，老子主张消费者建构知足的行为准则，“不欲”的心理约束。③ 还有学者提出儒家倡导等级消费，道家提出无为消费，前者体现了封建等级统治要求，后者在下层民众中有广泛影响。④ 在对中国古代消费观进行研究的过程中，以上学者普遍认为，儒家消费思想中以孔子最有代表性。孔子有关消费观的论述，总的指导思想是知足，具体化为消费标准是“俭不违礼，用不伤义”。他强调：“奢则不孙，俭则固。与其不孙也，宁固”（《论语·述而》）。孔子很重视礼，但并不看重礼的外在形式，不主张使用高贵华美的礼器，穿戴许多制作复杂而且过于讲究的服饰，他说，“礼，与其奢也，宁俭。丧，与其易也，宁戚”（《论语·八佾》）。

傅允生、韩涛等认为，道家有关消费观的论述最具代表性的人物自然非老子莫属。“是以圣人欲不欲，不贵难得之货；学不学，复众人之所过，以辅万物之自然而不敢为”（《道德经·第六十四章》）。其指出了消费者要谨防陷入错觉消费的深渊。“五色令人目盲，五音令人耳聋，五味令人口爽，驰骋畋猎，令人心发狂；难得之货，令人行妨。是以圣人为腹不为目，故去彼取此”（《道德经·第十二章》）。“不贵难得之货，使民不为盗；不见可欲，使民心不乱。是以圣人之治，虚其心，实其腹，弱其志，强其骨，常使民无知无欲，使夫知者不敢为也。为无为则无不治”（《道德经·第三章》）。“是以圣人去甚，去奢，去泰”（《道德经·第二十九章》）；“罪莫厚于甚欲，咎莫憯于欲得，祸莫大于不知足。故知足之足，常足矣”（《道德经·第四十六章》）。

对中国古代消费观的研究中，停留于古代某一哲学家的经典文献介绍的文

① 孔大强.试论孔子的消费观[J].许昌学院学报，2009(1)：94-96.

② 韩涛.孔子“宁俭勿奢”的财富消费观[J].财富智慧，2008(Z3)：39.

③ 傅允生.孔子、老子消费观比较[J].财经论丛，2001(3)：10-16.

④ 傅允生.去奢从简：中国古代消费观溯源——从孔子、老子消费思想说起[J].现代财经，2000(10)：61-64.

章较多，在结合思想家当时消费思想形成背景的基础上，诠释其思想的本意及其对现代的借鉴作用是亟待进一步研究的，由于传统思想家有关消费观论述的语言十分洗练、概括，所以现代人从不同角度可以得出不同的意义理解，甚至出现了望文生义的现象。如何将传统文化中有关消费观教育的方法用来指导中国当下的消费观教育，有待进一步研究。

1.3.2 关于教育转型的研究

教育转型是教育学研究的一个热点话题。目前，国内研究有从时间维度展开的，集中于传统教育向现代教育的转型这一重点；有从空间维度展开的，如近代型学校向现代型学校的转型；有从社会体制维度展开的，如计划经济语境下的教育如何向市场经济语境转型；有从教育转型的元问题入手，研究教育转型的具体体现，一般特征、基本经验等问题。关于教育转型，最有影响的学者及其观点是：

从教育机构转型分析教育转型。叶澜指出，“现代型学校”取代“近代型学校”，是教育目标的转型之一。若要形成现代型学校的测评体系，要从价值提升、重心下移、过程互动、动力内化等要素展开。① 在教育转型的研究中，有学者指出，社会体制转型对教育模式转型产生深远影响。学者陈云恺为此指出，由计划经济向社会主义市场经济转型，对中国社会产生的深远影响，提出了教育机构要从适应计划经济的“传统教育”向适应社会主义市场经济的“现代教育”的转型。② 也有学者从如何推进教育转型的具体实现路径入手进行研究。教育转型从动力来源上看，有学者认为有：由以效益为核心、以规模为动力的外向式教育向以人为核心的内向式教育转型；由受教育者被动接受式教育向受教育者主动创造式教育转型；由封闭式学校教育向开放式学校教育转型；由共性化和个性化相对分离的教育向二者辩证统一的教育转型；由生产劳动与教育松散结合的教育向二者有机结合的教育转型。③ 还有学者从教育现代化看教育转型的必要性。顾明远认为，教育现代化是一个教育发展的历史过程，是传统教育向现代教

---

① 叶澜.实现转型：新世纪初中国学校变革的走向[J].探索与争鸣，2002(7)：10-14.

② 陈云恺.教育转型论纲[J].社会科学战线，2006(1)：228-233.

③ 范彩娥.教育转型刍议[J].吉林教育科学，1998(9)：65-66.

育转化的过程[①]。谈松华认为:从时间尺度讲,教育现代化是指从与传统封闭的农业社会相适应的教育向与现代开放的工业社会以及信息社会相适应的教育转化的过程;从价值尺度讲,教育现代化是指传统教育向现代教育转变过程中,通过分化整合所获得的新的时代精神和特征。[②] 还有学者指出,教育现代化是教育现代性不断增长的历史过程,教育现代性的增长才是教育现代化的根本特征。[③]

冯建军认为,教育转型的研究方法应该体现整体性,立足于整体,注重考察教育的内在机构的变化。教育转型的整体性研究可以系统展开为以下要素:培养模式、教育制度、教育的观念、课程教学、教育结构等。这是从教育的整体性出发,将教育大系统分解为许多要素,而每一个要素均是作为教育转型的部分而存在。教育是社会的缩影,因此,一是要从社会与教育的关系入手,锁定特定社会转型背景,研究教育转型,二是要从人类发展与教育的关系入手,以当代人类发展为背景,研究教育转型。教育作为培养人的社会实践活动,其转型与社会、人的转型具有一致性。[④] 有学者认为,研究教育转型要善于运用比较的研究方法,必须紧紧抓住以前是什么型,现在是什么型这一关键问题,要善于捕捉教育转型的时间视野和空间视野。冯建军认为,研究中国教育转型的视野要开阔,不能局限于某一具体实践、具体事件,需要从历史的视野以世界的眼光探求当代中国教育的规定性和发展方向。教育转型的研究应当立足于教育的时空、形态、性质三个维度,对当代中国教育转型加以历史考察,并做出当代的定位。[⑤]

总而言之,笔者经过梳理,发现研究者普遍认为应该将教育向现代化转型看作一个过程。这个过程的特征是:由封闭走向开放,重心下移与过程互动结合,通过立德树人落实以人为本的教育理念。这种转型的特征能够从教育观念、教育技术、教育制度、教育手段等方面发展。围绕教育转型的另一重点是研究教育转型的方法与视角。

---

① 顾明远.教育现代化的基本特征及实施策略[J].人民教育,2007(13):8-11.

② 谈松华.中国教育现代化的区域发展[M].广州:广东教育出版社,2003.

③ 诸宏启.教育现代化的性质与分析框架[J].高等师范教育研究,1998(3):9-13.

④ 冯建军.论当代中国教育的双重转型[J].南京师范大学学报(社会科学版),2011(3):104-109.

⑤ 冯建军.论当代中国教育的双重转型[J].南京师范大学学报(社会科学版),2011(3):104-109.

1.3.3 关于思想政治教育转型的研究

对于"转型"一词进入思想政治教育学科的研究视野，特别是思想政治教育转型的提出，孙其昂、石书臣、郑永廷等人做出了开拓性的工作，其中尤以孙其昂教授的研究最具代表性。他们普遍认为思想政治教育是社会的一部分，社会变化决定了思想政治教育的变化，社会结构的转型决定了思想政治教育转型。目前，学界研究主要从以下几方面展开：

就思想政治教育转型的原因、本质问题的研究。孙其昂教授指出，当代中国社会发展具有社会转型的特征，思想政治教育作为教育的一种特殊形态，同样具有转型特征。社会结构的转型是社会转型的本质，思想政治教育转型同样是思想政治教育系统要素结构转型，如思想政治教育外部关系、思想政治教育内部关系之间的调整和转变。从时间上把握，思想政治教育转型始于改革开放，目前正在深刻变动之中；从空间上考察，思想政治教育转型影响全社会。①

从动力、压力角度研究思想政治教育转型。孙其昂教授深刻指出，思想政治教育现代转型来自双重压力：一方面的压力来自社会系统的变迁，属于思想政治教育的外部条件。社会系统的变迁是一个十分宏大的所指，表现为系统中一系列要素的变迁，系统中分配关系变迁、系统的整合目标、方法的变迁、系统中的经济关系变迁、系统中人的生活方式的变迁、应该说这些均成为是想政治教育转型的外部力量。另一方面的压力来自思想政治教育系统操作效应，它属于思想政治教育的内部条件。②

关于思想政治教育转型的表现维度研究。孙其昂教授认为，思想政治教育的转型还表现为，思想政治教育的系统操作由原来的运动式变为现在的理论征服式、以理服人式。孙其昂先生以其独到的敏锐洞察力，感知到社会转型必然带来思想政治教育的现代转型，同时思想政治教育现代转型是教育转型的先导。孙其昂教授基于其社会、历史、系统视野研究的思想政治教育转型的系列成果为

① 孙其昂.论思想政治教育的现代转型——基于社会、历史、系统视野的考察[J].思想教育研究，2007(8)：5-9.

② 孙其昂.论思想政治教育的现代转型——基于社会、历史、系统视野的考察[J].思想教育研究，2007(8)：5-9.

本文提供了方法论指导。消费观教育转型是思想政治教育转型大视野下的一个小视角。以改革开放为时间参照，中国社会转型归因于经济结构转型，带动了中国社会分配方式、利益关系、生产方式、价值取向的转型，并由此带来消费实践转型。消费实践过程中出现了奢侈性消费、浪费性消费，消费活动存在被消费主义意识形态统摄的危险。因此研究消费观教育转型自然成为思想政治教育不能回避的问题，用和谐社会绿色消费观回应消费主义消费观是思想政治教育的重要使命。

另外，中国学界对西方消费主义文献翻译较多，对中国消费异化的研究也较多。但是，对中国消费观的具体研究直接援引西方消费理论，远离中国消费实际，有贴标签的痕迹。真正结合中国消费现状，进行深度分析的文章较少。总体看，学界无论是对教育转型的研究、消费的研究、消费观的研究、马克思主义消费观的研究、中国传统消费观教育研究、异化消费研究，均为本课题的研究准备了充足的理论资料。但关于中国当代消费观教育转型研究总体还处在成长阶段，像中国当代消费观教育转型的背景、内容、方法、目标等还未被涉及。

1.4 研究思路、方法与创新

1.4.1 研究思路

本书研究中国当代消费观教育转型，首先需要厘清相关基本概念，将其作为本研究的逻辑起点，其中包括消费、消费观、消费观教育、消费观教育转型、马克思主义消费观、以消费者为中心的关系群等多个概念，并将其作为本书展开的基本工具。由于是研究中国当代消费观教育转型，因此，离不开古今对比，由此传统消费观教育不可避免地进入本书的研究视野。但要挖掘传统消费观内容有哪些？消费观教育的方法是什么？传统消费观教育转向现代消费观教育面临哪些压力，在压力面前如何转型？本书拟探索改革开放以前的抑制型消费观教育以及改革开放以来的和谐社会绿色消费观教育；在此基础上，进一步追问中国当代消费观教育如何达成消费者之间的多重认同，以认同目标为参照，考察中国当代和谐社会绿色消费观教育及其困境;最后,针对教育目标的认同及和谐社会绿色消费观教育面临的困境,提出和谐社会绿色消费观教育的五大路径。

1.4.2 研究方法

文本研究法:文本的研究要继承前人,就必须认真研究前人的相关成果,在整理、吃透的过程中,找出其中可资借鉴的资源,进一步为本书研究服务。如《资本论》《政治经济学批判导言》《共产党宣言》《消费社会》等经典名篇。

逻辑与历史统一的研究方法:本书在研究中国当代消费观教育变迁问题时,必须紧密依据新中国成立以来消费领域的政策规定,分析中国消费政策与消费观教育的历史演变,特别是面对消费主义思潮在全球的迅速传播并产生广泛影响时,运用逻辑研究方法,建构符合中国国情的消费观。

理论与实践相结合的方法:消费观来源于消费实践,必须经受消费实践检验。传统的抑制消费的节俭消费观,西方的鼓励大生产、大消费、大丢弃的消费主义消费观都被实践证明有很大的局限性。中国生动活泼的消费实践迫切呼唤和谐社会绿色消费观的理论引领。这就要求本书在研究过程中要结合当前的消费实践,同时又要借鉴国内外的有关研究成果,凝练和谐社会绿色消费观,为我国的消费实践服务。

比较研究法:研究消费观教育转型是基于多维度的比较,即主体维度的比较,实践维度的比较,方法维度的比较,内容维度的比较,形式、背景维度的比较,中西维度的比较。有比较才有鉴别,有比较才能取长补短,通过多维度比较,提出和谐社会绿色消费观教育是当代中国消费观教育的核心。

1.4.3 本书的创新

本书希望通过消费观教育转型研究,寻求有利于当代中国消费者健康生存与自由发展的消费方式,通过消费观教育转型研究,为现代人面临的消费问题提出一定的理论思考与解决方法。为此,本书主要集中于以人为本的消费观与消费主义消费观的差异研究,得出健康消费方式应有的状态,及健康消费观应满足的评价指标体系。

本书坚持马克思主义人学根本立场,提出和谐社会绿色消费观是消费观教育的应有之义。应该用和谐社会绿色消费观解构消费主义消费观。本书根据马克思主义消费观理论，从生产与消费具有同一性的原理及从消费在人的生命过程中所扮演的重要角色出发，阐释消费者树立科学合理消费观的必要性、重要性，以及通过消费观教育来培育和践行科学合理消费观的路径。

本书的创新之处在于以下几方面：

1. 提出了消费观教育的概念，对消费观教育的特殊性做了全面的研究

消费观教育的主体是多元的，不同消费者所具有的消费观是有差异的，消费观教育表现为消费者之间的教育。消费实践教育是最具实践场景的消费观教育，包括：学校对特定消费者的理性教育、新闻媒体利用广告对广大消费者进行的消费观教育、特殊人群的消费观教育、社会风气对消费观的培育与教育。

2. 提出了中国消费观教育转型的维度

中国传统社会的消费观教育(内容、方法、形成消费价值取向的原因)，改革开放以前的消费观教育(内容、方法、形成消费价值取向的原因)，改革开放以来的消费观教育(内容、方法、形成消费观价值取向的原因)。

3. 提出了消费观教育转型的动力

中国当代消费观教育转型是基于消费观教育面临的压力。这种压力主要表现为：生产对消费的压力，消费主义消费观对和谐社会绿色消费观的压力。

4. 提出了科学消费观的测度工具

本书从消费者为中心的关系群出发，研究市场经济条件下消费功能的凸显，必须处理好以下的关系：一是消费者与自身的关系，这是人健康生存、自由发展的前提，这就需要克服“存天理灭人欲”的禁欲主义消费观，以及“用过即扔，大生产、大消费”的消费主义消费观；二是消费者与生产者的关系，这是保证社会再生产的不可或缺的条件，这就需要克服人的人性难题，即人的灵魂与肉体的矛盾；三是消费者与社会的关系，这是人的社会性与人的个体性的特质决定的；四是消费者与环境的关系，这是人的主体权能与生态限度的关系决定的。

第2章　相关概念、理论阐释

研究消费观教育转型，必须首先厘清相关概念，这是研究中国当代消费观教育转型的逻辑起点。本章对于相关概念的辨析是为全书的研究提供理论基石。

2.1　相关概念

2.1.1　消费的含义及社会价值

一、消费含义的历史流变

“消费”在最初出现时意指消磨、消耗、耗费、浪费。在14世纪的英国，消费(consume)有鲜明的贬义色彩，意指“用光”“毁坏”“耗尽”“浪费”。在中国汉代，“消费”意为“浪费、消磨”。到唐宋时期，其泛指“耗费、开销”。《辞海》(第6版)对于消费的释义是“人们消耗物质资料以满足物质和文化生活需要的过程”。《经济大辞典》的编者于光远认为消费是“社会再生产过程中生产要素和生活资料的消耗”。从对中外消费含义的历史流变的简单回顾中可以看出，消费由开始带有贬义色彩的“浪费”成了具有中性含义的“耗费”，成为人们衣食住行都离不开的热词。

二、马克思的消费理论

马克思从系统的角度，把消费分为生活消费和生产消费两个层次：劳动者在进行物质资料的生产过程中，对活劳动和生产资料的消耗和使用属于生产消费范畴；人们把生产出来的精神产品和物质资料用于满足个人生活需要的过程和行为属于生活消费。生活消费是恢复劳动力再生产和人们劳动不可缺少的条件。一般所说的消费通常是指生活消费。生活消费是一种最终消费,是为满足消费者物质生活需要和精神生活消费需要而使用、利用和变更各种物质资料及劳务的过程。它是马克思所说的"原来意义上的消费"。消费就其本质而言,是人的"感性的表现,是人的实现或人的现实"。① 人的消费正是人的存在状态的缩影,消费总是与人的存在状态相联系,并以人的生命本质的弘扬为根本内容的。人在消费中,必然表现为深层次的心理活动,比如对消费品的实在性的感知,消费过程中产生的消费感觉与感情,进行消费意义的比对,对人情味的体悟,对创造性的欣赏。遗憾的是,在后现代社会,消费却往往被异化了,背离了本来的意义,被赋予了其他的意义,它不再是满足人们需要的手段,不再是人的真正需求。消费异化使人变成了失落自己个性,只图贪婪的消费人,在丰裕的消费社会中,人们过着"物质丰富,精神痛苦的生活"。② 人们只是为消费而消费,人不仅异化为物,进而进一步异化为商品的奴隶,成为"拜物主义者"。

三、消费的社会价值

人的幸福生活和自由全面发展是消费追求的最高目的。作为人类社会的永恒主题之一的消费,马克思倾注了很多时间和精力进行了研究。马克思首先从生活消费入手指出:生活消费的地位和意义表现在它不仅是维持人的生命存在和生命活动的前提条件,更是维持劳动力这一重要生产要素再生产的必备条件。消费的最终意义指向在于给消费者一种更满足、更幸福的生活,在于使消费者得到全面自由的发展。

消费是社会再生产的重要节点。后现代社会再生产由原来的四点合一变为四点一线。生产、分配、交换和消费四个节点,构成后现代社会再生产总过程,各个节点之间相互促进、互为条件。从起点看,分配由生产决定,分配间接决定交换和消费的状况,但从社会再生产环节的终点看,分配、交换和消费之间相互生产,也相互影响。在社会再生产过程中,在一定条件下,消费节点对生产节点具

① 马克思,恩格斯.马克思恩格斯全集:第42卷[M].北京:人民出版社,1979:121.

② [美]马尔库塞.单向度的人[M].张峰,译.重庆:重庆出版社,1988:9.

有决定作用。所以说，“一定的生产决定一定的消费、分配、交换和这些不同要素相互间的一定关系，当然，生产就其单方面形式来说也决定于其他要素。……消费的需要决定着生产”。①

2.1.2 消费观的含义与类别

消费观是指消费者在一定的社会关系状态，一定的生产力发展水平，一定的收入来源下，对消费水平、消费方式、消费对象的获取、处置以及由此而形成的人与人之间关系、人与社会的关系、人与生产之间的关系的处理方式等问题的总的态度和根本的观点。消费观的持有者在传统社会具有个体性、差异性特征。消费观根据消费的动机、目的、过程、结构、心理表现为消费的目的观、消费的过程观、消费的结构观、消费的心理观。

不同个体的消费观相互影响、相互作用。后现代社会，由于分工的细化，人的组织方式告别了农业社会家庭这一基本单元，熟人社会向陌生人社会转型，人的组织方式、人的财富获取越来越根据人的能力、知识、技术、禀赋等要素，由此，传统社会家庭的作用日益式微，集体、单位、组织、国家这样的实体日益壮大。社会整体演进到后现代社会，后现代社会消费观的持有者可以是消费者个体，也可以是单位、集体或者国家。

消费观决定了消费者对消费对象的情感，体现了消费者对消费对象获取动力的大小、获取方式的社会伦理接纳程度，反映了消费者在消费过程中，直接与消费对象之间的认知关系，间接体现出消费者与生产者的协调程度以及消费者与环境的和谐程度、消费者与他人的亲疏友爱程度、消费者与社会的互动程度和互动方式。

消费观作为一种观念，是社会、经济现实等社会存在在人们头脑中的反映，是人们在消费活动过程中形成的“使用一种价值判断来衡量事物，指导消费的观念”②，它一旦形成又会反作用于社会与经济，并对其产生深刻而重大的影响。一般来说，消费任何物质产品都会对消费者的消费心理产生一定的

① 马克思，恩格斯.马克思恩格斯选集：第2卷[M].北京：人民出版社，1995：17.
② 马克思，恩格斯.马克思恩格斯选集[M].第2卷.北京：人民出版社，1995：94.

影响，消费者往往从消费价值、功利、审美、情趣等方面做出不同的反应和评价。这些反映和评价便赋予了消费者消费行为以消费观的特征。因此，消费观是消费行为的指导，是社会实践的动力，消费观以观念的形态植入人们的思想意识之中，并支配人们对消费对象的选择、消费时间占用、消费行为的样式。狭义的消费观是消费者在社会生产过程中所创造出来的，保障、激励、规范和制约人们消费的各种文化。后现代社会，消费观是由社会集团创造的，为大众媒体所传播的，为社会大众所接受的，为消费而消费的文化。消费观存在于各类物质产品、精神产品和其他社会消费对象。①

消费观不仅仅指人们在消费活动过程中形成的、用以指导人们消费行为的观念，还应当是调整人们消费关系的价值法则、道德观念和规范的总和。一个人的价值观是指这个人对生活目标与生活的看法，消费观是价值观大系统中的一个子系统，因此一定的消费价值规范和观念往往是与一定的财富、资源、生活目标及其收入水平相适应、相联系的。

消费观是历史的、变化的，不同时期会形成不同的消费观。影响消费观的因素主要包括社会经济状况、政治因素、消费风俗习惯、经济发展水平、媒体的控制和引导、消费经济组织。政治制度决定人们在社会生产中所处的地位不同，因而人们对消费物品的占有差异，进而直接或间接导致人们的消费观和消费方式必然有较大差别。消费观具体内容具有动态性，其内容的动态性特征因各个时代的科技、生产力及其经济基础等不同而各有所异。农业社会的主导性消费观是节俭消费观，是由于其科技水平和生产力低下，劳动者直接占有劳动产品。劳动者与消费者的合一特征，决定了消费者获取消费品非常艰辛；社会劳动效率的低下决定了物质资料十分匮乏，消费仅限于满足人的基本生存。工业社会的主导性消费观是奢侈消费观，其直接根源是科技水平和生产力迅猛发展，物质财富极大的丰富。奢侈消费观因解决了当时经济危机所带来的社会问题，为人们所推崇。然而由于奢侈消费观衍生的一系列社会问题，适度性消费观、绿色消费观、可持续消费观的相继提出，是时代要求的必然，是解决奢侈性消费衍生的系列社会问题的有效途径。

---

① 杨魁，董雅丽.消费文化——从现代到后现代[M].北京：中国社会科学出版社，2003：27.

马克思把消费观分解为生活消费观、生产消费观。其中,生活消费观有群体性差异特征,表现为:从年龄结构特征看,有老年人的消费观、青年人的消费观;从性别特征看,有男性消费观、女性消费观;从财富的占有状态看,有穷人消费观、富人消费观。生活消费观有时代性特征,表现为:古代的消费观、现代的消费观、后现代的消费观。由消费观支配的消费方式,不仅受自然、经济因素制约,而且还受社会因素的影响和制约,特别是受社会价值观等所决定的消费观的影响。社会的生产方式、分配方式和交换方式决定人们的消费方式,决定着人们的消费观。人的社会地位本质上取决于人在生产中的地位,现象上取决于人在消费中的地位,取决于人的消费方式。消费观决定消费方式,消费方式体现、蕴含消费观。消费方式是人们采取什么样的方法、途径和形式去消费消费资料,以满足各种物质和精神需要,也就是消费者个体或群体与消费资料的结合方式。各种结合方式都是在一定的社会形态和消费关系下形成的,因而,体现了明显的消费价值观念。

传统社会消费观的分类远远没有现在复杂。传统社会,由于生产者和消费者是合一的,生产者生产物品满足自己和家人的消费,因而是一种自给自足的生产和消费;当今社会,生产、分配、交换、消费形成一个环形链条上的四大节点,而过去这四大节点几乎是合一的,即生产消费合一,中间不存在分配和交换。这种生产与消费发生的时间和空间特征决定了传统社会的消费观就是指个体的生活消费观。有基于人生苦短的及时行乐的消费观;有基于生产速度低下,满足不了消费欲望的节俭消费观;有基于天人和谐统一的节制生态消费观;有基于从他人着想的替代性消费观等。现代社会,由于分工的广泛,传统社会的生产与消费结合成一点的现象演变为一条很长的线,这条线上有四个关键性的节点,即生产、分配、交换、消费。每个人可能都是社会生产链条中的一个纽结,这样空前地提高了劳动生产力,但是也带来了劳动者与劳动成果的分离。通过什么样的办法提高劳动者生产积极性,以提高生产产品的数量和质量?又通过什么样的办法分配劳动成果,并在此基础上提出一种消费意识形态?为了解答这些疑问,国家层面的消费意识形态观应运而生。在当代社会,生产、分配、交换、消费由原来的四点合一演变为一条闭合之线上的四个节点,社会分工在效益的导向下不断地向深度和广度拓展,社会由此出现了碎片化和原子化的倾向。因此需要国家从消费意识形态的角度,整合生产、分配、交换、消费关系,促进经济关系和谐。现代国家消费意识形态影响生产消费观、生活消费观。

可见,消费观的分类有不同的划分标准。按照消费主体,可以分为国家消费观、集体消费观、个体消费观,这三种消费观在本文中都将论及。按照消费领域,可分为生产消费观、生活消费观。其中生活消费观又可以从价值上分为节俭消费观、奢侈浪费消费观、消费主义消费观、和谐社会绿色消费观。在本文中,论述的重点是生活消费领域的和谐社会绿色消费观,而对其他方面的消费观也会有所涉及。

2.1.3 消费观教育的含义

消费观教育是一种社会教育活动,教育主体通过作用于消费者的消费认知图式,消费观、价值观结构,达到引导消费者消费行为的目的。消费认知图式有消费制度认知、消费意识形态认知、消费实践认知、消费行为认知、消费经验交流认知、商业媒体广告的消费诱导认知。消费观教育不仅是通过对消费者进行精神、道德吸引和加强消费诱惑力来支配和控制消费者,令消费者相信和同意某些消费行为标准、消费价值观念、消费政治制度的合理性或合法性。"消费社会也是进行消费培训、进行面向消费的社会驯化的社会,也就是与新型生产力的出现以及一种生产力高度发达的经济体系的垄断性调整相适应的一种新的特定社会化模式。"①由于当今消费观教育是立足于生产力高度发达的社会,如何引导消费者消费,成为消费观教育的重中之重,甚至可以说,消费观教育本质是进行消费培训,是面向消费者进行驯化的过程。消费观教育是一个引导消费选择,提供消费约束的过程。消费约束的存在,使人们的消费具有理性的特征。人们选择这种产品而不选择那种产品,选择多少,并以什么样的方式进行选择,通常体现出相应消费观的支配和引导。消费观的形成受外部世界的影响,外界施加消费者形成消费观可以是被动的、自发的,也可以是主动的、自为的,而这种外界施加于消费者而形成消费观就是消费观教育。

---

① [法]让·鲍德里亚.消费社会[M].刘成富,全志钢,译.南京:南京大学出版社,2008:63.

消费观教育是一种软控制，是控制主体对受控客体通过舆论、信仰、教育、伦理道德和社会评价等方面的引导，使受控客体按照控制主体的意愿行事。① 作为软控制的消费观教育，首先是一种观念控制，是通过帮助消费者树立一种消费生活模式以及围绕这一生活模式而存在的一系列世俗生活理念。消费观教育并不直接对大众进行消费主义观念宣传，但是却可以通过文化资源向大众展示富裕生活的浪漫、悠闲和舒适，树立各种富裕和成功的楷模。消费观教育的社会控制功能有以下两方面：一是稳定性控制，二是倾向性控制。稳定性控制是通过倾向性控制实现的。有一种观点认为消费观教育试图把人从不安、焦虑和怀疑中引开，其方式恰好与现代消费文化背后的资本逻辑所致力的方向一致——大力倡导消费。如果人们对自己的需要感到满足的时候，正是社会提供了这种需要以及满足的方式。

现代社会，消费者主体是一个多层面、多元素的概念，它与消费者的数量、年龄、性别等人口特征相关。消费主体包括单位、个人、家庭、企业、社会、组织、国家等。消费主体必然成为消费观的持有主体，消费观的持有主体在生动活泼的消费实践中，可能成为消费观的教育者，也可能成为消费观的受教育者。

消费观教育的主体有：体现国家意志的学校教育，表现为消费观理论，具有高度的抽象性；主流媒体教育，主要形式是广告和媒体娱乐；消费者自我教育，表现为消费反思、消费体验、消费比较；消费过程中消费者对消费者的教育，表现为消费心得体会的交流、对流行时尚的评价，消费观教育主体常常通过诱导性教育，传播自己的消费观，影响自己之外的消费者。其主要是通过制造消费意象，将消费的对象和消费意象紧密联系，具有极强的诱惑性。

消费者通过自我教育形成的消费观具有自发性，自发形成的消费观必然体现差异性，体现个体性，考虑最多的是个人，忽视了个人所依托的社会。比如有的有钱人喜欢汽车，并且是上档次的汽车，这本来无可厚非，但是他非要以一种让人反感的方式招摇，那就是飙车、飞车，危害公共安全和自身安全。此类炫耀性消费必然会引起社会公愤。社会推行的消费观教育具有社会自觉性，自觉形

① 杨桂华.转型社会控制论[M].太原：山西教育出版社，1998：163.

成的消费观必然缩小差异，弥合消费分歧，有利于形成消费价值认同，其不仅考虑个人而且联系了社会。

消费观教育的合法性来自消费教育权力主体所掌握的资源。在资本权力日益向全球扩展，向经济、文化各个领域渗透的时候，最具有决定性的资源当属经济资本。经济资本权力、文化资本权力、性别权力和优势文化霸权等消费文化权力，全方位地对人们的物质文化生活领域实施控制。目前市场经济条件下这种控制的根本动力在于：资本逻辑的统治。

从国家和团体意义上说，从事消费观教育的另一支重要主体力量是人文知识分子。随着市场化的推进，人文知识分子被转入资本市场，他们以精神生产为平台，创建、传播、重复或改变文化象征、生产意义符号，在资本的暗示下，他们控制着象征、符号和意义系统。作为消费观教育主体的知识分子，他们按照商业运作的逻辑与媒介结合，服务于发行量、点击率的要求。面对强大的经济资本，人文知识分子的独立性脆弱到不堪一击。而对于经济资本和文化资本相对贫乏的下层民众，他们被束缚在日常生活的迫切需要上，没有优雅、闲适的奢侈心态，无法理解那种对形式的注重超过功能和内容的艺术或文化消费品。西方消费观教育是文化资本、货币资本、企业三家合作、沟通、协调生产现代消费观，又借助丰富的媒体资源进行传播。

现代社会中掌控文化权力的人主要是知识分子、政治权力的拥有者、经济资本的拥有者。这些面向大众消费文化生产的知识分子，作为文化工业的重要组成部分，他们以自身掌握的文化资源——关于文化知识的储备、文化消费的相关知识技能、社会技能——来进行文化消费品的创造，成为当下消费观教育的重要主体，但是他们都应该接受中国共产党的领导，体现党和国家的意志，至少不能与党和国家的意志相悖。

2.1.4　消费观教育与消费“关系群”

消费观透射出以消费者为中心的关系群（如图 2-1 所示）。因为消费观指导下的消费不仅仅是一种纯粹的满足生理需要的行为，也是一种审美行为、文化行为、戏剧行为、表演行为、政治行为、道德行为、交往行为、展现人的本质的行为。“一件物品的使用或挪用，通常既是消费，又是生产，既是破坏又是生成，既是解构又是建构”。[①] 正是由于个人的消费活动不再仅仅是满足自己的生理需要、维持生存发展的生物性行为，而是建构出丰富内涵的社会性行为。一个学生早晨在学校食堂消费一碗八宝稀饭，涉及广泛的社会劳动关系包括：收银员的服务，食堂工人师傅的烹调劳动，八宝稀饭八种原料生产者的劳动，原料运输者、仓储者的劳动。这种司空见惯的消费行为消费了粮食、消费了很多人的劳动，但是又创造了生产、劳动、就业机会，消费了现有的粮食又为新的粮食生产提供了需求信号。消费解构了人的原来的劳动，又建构了新的人类劳动。这种消费维持了消费者自身的身心健康关系，建构了消费者与生产者的关系，建构了消费者与社会的关系，建构了消费者与环境的关系。

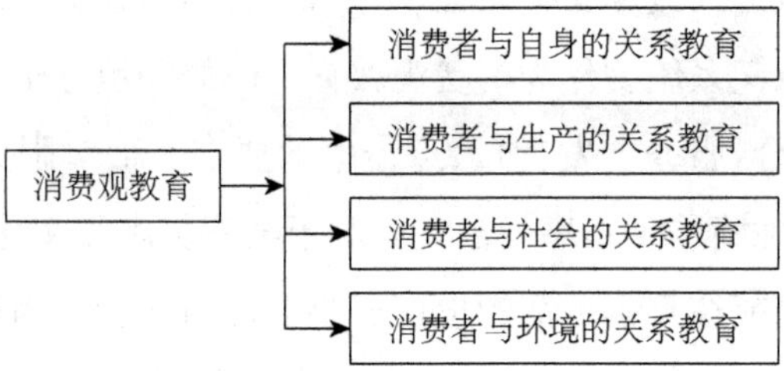

图 2-1　消费观透射的以消费者为中心的关系群

马克思说消费生产自己的身体，生产劳动力，生产社会关系。人对物品的消费不可能仅仅就局限于物品的消费，还会引发多维关系，如消费与身体、消费与尊严、消费与他人的关系，替代性消费引发消费条件的提供者与消费者之间的责任关系。消费体现的世俗效应关系，表现为消费者与社会的关系。比如燃放烟花鞭炮，宣示一个重要时刻的到来或一个时代的结束，进入一种新的关系，达到一种新的阶段，明示这种关系的重要性，让世人皆知。消费引发多维关系，而这些关系群的满足都赋予了消费相应的社会关系属性、道德属性、交往属性、政治属性。由于消费的多维性，人们越来越把自己的消费从自己的物性消费中提升出来，形成消费观，表现为以消费者为中心的关系群。

消费是一种关系方式的积极表达(不仅于物，而且于集体和世界)，是一种多种要素共同参与的、系统的行为和整体反映的方式。我们的整个文化体系就是

---

① ［英］西莉亚·卢瑞.消费文化［M］.张萍，译.南京：南京大学出版社，2003：2.

建立在这个基础之上的。[①] 消费作为第一动因，是推动社会加速生产财富和关系的。关系生产才是消费社会的特点。[②] 消费一碗稀饭，让消费者自己的身心健康得以维持，满足了消费者自身的口腹之需，为消费者在社会上进一步创造物质和精神财富提供了可能性；也让社会衍生一种餐饮服务行业，扩大了就业岗位，推进了社会分工的细化；餐饮业内部不同岗位的人相互协作、相互联系，都为这一碗稀饭做贡献；消费一碗稀饭也直接消费社会生活中从事农业生产的劳动者的劳动，以及对农产品进行市场流通者的劳动。所以，消费是一种社会关系的积极表达，是多种要素共同参与的系统性行为和整体的反映方式。消费这个系统需要各式各样的角色共同参与，有时作为劳动者，有时作为储蓄者，有时作为生产者，有时作为传播者，有时作为观众，但归根到底越来越需要有人作为消费者。只有消费者才能创造生产者。劳动生产力的发展加快消费转型升级，但消费对象的更新换代，消费质量的提升，越来越取决于技术和管理，取决于科技创新、管理创新，取决于政策对生产和消费的双重推动，这实际上是整体反映方式的优化升级。投资越来越取决于企业自身——今天把个体当作不可替代的需要的领域，就是个体作为消费者的领域。个体企业主及个体储蓄者是这一价值体系锁定的重心，消费的重点从这些竞争资本主义的先驱转向了个体消费者，并且同时像技术官僚结构的扩张那样，拓展为个体的总和。[③] 总之，消费作为一种关系的积极表达，参与这种关系的要素越来越多，越来越复杂，要素之间越来越联系紧密，任何一个要素出问题，整体社会关系都会受到不同程度的影响，乃至被彻底破坏。从消费者个体看，其消费活动参与的关系包括消费者与自身的关系、消费者与社会的关系、消费者与生产的关系、消费者与环境的关系。因此，消费观教育透射出以消费者为中心的关系群。

随着人类生产组织形式的不断变迁，消费者与自身和外界发生关系的形式也在变化，由关注消费者与自身的关系慢慢发展为消费者与社会的关系、消费者与生产者的关系、消费者与他人的关系，后文将重点论述。

---

① [法]让·鲍德里亚.消费社会[M].刘成富，全志钢，译.南京：南京大学出版社，2008：前言.

② [法]让·鲍德里亚.消费社会[M].刘成富，全志钢，译.南京：南京大学出版社，2008：170.

③ [法]让·鲍德里亚.消费社会[M].刘成富，全志钢，译.南京：南京大学出版社，2008：66.

2.2 马克思主义消费观及消费观教育理论

2.2.1 马克思主义消费观理论的一般特征

消费首先是基于人的吃、喝、住、穿等需要的满足。它是人的基本活动之一，是人从事其他活动的基础，而其他活动往往也间接打上了消费的烙印。有一个不以人的意志为转移的客观规律，就是人一出生就是一个消费者，婴儿的啼哭可能是传递饥饿的符号。人的一生是消费的一生，消费受空间规律、实践规律的支配。消费作为人的基本生命活动，须臾不能停止，至死方休。马克思将人的消费需要分为：生存、发展、享受需要。消费与物质产品的生产、供应有着天然的关系。

马克思的消费观理论具有深刻性、系统性、隐含性等特征。深刻性表现在揭示了消费观的历史变迁、影响因素；系统性表现在从生产、分配、交换、消费的动态过程系统研究消费观，得出了许多重要的规律，人类一旦背离马克思揭示的规律去进行生产、分配、交换和消费，社会便危机四伏；隐含性表现在马克思在其著作中，没有一个字眼直接提及消费观，但是其著作中处处闪烁着消费观理论的光辉。

2.2.2 消费观内生于生产、消费的环状关联中

马克思从生产与消费这样一个环状的系统研究消费，并提出其消费观。马克思认为："生产直接创造出适合需要的对象；分配按照社会规律把产品分配；交换依照个人具体需要把已经分配的产品再分配；最后，在消费中，产品脱离了这种社会运动，直接转化为个人需要的对象，被消费者享受而满足个人需要。因而，生产表现为起点，消费表现为终点，分配和交换表现为中间环节。"①这一论述的核心是马克思揭示了消费与生产直接同一的观点。马克思运用联系的思维方法，将生产与消费整个过程视为一个系统，站在系统的角度看消费，就是要从

① 马克思，恩格斯.马克思恩格斯全集：第12卷[M].北京：人民出版社，1962：739.

生产的角度看消费或从消费的角度看生产，洞察了许多人天天经历、耳濡目染但毫无办法发现的规定性。普通人看消费是从消费本身谈消费，就消费活动看消费，除了相关的消费场景与相关心理活动以外，没有更多发现；而马克思从系统性的角度发现，从生产的首要目的看，生产直接也就是消费，间接才是获得利润。如果直接是获取利润，间接是消费，则生产必然是短视的，而从消费的功能看，消费直接也就是生产。从生产、分配、流通、消费的四个环节的关联视角，马克思深刻指出，没有生产就没有消费，同样没有消费就没有生产。换一个研究视角，从生产对原材料、劳动力的客观要素的依存性看，"生产直接也是消费"，生产的消费性特征表现在多个维度：一方面生产要耗费原料、燃料等资源，正是从这个活生生的角度看，马克思认为这种消耗就是消费；另一方面，生产也要消耗劳动者的体力、脑力和时间，体力和脑力在社会分工以后，尤其是脑力发挥了越来越重要的作用的时候，生产的消费特征着重体现在生产对脑力劳动的消费，这里包含了主体和客体的双重消费。因此，生产要消费一系列生产要素：劳动力、资金、技术、人才等。"消费直接也是生产"是指消费者的消费活动，使得消费者的身体能够生长，脑力和体力依赖消费活动获得能量，让生命活力得以维持，实现了劳动力自身的生产与再生产。

马克思从生产与消费的相互联系研究消费观发现，生产媒介贯通着消费，消费也媒介贯通着生产。"生产媒介贯通着消费"是指生产者通过生产活动获得产品，产品通过包装、物流等过程，这些过程是一系列中间环节，最后，生产者的产品成为商品，商品通过交换成为消费者的消费对象。如果缺失了生产者的生产活动，就无法生产出相应的产品，消费者的消费就失去了依托，消费者消费就无法锁定消费对象，表现出市场上产品的稀缺性。市场上产品的稀缺反馈到社会，社会就出现匮乏，消费者就出现恐慌。于是，一系列社会问题就由此形成。巧妇难为无米之炊即是此理。"消费也媒介贯通着生产"，是指消费者的消费活动在社会再生产的渠道上，打开了消费的关卡，保持了商品之流的流动性，为再生产提供了资金、仓库和再生产的驱动力；反之，如果因为消费的不畅通，堵死了社会再生产的渠道，那因为资金的短缺、仓库的积压，工人就无从生产，工厂就要倒闭。可见，产品一旦寻找到买家，生产者十分高兴，有"消费者是上帝"的比喻为证。没有消费主体，产品就无所谓商品，企业的生产之门就被堵死，就会出现工厂关门、工人失业等一系列萧条现象，而且产品只有被消费者消费，才能得以最后完成，成为现实的产品，并且媒介贯通着下一轮的再生产。

2.2.3 消费观依存于生产、消费的相互创造中

马克思还从生产和消费相互创造的视角研究消费观。生产创造消费，直接表现为生产创造的消费品直接成为消费者的消费对象。若无生产创造出的产品，谈消费就是一句空话。现代市场经济条件下，由于创新的推动，生产创造的产品往往有悦目的外观，较之以前有更为优越的性能，驱使消费者对原有消费对象更新换代。生产还规定着消费的性质和方式，以出行为例，当生产的水平还停留于自行车时代，人们只能以自行车为代步工具，动车、高铁、小轿车就成为奢望。人们的消费和交换方式总是与生产力发展的一定状况相适应的。“饥饿总是饥饿，但是用刀叉吃熟肉来解除的饥饿的方式和文明程度远远不同于用手、指甲和牙齿啃生肉来解除的饥饿。从这个意义上说，不仅消费的对象，而且消费的方式，不仅客体方面，而且主体方面，都是生产所生产的。”①消费的性质、方式总是与生产力的发展水平相适应的。生产的方式也决定消费的方式，包括生产的组织、分配方式、科技成果的应用程度。生产创造着消费需要和消费者，生产创造出产品特别是通过创新开发出新产品之后，通过消费教育，会引起人们新的消费需求，人们通过消费才能生产和再生产出生产力来。

马克思从消费创造生产的视角研究消费观。生产、分配、交换、消费是一个闭合的环，少了哪个节点，这个环都是缺的。消费使产品成为真正的、有社会价值的产品，消费使产品的社会功能得以最后发挥，生产、分配、交换、消费这四个节点连成的环才真正是完整的。“一条铁路，如果没有通车、不被使用、磨损、不投入到消费，它只是观念性的铁路，不是现实的铁路，……一件衣服由于穿的行为才现实地成为衣服；一间房屋无人居住，事实上就不成其为现实的房屋。”②生产、交换、分配、消费的环状体系中，如果少了消费，这个环是缺的，就失去了产品应有的属性。消费不是孤立的，消费对生产的作用表现为：消费传递给生产者新

---

① 马克思，恩格斯.马克思恩格斯全集：第46卷.上[M].北京：人民出版社，1979：29.

② 马克思，恩格斯.马克思恩格斯全集：第12卷[M].北京：人民出版社，1962：741.

的社会需求，消费能够为生产创造出新的生产动力，消费能刺激生产者做出新的生产安排。从生产、消费、分配、交换的环状结构来说，消费以信息和观念的方式，向生产者传递生产的关键信息，作为生产者的内心意象，消费在此意义上作为生产动力、作为生产需要，作为生产目的。"……没有需要，就没有生产。而消费则把需要再生产出来。"①作为闭合环节的四个节点的生产、分配、交换、消费中，消费的最终完成，为新的生产、分配、交换、消费过程提供可能，这就是说，人们在现实的消费中，总是觉得消费品或消费对象的不完美，而在自己的心目或意识中创造出符合理想的新产品，从而促使、引导生产向更高的层次发展。新的消费对象如果在性能上超过第一次消费对象，那就为下一次消费循环提供了强劲的动力。

2.2.4 消费观体现于消费、分配的辩证关系中

从分配、消费的辩证关系中展开消费观的研究，马克思认为，在产品和生产者之间出现了分配，这是因为生产的社会化，产品生产过程中各环节形成紧密协作的必要。分配运用一定社会主导的分配原则，决定了生产者在产品世界中的相应份额，因而调整了消费者和生产者之间的关系，在一定社会分配关系的基础之上的消费决定了消费的时代性；消费反作用于分配是因为消费作为分配的最终实现，消费不旺，必然分配受阻，分配受阻，导致消费不旺。而剩余价值被少数人占有必然带来分配的两极分化，最终伤害消费者。

马克思指出："分配并不仅仅是生产和交换的消极的产物；它反过来又同样地影响生产和交换。"②从分配的层次上看，包括消费品的分配以及生产资料的分配，但生产资料的分配最终还需要落实到消费品的分配，从社会再生产的关联性看，分配是社会再生产过程中不可或缺的环节。产品一旦从生产线下线以后，就进入了交换环节，交换环节的顺畅实现离不开分配环节提供的财力保障，科学的分配才能让最后一个环节的消费实实在在，因此，分配在社会生产的环节上，是联结生产和消费的中介。

---

① 马克思，恩格斯.马克思恩格斯全集：第12卷[M].北京：人民出版社，1962:742.

② 马克思，恩格斯.马克思恩格斯全集：第20卷[M].北京：人民出版社，1971:162.

2.2.5 消费观蕴含于消费、交换的辩证关系中

马克思消费观理论的又一特征是从消费、交换(流通)的辩证关系研究消费观,进行消费观教育。交换的媒介物、交换的便利程度、交换的方式、交换的空间等因素均影响消费。“交换只是生产和由生产决定的分配同消费之间的媒介要素。”①从先后位置关系上看,交换处在消费、生产的中间位置,从社会再生产的环节上,交换发挥着媒介或桥梁式的贯通作用。价值和使用价值互换必须通过交换,自给自足的自然经济时代区别于现代社会的典型差异在于社会再生产的四点从合一变为分离,生产、分配、交换、消费不仅具有相对独立性,而且具有紧密关联性。分配、交换是消费实现的条件。马克思第一次阐明了消费与生产的关系,这种关系表现为既对立又统一的矛盾关系。生产、分配、交换和消费构成了一个既对立又统一的有机整体,是明显区别而又相互联系的。一定的生产决定一定的消费、分配、交换,同时,生产就其片面形式来说,也决定于其他要素。

2.3 消费观教育转型

2.3.1 消费观教育转型的含义

消费观教育转型是消费观教育的内容、目的从一种形态向另一种形态转变的结果和过程。从词源学的视角,把消费观教育转型中的“转型”当动词分析(偏重于“转”),强调消费观教育转型是消费观“转”的过程;把“转型”当名词来分析,把转型看作一种社会行为,强调消费观教育转型是消费观“转”后的结果。消费观教育转型,可以看作是一种当代社会生产力发展以后,消费教育范式的革命。我们研究的消费观教育转型是基于社会面临消费危机、消费压力的现实,因此我们应当确立当下的主流消费观应该是什么型,并解答消费观教育教什么,是一种什么样的教育范式。消费观教育不仅研究“怎么转型”为后一种形态,而且研究

① 马克思,恩格斯.马克思恩格斯全集:第46卷(上)[M].北京:人民出版社,1979:36.

消费观教育转型之后新的消费观形态。新的消费观形态的形成，标志着消费观教育转型的真正完成。消费观教育转型是消费观教育形态的整体转型。消费观教育转型是前后两种不同性质的教育的转换，是一种形态的消费教育向另一种形态消费教育的转换。消费观教育转型是社会变迁过程中，带来的教育变迁的一次“飞跃”，一种质变。消费观教育是社会面向消费者所形成的一个开放的、复杂的社会系统，系统内部各要素构成有序结构，并与外部生产环境、流通环境、消费环境保持联系和相互作用，因此消费观教育具有整体性、社会性。消费观教育系统内部要素众多，如教育主体、客体、内容、目的、手段等，但消费教育目的统领所有的要素，因此，消费观教育转型是以消费教育目的为主旨，由消费教育目的转型推动消费教育要素的结构性转换。

消费观教育转型的异质性和冲突性。异质性即消费观教育旧内容和新内容的明显不同，冲突性表现为旧的消费观没有完全放弃，新的消费观没有完全接受。因此，消费观教育转型要有一个过程，这个过程就是消费观教育的异质性所表现出来的转型期。处于转型期的消费观教育可称之为“转型中的消费观教育”。转型期中，前后两种异质的消费教育形态并存，整个转型过程交织着传统与现代、新与旧的观念与冲突，这个时期是一个时间相对短暂、变动剧烈的转型期。旧的形态被打破，形成了新的教育形态，消费观教育转型即告完成。

消费主义消费观教育是中国消费观教育转型的一种副产品。在消费主义消费观教育模式中，消费者注意和观察到的是地方富有的成功者，他们是消费英雄。他们的共同点是成功和成功背后的财富。媒体注意和观察到的也是如此，他们成为成功者的主要原因是他们是致富的楷模。于是，社会风气不断地鼓励大家去追名逐利，因为名就意味着利。消费观教育已经向大家灌输了一种物质主义、享乐主义和消费主义生活理念，人们的视听习惯内化为脑中的知识，最后形成一种功利主义和实用主义观念。这种观念把人们的视线集中在物质消费和感官享受上。人们被束缚在当下和眼前利益的关注上，人们关注的是在现有秩序、现有体制中能多分一杯羹，对现实的批判和否定丧失殆尽。

消费观教育转型具有不确定性与情境性。消费观教育转型发生在社会生产方式、生活方式、人们交往方式的变迁中，任何的转型都是特定社会、特定时代、特定国家的消费观教育转型，是一定时期教育内外因素综合作用的结果。所以，消费观教育的发展必然伴随消费观教育转型，但转向哪里，由不同主体的状态在客观环境中的适应程度决定，具有明显的情境性。正是这种情境性，使消费观教育转型充满着不确定性。

2.3.2 当代消费观教育转型的背景

消费观教育的重要参与者、实施者是人文知识分子，但是当今社会，出现了人文知识分子边缘化、技术知识分子中心化的趋势，为消费观教育转型带来了难题。福柯认为，以社会良知和批判意识为特征、以关注人类普遍命运和理想为使命，作为大众代言人的普遍知识分子（人文知识分子）已近衰亡，新的知识分子出现在人的面前——专家型知识分子，也就是技术知识分子。[①] 他们习惯于在自己具体的生活工作领域进行工作，由于专业化而被囚禁在狭小的专业领域，他们在技术上崇尚规范和权威，极力追求专业知识和专家资格。从社会功能看，这类技术专家型知识分子，包括经济学家、社会科学家、工程师和一部分记者等。他们为各种决策者和统治者提供各种顾问咨询，特别是知识、建议、信息和观念，充当智囊和各种顾问。[②] 在中国，尤其是 20 世纪 90 年代初以来，随着国家从意识形态导向的政治社会转向以经济建设为中心的决策导向以来，社会日益商业化、世俗化，由此带来大众的生活方式和生活理想也日益实用化、功利化。技术知识则因贴近日常生活，具有直接的使用价值功能而备受青睐，于是，人文知识分子逐渐退出社会生活的中心，取而代之的是技术知识分子。目前，几乎没有人向人文知识分子讨教生活的意义和人生的真谛。全社会转向世俗、功利化的时候，教育也随之出现崇尚技术主义的特征。学校教室的墙壁上，除了政治领袖，便是古今中外的大科学家，而苏格拉底、柏拉图鲜有人知；大学里法学院、商学院备受关注，而文史哲等人文科学则门庭冷落；在社会各行业中，如果有人声称自己是学习哲学或做诗人便会遭到人们的嘲笑。今天，大众生活的导师不再是善于阐释人生观的哲学家、文学家，而是懂得如何保养身体、调节心理、合理治家理财、正

---

① 陶东风.知识分子与社会转型[M].郑州：河南大学出版社，2004：12.

② 陶东风.知识分子与社会转型[M].郑州：河南大学出版社，2004：80.

确处理家庭关系，告诉你如何维修冰箱、电视、洗衣机的各种技术人员。作为成功楷模的是各种自然科学家、技术专家，他们对于日常事务的影响力已经远远超过了哲学和文学作品中"虚无缥缈"的乌托邦理想和道德说教。人们把消费生活的话语权威交给了各种专家如医生、心理咨询师、工程师、营养专家、教育家等等。正如张筱薏指出的："人文知识分子由中心走向边缘，技术知识分子由边缘走向中心，对专业日益精深的各领域专家代替了人文知识分子在现代消费社会的话语权威，于是这个时代成为技术知识分子的时代。"①

由于生产技术的大幅度改进，带来生产速度的迅速提升以及社会关注重点的转型。由原来对生产的关注日益转向了对消费的关注。不难看出，娱乐、休闲以及消费占据了当今社会的中心。文化工业的大力推进，更是促进了消费娱乐生活的中心化趋势，文化工业通过对消费的刺激，把人的欲望扩张与欲望满足结合起来，引导人们沉浸在物质生活的满足和舒适之中。

生产力的强力推进，将现代社会带入发达工业社会中，技术合理性已经成为统领性价值，工业生产永不停息的冲动，商业逐利的合理性逻辑，催生了西方消费主义消费观。"它以增加和扩大消费者舒适面为己任，把消费者不断浪费演变成生产的需求，把生活中的破坏变成生产建设的功能，工业文明把客观世界改造成人的身心延长物的程度，这一切使得异化概念成为可怀疑的"。② 消费主义消费观使得社会生活中一切理性的批判、理性的超越性因素，其合理性都在技术进步的社会中丧失了，价值理性甚至成为异端。技术理性、工具理性成为政治、经济、科学、技术、工艺抑或哲学和日常思维的主导，工具理性退场，技术理性入场，整个社会的色调、声音、维度都日益单一，创造性的社会批判思维被日益边缘化，商业逻辑主导下的社会，日益被一种肯定性思维同化为"单向度的社会"。

现代社会，技术进步和物质丰裕已经消解了人们反思精神和痛苦意识，艺术的、批判的、对现实的疏离的维度被消解而走向了实用化。现代社会的消费观教育，以生活的娱乐化为主题，将快乐作为麻痹手段，引导人们回避和忘却痛苦和悲剧意识，以娱乐、休闲、消费快感、放松来麻痹人，最后社会全体成员被舒适、肤

① 张筱薏.消费背后的隐匿力量——消费文化权力研究[M].北京：知识产权出版社，2009：82.

② [美]马尔库塞.单向度的人[M].张峰，译.重庆：重庆出版社，1988：8-9.

浅、安逸的生活所统摄。当社会成员满足于不幸福的幸福感，社会就能整合和稳定，这就是西方消费主义的逻辑。

中国的消费转型有几个阶段：由匮乏性消费转向丰裕性消费；由实用性消费转向文化象征意义的消费。社会仿效是消费观教育的重要模式，中国消费观教育转型一定需要牢牢抓住社会仿效。

科技发展推动人类消费观自发转型，消费观自发转型推动消费观教育自觉转型。工业革命以前的人类历史与现代完全不同。那个时候，社会生活变化很少，习惯风俗沿袭久远，技术进步缓慢。18 世纪后半期以来，规模空前的科技变革改变了当时先进国家的面貌，这种变革割断了人类缓慢而久远的连续性特征，人类的生活发生了划时代的变化，表现在消费物品上、消费物品的种类上、对象上、消费观上，其变化也是划时代的。

2.3.3 消费观教育转型的层次结构

依据系统层次结构划分，消费观教育转型分为宏观消费观教育转型、中观消费观教育转型和微观消费观教育转型。宏观消费观教育转型着眼于社会的发展、进步和要求，表现为国家对消费的立场、看法、政策等，是消费观的意识形态层面。消费观教育转型的宏观性带来消费教育的整体转型和系统变革；中观的消费观教育转型着眼于学校的转型、媒体的转型，是消费观教育转型的宏观和微观的过渡层面；消费观教育的微观转型着眼于消费教育活动，是消费教育活动要素的局部变革。三种消费观教育转型是相互联系、相互影响的。整体的消费观教育转型影响着中观和微观消费观教育转型的方向，微观和中观的消费观教育转型使得整体消费观教育转型得以实现。

依据构成要素划分，消费观教育转型内部又可以划分为：消费观教育理念转型、消费观教育目的转型、消费观教育制度转型、消费观教育结构转型、消费观教育实践转型、消费观教育载体转型等等。下文将对这些因素分别展开论述。

2.3.4 消费观教育转型的载体

市场经济条件下，资本一度成为消费观教育的强势载体，形成了消费观教育与资本的逻辑结合。因此，市场经济条件下消费观教育并非无方向，其方向一度是朝向资本意志的。工业社会的资本逻辑日益渗透到物质文化的各个方面。消费观教育与资本逻辑遥相呼应，在根本上体现了资本利益旨趣。利用商业广告制造消费意象，大量生产意义符号，如女性消费观教育中，片面、单一地将女性形象符号化、以偏概全，从而引导女性消费对男权文化的迎合与屈从。女性的性别角色是母亲、妻子、家庭主妇以及被保护的女人。①

消费观内生于相应的消费文化，反过来消费文化的传播是消费观教育传播的重要载体之一。在发展迅速的传播技术的支持下，现代大众传播媒介已经形成了网络密布的触角，互联网、广播、电视将内生着多元消费观的消费文化传遍四面八方；空间上，从城市到乡村，内生着一定消费观的消费文化几乎没有不能触及的地方；在时间上，围绕消费观的宣传，大众传媒和文化工业已经占据了大众的闲暇。广告在电视节目昼夜滚动播出，游戏和娱乐时刻在进行，节假日的娱乐盛会有关消费的盛宴高潮迭起，使人无暇顾及。消费观教育达到登峰造极的地步，它既要负责人们的衣、食、住、行，又要对人生困惑予以解答。一些掌握大众传播媒介的人士，简单拼凑哲人智者的思想片段，向大众传播有关人生价值的肤浅论调，出售被伪装的包含实用主义色彩和功利主义色彩的人生哲理。消费者面对的问题从日常起居到精神食粮，被蕴含消费观的消费文化全面包围。

消费者之间的社会仿效和相关权力部门对社会仿效的操控，消费观教育的载体常常是发生消费革命的重要因素。当今时代，商业、媒体、广告的合谋共同操纵着符号的生产。而资本主义社会，商业、媒体、广告受到资本的操控，社会主义社会商业、媒体、广告要受到政府的操控和管理。政府要将社会主义核心价值渗透进商业、媒体和广告。在消费观教育领域中，教育者的消费观教育价值取向问题，即持有哪一种消费观的问题是一个古老又崭新的问题。消费观教育价值取向，是消费主体根据自身的需要，对消费观进行选择时所呈现出来的一种意向或倾向。消费观教育价值持有取向分为两个层次：宏观和微观。宏观层次的消费观教育价值持有取向指的是国家、社会整体层次，考察消费观教育与其他层次的关系，此时的消费观教育表现为在社会与人的发展中所处的作用和地位的认识与评价，这种层次的消费观教育往往决定了一个国家的教育决策，如和谐社会

① 刘泓.消费、象征和权力[M].福州：海峡文艺出版社，2002：137.

绿色消费观。消费观教育价值取向的微观层次则立足于教育系统内部，考察教育系统内诸要素之间的关系，它更直接地影响着教育者的具体教育行为和受教育者的现实发展，如“怎么教”“教什么”给消费者。我们主要探讨的是宏观层次的消费观教育价值取向问题。

第 3 章　中国传统消费观教育

研究中国传统消费观教育旨在为中国当代消费观教育确立参照标准，中国传统消费观内容主要有哪些？出现这些消费观的客观、主观原因分别是什么？中国传统消费观教育方法有哪些？对当代中国消费观教育转型有哪些启迪作用？本章将一一探讨。

3.1　儒家消费观教育

中国传统社会，生产的家庭化带来消费的家庭化，生产与消费空间的狭小，使国家失去了对生产进行组织的能力和必要性。因此，消费观的宏观层次即国家消费意识形态十分不发达，而消费观的微观层面即消费者个体消费观，往往以家庭为依托，以家庭成员的互动为形式存在，形成了内容庞杂、理论体系完整的传统消费观体系。传统消费观教育取得了较好的教育效果，促进了传统社会的稳定。

中国传统社会在铁器和牛耕为主导的生产力条件下，对应的是封建生产关系、封建剥削关系。以土地为生产场所、以家庭为消费单位的社会，生产的每一个环节、每一道工序都需要同一劳动者完成，生产结果即劳动产品也由劳动者及其所在的家庭消费。生产过程没有分工，生产产品没有交换，生产工艺没有创新，生产效率不能提高，自然导致体力劳动强度也非常高。绵延几千年的中国传统社会变成了一个产品十分匮乏的社会。这种产品匮乏的社会是一个以家为中心的熟人社会，其成因是由于生产的制约性造成的。产品匮乏的传统社会分工不发育，劳动者之间没有富有效率的协作，劳动生产效率低下，一方面劳动者之间相互交换劳动产品的可能性很小，即使有也是限制在很小的范围之内，劳动者对生产产品的信息十分了解，这时，劳动者和消费者具有合一的特征。根据马克思生产与消费具有同一性的理论来分析传统消费观教育，就可以发现，当生产的速度、数量、质量均受到极大限制的时候，消费就要被约束，当消费受到约束的情况下，家庭成员自然要推行一种节俭的消费观。

3.1.1 教育内容

中国古代很多思想家都看到人的一生是消费的一生，认为消费是人的重要属性。这些思想家同时也常常是教育家，因此，他们的著作中对消费所做的论述，既体现了他们本人的消费观念，也可以看成是对于弟子、世人的消费观教育。荀子认为："凡人有所一同：饥而欲食，寒而欲暖，劳而欲息，好利而恶害，是人之所生而有也，是无待而然者也，是禹、桀之所同也。"①人之为人的共性、类本质的特征就是从消费角度体现出来的。"饥而欲食，寒而欲暖，劳而欲息，好利而恶害"，人在很多情况下都有消费冲动，是人生存发展本能的自我维护，"是人之所生而有也，是无待而然者也"，消费是人生存发展本能的先天性，"是禹、桀之所同也""是君子小人之所同也"。荀子指出了生存发展本能的全人类性、超道德性。然而在中国传统社会，人们要秉持一种什么样的消费法则，才能让人类社会消费有序？以孔子为代表的传统儒家正是基于这一疑问，提出了自己的消费观教育命题。

孔子提倡节俭，反对奢侈的消费观教育。"奢则不孙，俭则固。与其不孙也，宁固。"②孔子认为人的消费欲望要受到约束，不对欲望予以限制，必然引发消费错觉，反过来影响与消费者相联系的社会关系。实践一再证明如果人欲放纵，则会破坏以家庭为中心的熟人社会伦理消费关系。在消费领域，放纵自己的欲望的表现之一就是奢侈，人一旦奢侈就培育骄纵，反过来，如果（过于）俭朴就表现出鄙陋。在两者的比较之中，与其骄纵，宁可鄙陋。"礼，与其奢也，宁俭；丧，与其易也，宁戚。"③孔子认为在消费过程中，应该为消费确立规范。就消费的一般

① 王先谦.诸子集成：荀子集解[M].北京：中华书局，1954：39.

② 孔子.论语[M].李明阳，译注.合肥：黄山书社，2005：77.

③ 孔子.论语[M].李明阳，译注.合肥：黄山书社，2005：20.

礼仪规范来说，如丧葬消费，消费者家属与其在丧葬仪式上增加消费，来表达对逝者的敬意，不如在内心真正悲哀。在生活消费过程中，消费者与其奢侈浪费，还不如朴素节俭。由此可知，在生产十分不发达、资源极其匮乏的春秋时期，作为主流的思想家孔子在奢侈消费与节俭消费两者抉择中，孔子倾向于节俭消费，并将之作为核心价值，在全社会消费者中推广。孔子推崇节俭或俭朴的消费生活方式，而批判奢侈浮华的消费生活方式，并将这种价值观以思想文化的方式在全社会予以传播，影响各个时代的消费者，达到儒家消费观教育入脑入心、入行动的效果。在实际生活中，孔子的言行也真实地印证了他的消费主张和消费取向。孔子在进行消费观教育时，一方面提出了自己的消费立场，然后运用这种消费立场去对人的消费行为进行评价，体现自己的价值取向性，在此基础上，推出自己消费观正面与负面的典型。

孔子的节俭消费观教育方法，重视榜样的示范作用。其得意弟子颜回，因为家境贫困，生活极其俭朴，消费资料供给严重不足，严重影响生活质量。而颜回仍然坚持自己的操守，没有为满足自己的消费生活而不择手段，没有偷盗、没有不道德的行为。颜回的表现，让孔子非常钦佩："一箪食，一瓢饮，在陋巷，人不堪其忧，回也不改其乐。贤哉，回也！"[①]孔子钦佩颜回，本质上是钦佩颜回生活朴素节俭，把自己仅仅作为社会的一员，为了社会的秩序，宁可牺牲个人利益而安于贫困的品质。因此，孔子将这样的学生树立为消费观教育的典范。孔子正面肯定的另一个消费典范是大禹。"禹，吾无间然矣。菲饮食而致孝乎鬼神，恶衣服而至美乎黻冕，卑宫室而尽力乎沟洫"。[②] 孔子认为大禹圣贤的主要原因之一，就在于个人生活之俭朴，说明孔子在消费观教育方面注重榜样的示范作用。

孔子在消费观教育方面还注意树立反面的典型，那就是对浪费性消费予以批评。孔子在谈到著名的政治家管仲时指出："管氏有三归，官事不摄，焉得俭？"孔子认为管仲谈不上俭朴。孔子批判了管仲的公务消费以及生活消费等方面的不节俭。在公务消费方面，尤其是在用人上，管仲下面的官员从不兼职，勤杂人员多，自然支出就多、浪费就大。管仲在物质生活方面的（有储放钱财的仓库），

---

① 孔子.论语[M].李明阳，译注.合肥：黄山书社，2005：57.

② 孔子.论语[M].李明阳，译注.合肥：黄山书社，2005：87.

可见其生活消费的不节俭。

孔子对节俭标准的认定,不是像后来有些思想家提出的灭人欲的主张,孔子提出节俭的目的本质上是针对当时的社会现象,落实到关怀人、帮助人的程度。孔子认为如何消费,确立什么样的消费观,就是不仅仅要从个体的角度思考消费问题,而且要把自己和他人更多地联系起来思考。因为这样可以化解社会矛盾,有利于家庭关系的和谐。“奢则不孙,俭则固”,指奢侈与过于节俭各有不足,这种不足是基于日常生活的研判。孔子从日常生活的反思研判之中感觉到,奢侈容易使人骄纵,而过于节俭又使人显得鄙陋、寒碜。如何处理这两种极端问题呢?孔子认为,对于一般日常消费,既不主张奢侈,又不赞成过于节俭。凡是现实条件能提供满足消费需要的条件,就是适度或适当消费,这就是“中庸之道”。孔子这种中庸之道的适度消费观,从社会看,是消费观在价值观、人生观等价值取向的真实展现,消费者的消费观是个人素质高低、涵养深浅的外现。消费观的选择侧面反映了一个人眼光和自身的道德修养。

孔子适度消费观中包含的方法论哲学是:一分为二、辩证看问题,这种消费观取向中的中庸方法论,蕴含了和谐社会绿色消费观、可持续发展的潜在思想萌芽。孔子提倡适度消费的中庸消费观在当时社会是有极强的针对性的。一方面,奴隶社会没落,新兴地主阶级出现,地主阶级拥有大量地产,农民租借土地耕种,缴纳地租给地主以后,农民所剩不多,封建地主依靠地租获取大量的劳动成果,因而对地主来说,的确衣食无忧。他们可以过着奢侈的生活,奢侈生活带来口腹之欲的满足、虚荣心的满足,更加剧了地主对农民的剥削。这样带来了阶级矛盾的激化,使得民不聊生。另一方面,由于生产力水平低下,劳动产量低下,农民交完地租以后,成果所剩无几,因而生活十分艰难,消费处于十分困顿的状态。孔子提出了适度消费的理念,就是希望贵族不要太奢侈浪费,农民不要太俭朴,这就需要统治者良心发现,因此,孔子提出了仁德思想。

孔子提出适度消费的中庸消费观,直接批判统治者贵族阶级攀比虚骄之气、奢侈浮夸之风,对形成良好的社会风气和健康的生活方式意义深远。对于过于节俭而言,适度消费有利于促进社会物质财富的生产和发展,刺激正常消费,实现社会的进步和繁荣;可以促进当时社会劳动人民手中的剩余劳动产品通过出售的方式予以交换,使社会再生产得以不断扩大和正常运转。总之,进行奢侈的高消费主要是具有剥削能力、掌控巨大社会资源的统治阶级；而对于占人口大多数的被剥削劳动人民来说，生存尚有困难，何谈节俭？何谈奢侈？统治阶级奢侈浮华是建立在对广大劳动人民的残酷掠夺和剥削的基础之上，而统治阶级奢侈、糜烂生活需求的日益增长，不断加重对广大劳动人民的剥削和掠夺，会造成社会财富占有差距的扩大、社会矛盾和冲突的加剧，影响到社会的稳定。

3.1.2 教育方法

一、"仁"为消费观教育的理论基础

孔子如何实现他的消费观教育目的呢？首先他提出了一个十分重要的理论"仁"。"夫仁者，己欲立而立人，己欲达而达人"(《论语·雍也》)。孔子要求消费者在消费利益关系中要摆正两个主体，即人与己的关系。"仁"的本质就是要处理好自己与他人的关系。一个消费者如果想自己获得相应的消费财物，就应该先考虑别人，思考自己获得此财富是否对他人构成伤害；如果自己想事业发达，就应该先帮助别人发达起来，即我们今天倡导的先人后己，互利共赢。进一步理解，就是每个消费者要考虑如何让自己安身立命并为此不断努力。但是自己这一步走好了，也应该为别人想一想，帮助别人有所立。可见孔子的"仁"的概念，为人的前进方向做了现实的合理引导。孔子认为现实消费生活中，处处离不开"仁"。开门七件事——柴、米、油、盐、酱、醋、茶，件件事中皆有"仁"。明白了这些道理，人们即可事事行"仁"，时时行"仁"，"仁"在手上、在脚下。"克己复礼为仁"(《论语·颜渊》)。"克己"就是克制自己的行为，使之合乎一般的社会伦理规范，从而更好地维护社会的消费秩序；"克己"就是人克制自己的欲望、欲念。人克制自己的欲望十分必要，人如果在消费中随心所欲，让欲望牵着自己走，则步步荆棘。在消费中，克己才会自由，任性必然痛苦。孔子消费观教育中，"克己"就是要克制自己过分的消费欲望，因为过度就是纵欲，不过分就是适度。人生的消费适度是指人的正常消费要适度，但人的正常消费需求又是动态的、发展的，在不同社会发展水平下，人的正常消费需求有不同的标准和含义。

推行"克己"的长效机制就是"复礼"。"礼"作为社会普遍行为规范，目的是让人克制自己过度欲望，回归并遵循人类社会的一般伦理文化。通过克制个性，

照顾共性，才能兼顾群体性。“仁”实际上为破解社会个体与群体的矛盾提供了方法论依据。作为把持国家权力的统治者，如何推行公务消费，如何在消费中协调人与人之间的关系？“出门如见大宾，使民如承大祭”（《论语·颜渊》）。“出门”是指在外与人相处，“使民”是指统治者使用民力，如果滥用民力甚至肆无忌惮地用权力欺压百姓，那就不仁。孔子用“大宾”“大祭”告诫弟子，警醒统治者，可见其一片济世救民的仁爱之心。“己所不欲，勿施于人”，其直解是自己不要的东西也不要强加别人，自己不想要的东西源自一个“害”字，孔子的勿施于人，其实为不加害于人，其深层意思是施人以利。人类社会，人各有追求，各有对己之利的认同，这种利往往要靠自己努力获得，非别人赐予。在实际消费生活中，对人的基本要求是不害己，不害人。

《论语》中的许多章节，体现了孔子务实的生活态度，涉及孔子社会生活的诸多方面。孔子认为如何处理人与神的关系，是祭祀消费的问题。消费者如果不能供养好自己应该供养的人，那又怎么能去侍奉鬼神呢？在如何获得财富、如何创造财富问题上，孔子提出“富而可求也，虽执鞭之士，吾亦为之。如不可求，从吾所好”。[①] 如果消费者所需要的消费对象是可以求得的话，那么我作为一个财富的创造者，就是干下等差事，我也愿意。如果消费者所需要的消费对象在获取过程中不符合道德规定，那我就需要放弃这个念头，继续干自己喜欢的事。孔子的消费主张或消费观形成的基础，落脚于孔子务实的生活态度上。国家在兵役的消费方面，孔子认为，如果统治者用没有受过训练的民众去作战，本质上是让民众白白去送命。孔子务实的生活作风，表现在他实际生活中的身体力行。子曰：“麻冕，礼也；今也纯，俭，吾从众。”[②]意思是，中国古代的传统礼节，习惯用麻布做礼帽，而现在为了减少浪费，改用丝线作料，我认可这种做法。对于“古礼”，孔子认为应该因时而化，应根据具体情况适时灵活变通。

孔子的适度消费具有理性消费的特征，要求消费者日常消费行为要遵循“仁德、礼义”的标准，这种仁德、礼义是与一定的经济社会生产力发展水平相联系的。孔子在消费问题上反对奢侈，提倡节俭，这种消费观是贯通“仁”的理论的消

---

① 孔子.论语[M].李明阳，译注.合肥：黄山书社，2005：68.

② 孔子.论语[M].李明阳，译注.合肥：黄山书社，2005：88.

费观。孔子所极力宣扬的仁(德)之标准与奢侈骄纵的生活方式是矛盾的，节俭朴实成为孔子塑造仁德君子的首要指标。孔子在消费过程中，反对华而不实，主张实用，反对消费者在消费生活中过分讲究形式，反对消费过程中为了形式而形式，反对本末倒置。

孔子倡导以“仁”为核心的消费观教育，使社会消费环境发生了很大变化。比如，社会商业活动减少了欺诈，增加了诚信。贩羊的沈犹氏曾经靠贩卖注水的羊肉赚钱，后来在孔子的消费观教育下，转而靠诚信赚钱。总之，以孔子为代表的儒家消费观教育，在各方面力量的作用下，日趋深入人心。可见，观念的力量一旦深入人心以后，就会生发巨大的动力。孔子为代表的儒家消费观教育的效果在社会不断彰显，从此以后，中国传统社会的历史长河中，商人在贩卖牛、马、猪、羊等活动中减少了欺诈行为，男子在家庭和社会的消费生活中崇尚忠、义、诚、信，女子在家庭和社会的消费生活中，追求贞、洁、德、信，社会治安日趋良好。通过消费观教育所获得的良好社会风俗，一方面表现出孔子治国才能的高超，另一方面也说明孔子倡导的节俭朴实消费观，反对奢侈浮华的消费观，符合社会大众生活的具体实践，由此取得喜人的效果是自然的事情。

二、礼是消费观教育的实践尺度

“礼”是以孔子为代表的儒家消费观教育的实现载体。“礼”是一系列的规范，表现在消费上就是消费规范。利用消费规范建构社会成员的消费观念，引导社会成员的消费行为，规范消费者的消费方式，从国家的角度看，孔子将“礼”上升为国家的消费意识形态，提出“为国以礼”(《论语・先进》)。作为消费意识形态的“礼”，其特征是讲消费的等级名分。从消费观的视角挖掘“礼”的等级名分，孔子把其逻辑展开为“君君、臣臣、父父、子子”(《论语・为政》)。在以礼为核心的消费意识形态下，孔子认为社会成员因为出生、机遇、能力等方面的差异，必然形成贵贱有序的社会等级网络。

以“礼”的等级名分作为逻辑起点，孔子认为社会成员在消费上应该毫无条件地遵守礼制。上下等级之间，在消费内容、消费行为上应该体现差别。孔子直白地用其等级消费思想，严厉抨击了鲁国执政季氏：“八佾舞于庭，是可忍也，孰不可忍也？”(《论语・八佾》)按“礼”的等级名分规定，在娱乐消费上，“八佾”是皇帝的娱乐消费规格，其他人是不可以超标享受这样的娱乐消费的。而季氏在鲁国只不过是大夫，按照规定，只能享用四佾的消费待遇。季氏以大夫的身份享受“八佾”的消费等级，明显违反了消费伦理，违背了“礼”的消费规范。因此，孔子对季氏的超标行为十分不满。可见制定消费的边界，对于一个国家是何等的重要。中国三公消费曾经达到了“是可忍，孰不可忍”的地步。

三、“孝”成为替代性消费观教育的精神动力

从上文可知，孔子对“失礼”的消费行为十分反对。“子贡欲去告朔之饩羊。子曰：‘赐也！尔爱其羊，我爱其礼’”（《论语・八佾》）。在祖庙告祭消费时，如果降低消费标准，省去一头羊，的确是节俭之举，但完全不符合“礼”的规定，因此不可取。孔子认为，消费中的“孝”是养与敬的统一。在祭祀祖先时，敬的成分更多，如果消费达不到应有的程度就是不敬。所谓敬就是你把他当回事，对他尊重。孔子的孝蕴含了一种替代性消费观。“今之孝者，是谓能养。至于犬马，皆能有养。不敬，何以别乎？”《论语・为政》孔子认为家中养条狗、养匹马，也需喂狗食、加草料。对待父母，倘不讲敬，跟养匹马、养条狗有何区别？孝既包括物质上的满足，又包括心理上的满足，而心理上的满足是第一位的。因此，中国古代有名言：“百善孝为先，论心不论迹，论迹贫家无孝子；万恶淫为首，论迹不论心，论心世上少完人。”孝顺父母看内心的孝而不看行动上给予的物质满足，要看行动上给予的物质满足，否则，贫穷的家中就没有孝子了。可见，孝成了替代性消费观教育的精神动力。

3.2 道家消费观教育

3.2.1 “道”成为人类消费观生成的哲学根据

为了理解老子消费思想的精神主旨，必须还原到老子当时生活着的那个时期的中国国情，必须解读当时中国人的精神世界，同时也要读懂老子生活的那个时代，以及先于老子的中国社会思想传统。考察老子所处的生活时代的消费，有

利于全面研究老子这位形而上学思想家，揭示老子的思想对消费问题理论的超时代的意义。老子思考人的消费问题，是基于消费不仅是一个“活着”的生理肉体层面的问题，消费更是一个“怎样活着”的精神价值层面的问题。老子所研究的消费观是一个力求把握人的生存真谛的概念；老子所关注的“消费”，具有反省性、反思性、自然性和生命性的特征；老子凝练出来的消费观不局限于人们的日常生活，更不是让人苟活、偷生，而是教人按照自然的本性而进行消费生活。老子消费观教育所要达成的目标是：不是止于最低限度的存活，而是达成最高程度的生命本真。

老子生活的春秋末期，社会极其混乱紧张，不仅社会的政治制度，而且人们的精神观念都处在急剧的变动之中，人们从肉体到精神都经受着前所未有的深重危机。老子所处之世的消费危机，既表现在社会围绕财富分配的混乱纷争、穷人生命的危如累卵，又表现在人们在消费观念上的危机。社会的混乱、社会价值的失序，直接导致周朝的覆灭。周朝的覆灭还表现在当时社会的一系列危机：人与天、人与鬼神、人与自然事物、人与人之间旧的关系，因为礼制的崩解，普遍地动摇。随着秩序的崩溃，社会道德观念及消费观念都出现了严重的危机。老子的消费思想体系中，“道”是人消费遵循的本根，“德”是人消费的外在根据，“德”是人所得并内在于自身的“道”，万物的自然本性是道。“德”最根本功能是“育养”，“道”的最本质意义是“化生”。人的消费长成亦是以“德”为根、以“道”为本，人们顺应了生命的自然本性就是循道依德的消费生活。老子从天地万物生、长、存的多个维度进行了哲学式的终极探究，从“道”“德”的本原出发，为人的消费找到了理论根据。老子以“道”“德”为理论基点，对人的消费方式、消费境遇、消费价值、消费智慧、消费意义等多方面问题给予了哲学解答，对消费观进行了哲学论说。

老子的消费观教育，是把人和万物放到一起来思考消费的根本规律，这种角度没有降低人的消费地位，并且在宇宙的背景中凸显了人的消费价值和意义，“道”的思想拓展了人之消费的生命空间。老子提出形而上的“道”与“德”，是为了解决人类消费的总根源，是对人类消费生活的终极关切。老子把“道”作为人的消费活动的哲学根据，来把握人的消费与存在意义，认为让每个人顺应他们的自然本性去进行消费和生活，人的消费生命状态即是自然的，因此，人的消费要合乎“大道”，若消费背离“大道玄德”，必然显得不自然。人之存在的本真是自然的消费；“道”是人的真实消费之“本”。所以，人循道依德的消费，是其本真的消费、是自然的生命历程。老子是第一位把人的消费问题放到了宇宙的背景下，在规律的统摄下，以哲学的方式来反思人之消费的思想家。

3.2.2 “治国”与“治身”相互关联的消费观教育

老子的消费观教育有两个方面，即“治国”和“治身”，这两大思想主题本质上是围绕着人的消费问题而展开的。“治国”，是创建一个适宜人之自然地消费的社会环境；“治身”，是建构一个合乎人之自然地消费的生命状态。老子以前，人们思考人的消费问题总是局限于社会领域，认为建立一个理想的社会、完善一理想的政治体制，就是解决了人的消费问题的全部，习惯于利用社会建构解决消费的全部。老子最先跳出了社会的界限，从道的场域来观照人的消费。陈鼓应认为：“中国哲学一向是将人生和政治问题联合起来关注的。这些问题的探求，又回到伦理道德的圈子里，这样，视野范围常常被框在某些格式上。老子哲学的特异之处，就在于打破了这一局限，把人类思考的视野，由人生扩展到整个宇宙。”①

人首先是作为消费者而存在，所以老子研究消费必须首先从生命本原处找寻人之消费的根据、源泉和意义。在此基础上，还必须思考人消费的社会环境，因为人的消费问题是要触及社会政治的，人不能离开社会而独存。人的消费首先是作为生命的存在，决定其社会性的存在不是人之消费的全部，社会不能解决人的消费问题，老子认为必须把社会问题放到人的消费中来考虑，社会问题才能得到根本的解决。蒙培元指出：“严格地说，儒家并没有把社会和自然界区分开来。老子则不然，他更强调人和自然的关系，并且把社会和自然界作了某种区分，以‘自然’为最高存在。他对儒家道德人性论的批判，就是建立在这个理论前提之上的：‘自然’高于社会，自然之性高于道德人性，因此，人要实现自己的存在，就应该回到‘自然’。”②依老子的思路看来，社会是人之消费的身外环境。人

---

① 陈鼓应.老子今注今译[M].北京：商务印书馆，2003：22.

② 蒙培元.中国心性论[M].台北：学生书局，1990：55.

的消费首先不是社会的消费，而是人的消费。人的消费，其源泉不在社会，而在更深远的本根，那就是“道”。“道”使人得以消费，人为消费发展而构建社会；只有在这个意义上，社会秩序的建构才有价值，才有标准，才为人所必须。

社会政治问题是老子思想范围之内很重要的一个面向，一般地称之为“治国”问题。老子的“治国”是放在人的消费生活背景下提出和解决的，老子是按照人之消费生活的理想模式来构建社会秩序，社会政治的良莠条紊是以人之消费生活的自然程度为标尺的。自然的秩序是消费生活的社会环境，人之消费生活的社会环境解决了，人之消费生活的自身问题又提上了日程。人之消费生活的内部环境更需要正视，身内的环境比身外的环境更需要清扫，其任务也更加艰巨。一般地我们把人之消费生活的个人身心问题，称之为“治身”问题。关于人之消费生活的社会治理理论，是老子“治国”的方面；关于人之消费生活的个人修养理论，是老子“治身”的方面。“治国”和“治身”是老子关于人之消费生活的两大思想主题。

老子的“治国”和“治身”的问题都是围绕着人的消费观教育而展开的，那么，人之消费观教育的应然就当是身、国治理的目标。在老子看来，道和德给予了人之消费观教育的形而上的、本原的根据，那就是循道依德，其消费状态是自然的，自然是人之生存的最佳状态。人之存在的本真，是生命处于循道依德的自然状态。所以，身、国的治理皆以实现人之消费的自然状态为其价值的准则和最终的目的。最好的政治，是实现自然的社会秩序；最美的人生，是完成自然的生命历程。老子的“治国”“治身”这两大主题，有着同一个价值目标，那就是人之消费的自然，就是人之消费要遵循的自然规律；有着同一个精神原则，那就是循道依德。“治国”合乎大道，即能实现社会的自然状态；“治身”合乎大道，即能达成消费的自然状态。

老子的哲学包含有人之消费观的思想内容和精神意蕴，因此，研究老子的思想，以消费观为线索来整理，符合老子消费思想本身的内在品性。一方面凸显老子对人的消费观教育的关注，另一方面，凸显了老子思想的现代价值。因为人之消费观是人类永恒的课题，此永恒性不仅在于人类必须满足其生命存在的生理需要，更重要的是探究人之消费观存在的本原、意义、价值和目的。在此意义上说，如何理解人的消费观，就是如何理解人本身。所以老子关于人之消费观的哲学反思，对于我们今天重新审视和把握现代社会的人类命运大有裨益。以人的消费观问题为线索审视老子思想，探究老子消费观思想的精神意蕴，开掘老子消费观的现代价值和意义，是老子思想研究领域的一个重大开拓。

从消费的视角看，老子的《道德经》本质上是引导人类怎样生活消费的哲学，《道德经》的哲学思想统摄了对人的三重消费的思考，即自然消费、精神消费、社会消费。在“道”的启发、观照下，老子关于消费的哲学思想首先以人文关怀为出发点，披露了人如果不能协调好消费者与自身的关系，在消费生活中，必将陷入的各种迷惘。其次，《道德经》又以一种深沉的忧患意识，深刻批判了社会生活中一种抽象的文明幻相。这种幻相常常无视世界和人生之本真，因此导致桎梏人类自由本性的各种异化现象。老子的《道德经》中的消费哲学思想通过倡导消费者对自然母体的回归，实现一种高远超迈的意境，那就是消费者个人与宇宙万物同源是一体的，将消费者的本真消费置放在一种原始的“天人合一”的境域。由此可见，《道德经》的哲学思想，是对人类如何生活做出的哲学沉思。

遵循消费规律、消费者的身心规律是老子消费观教育的基本特点。“道法自然”是规律的形成依据。消费时，遵循规律的路径是：去奢从俭，清心寡欲。老子从重“道”的角度遵循规律，提出著名的论题：“道生一，一生二，二生三，三生万物”（《道德经・第四十二章》）。合“道”的消费法则需要消费者在消费过程中认真体悟。从物质运动的角度看，老子认为“天下之物生于有，有生于无”（《道德经・第四十章》）。“道”以无为本，“道”生万物且听其自然。“道”表现出来的特征有量和质的限度，就消费者来说，消费对象量的限度由消费者消费量的限度决定。“生而不有，为而不恃，长而不宰，是谓玄德”（《道德经・第五十一章》）。就消费者消费过程来说，消费的“德”与“性”相通，就消费过程来说，“德”体现的是消费者的自然之性，反映的是消费者要具有遵循“道”的习惯与精神。人性自然，消费是人性，消费是人的自然属性。消费角度下的人性有量的限度和质的量度，过量和缺乏均是对消费者人性的贬损，表现为不舒服、不适应、困顿等感觉。“德”与“性”教导消费者不能仅仅着眼于无限占有社会财富并由此无限消费、浪费社会财富，消费者消费过程中的循道法则就是要“见素抱朴，少私寡欲”（《道德经・第十九章》）。统治者贪欲和奢侈的消费风格遭到老子的猛烈抨击：“朝甚除，田甚芜，仓甚虚，服文采，带利剑，厌饮食，财货有余，是谓盗夸。非道也哉”（《道德经·第五十三章》）。统治者消费的悖道行为——奢侈浪费和贪得无厌，一方面导致了田野荒芜，另一方面导致了国库空虚，悖道的消费行径说明这种格局是不可能长久的。

老子“道”的消费法则之二是看到了消费者消费过程的矛盾运动。物质消费超过一定量的限度就遵循从量变到质变的规律。“物壮则老，谓之不道，不道早已”（《道德经·第五十五章》）。客观事物在道的规则作用下，都有一个兴衰演变的发展过程，对消费者来说，兴也消费，衰也消费。社会生活中，消费者在消费过程中，任何有意识的获取，常常都会在错觉的作用下加速事物向否定性的方向转变。“为者败之，执者失之”（《道德经·第六十四章》）。老子认为消费者对财富的追求和消费常常导致消费者偏离“道”的规定，进而遭到“道”的惩罚，那么，如何才能不遭到道的惩罚呢？“我有三宝，持而保之。一曰慈，二曰俭，三曰不敢为天下先。慈故能勇；俭故能广；不敢为天下先，故能成器长。今舍慈且勇；舍俭且广；舍后且先；死矣！”（《道德经·第六十七章》）按照“道”的要求去消费，那就是用“俭”去测度自己的消费行为。因为“俭”能丰物，“奢”则不能恒久。消费一旦背离道，那消费者就会受到道的惩罚，由此倒逼消费者按照“道”的要求去消费。此所谓“物或损之而益，或益之而损”（《道德经·第四十二章》）。消费者要以“道”为指针，对消费过程进行深度的体悟。老子大力提倡处俭去奢，“是以圣人去甚，去奢，去泰”（《道德经·第二十九章》）。

“无为无不为”是老子在引导消费过程中又一重要法则。“道”的无为属性，如何应用于消费者，如何指导消费活动？无为即背离消费规律的消费行为就不要进行，遵循消费规律的事情就应该积极去努力。消费过程中的无为法则并不是倡导消费者消极厌世，而是将人与自然纳入一个整体，协调消费者与自身的消费关系、消费者与他人的关系。在这些积极的关系面前，要听其自然，按照消费规律办事。反对消费者在错觉主导下，主观妄为，“妄作凶”（《道德经·第十六章》）。“天下多忌讳，而民弥贫，民多利器，国家滋昏。人多伎巧，奇物滋起。法令滋章，盗贼多有。故圣人云：我无为，而民自化；我好静，而民自正；我无事，而民自富，我无欲，而民自朴”（《道德经·第五十七章》）。任何时期，消费都是老百姓的大事。统治者在引导老百姓生活的过程中，若能无为而治，就能使广大消费者“自朴”。而“自朴”的实现是通过“自化”“自正”“自富”实现的。

老子主张寡欲，并不主张禁欲。对于人的正常生存需求，特别是民众的生活，老子是极其关注并鼓励满足的。他要让“民自富”(《道德经·第五十七章》)，使“民利百倍”(《道德经·第十九章》)，要“实其腹”“强其骨”(《道德经·第三章》)，使人们过上“甘其食，美其服，安其居，乐其俗”(《道德经·第八十章》)的富足安乐生活。但是，在当时的社会境况下，只有通过抑制社会上层的贪婪纵享，底层民众的生存压力才能得以缓解。在老子看来，正是由于统治阶层的穷奢极欲、贪得无厌，才造成了民众饥寒交迫、生不如死的生存危境。“民之饥，以其上食税之多，是以饥。民之难治，以其上之有为，是以难治。民之轻死，以其上求生之厚，是以轻死”(《道德经·第七十五章》)。社会生活中，老百姓的苦难，是统治者的贪欲所造成的。所以，老子“无欲”的主张，主要是针对着当时社会统治阶层的贪奢纵欲而言，这是很明显的事实。

李景林在阐发老子思想的文章中曾经提出一个概念——“自然的分际”①。自然的分际实际上是足的标准。自然的分际，不是以欲望的多寡为标尺，也不是以实际争得的数量为尺度，而是以道所赋予每一生命个体的自然的本性为标准：超过了自身本性的“自然”，即是多欲贪得；不足于自身本性的“自然”，即是生存状态受到了压抑，基本的生存需求没有得到满足。过于“自然”的贪得和不及“自然”的不足，都会对生命自身造成损害，都不是老子所说的“知足”。老子的“知足”，既反对贪欲，也不主张制欲，而是让人止于道的“自然”。比如甲一顿吃半碗饭，不过也无不及，乙一顿吃两碗饭也不够身体的正常需求，丙一顿吃半碗饭就撑得难受。因此，每顿饭该吃多少为好，对每个人来说是不固定的，因人而异。这些都源于“道”。

那么，如何约束不合理的消费欲望？老子为消费者开出了什么药方呢？老子认为“咎莫大于欲得”(《道德经·第四十六章》)。人的欲望与人对物质财富的追求和生活享受的渴望具有正相关性，是引起和被引起的关系。在欲望的推进下，人的作为就会远离“道”的规定，即“有为”。消费者一旦背离“道”的法则，就

① 李景林.即“有名”而显“无名”——从《老子》首章看老子之道论[J].甘肃社会科学，2005(6)：59-60.

从无为走向有为，此处的有为可以理解为有违背“规律”的行为或作为。老子对“道”的深刻论述，意在启迪消费者要遵循“道”的法则，效法自然，将自身欲望管控好。“道常无为而无不为。侯王若能守之，万物将自化。化而欲作，吾将镇之以无名之朴。无名之朴，夫亦将不欲。不欲以静，天下将自定”(《道德经·第三十七章》)。此处，老子又深刻分析了“道”的无名特征，意即道渗透在不同的物质对象之中，甚至无以名状。在体悟“道”的前提下，去遵循“道”的规定，统治者能坚守住，万物能在秩序的范畴内自我运行、自我演化。在这种过程中，如果有改变“道”的运行规则的冲动，消费者、统治者需要学会管控自己的欲望，方法是以“朴”镇“欲”，用朴素的价值镇压“欲”。人的有欲敬畏“道”的不欲，“是以圣人欲不欲，不贵难得之货”(《道德经·第六十四章》)。老子认为，道德境界高尚的人，常常将自己的需求限定道德边界。有了消费边界，那道德境界高尚的人也就不以难得之货为贵，难得之货也就与空气中的漂浮的颗粒物质相等同。外界的诱惑会让人的需求背离合理需要的限度，走向消费错觉。如果不限定好消费边界，那么外界诱惑常常导致人身心迷乱，陷入追求物质享受的消费者就不能以道为武器，测度自身的消费行为，就失去了管控自身消费行为的能力，就不能把可欲和不可欲区分开来。“五色令人目盲；五音令人耳聋；五味令人口爽；驰骋畋猎，令人心发狂；难得之货，令人行妨。是以圣人为腹不为目，故去彼取此”(《道德经·第十二章》)。

面对外界强大的物质诱惑，消费者如何消除可欲之物呢？老子认为，可欲之物的形成与消费者的物欲的存在与人作为生产者的智慧紧密关联。生产者根据消费者的需要，凭借自己的聪明才智创造适合消费者使用的“奇物”；反过来，生产者在利益的驱动下，将“奇物”的功能不断放大、延伸，对物的功能不断宣传，极大地诱惑了广大消费者。于是人的物欲被激发，单个人的欲望激发之后，人为了实现利益而不择手段，于是，以奇物的诱导，培育了许多新的社会矛盾。“人多伎巧，奇物滋起”(《道德经·第五十七章》)。

科学管控好消费者的消费欲望，是实现消费者身心和谐的必要途径。如何管控欲望呢？一方面要遵循消费的自然法则，另一方面要形成以朴镇欲的心理约束原则。如果放弃了这两条原则，消费者在纷繁复杂的物质消费对象面前就常常失去理智，将自然法则置于一边。根据消费生活经验，老子指出：“祸莫大于不知足,咎莫大于欲得。故知足之足,常足矣"(《道德经·第四十六章》)。人的真实需要应该锁定在生理需求的满足带来的内心的知足与否上,如果将数量的占有取代生理需要的满足,那就会出现虚假的需要。莫大的祸患是虚假需要主导的欲壑难填。消费过程中,消费体现"道"的精神是生理需求的满足带来的内心的知足与否。"保此道者,不欲盈。夫唯不盈,故能蔽不新成"(《道德经·第十五章》)。知足就能"恒足矣",知足就是生理需求的满足带来的内心的知足,就是人的消费限度。

人的消费行为需要基于一定的社会经济条件,消费的知足也需要与一定的社会经济条件相适应。若不知足,那就会模糊自身的消费边界,就会将自己的思想和行动锁定在聚敛财富、追求奢侈上。背离规律的消费,其结果必然不会太好。"道"会倒逼消费者,让消费者受到全面惩罚。消费者消费的悖道行为,常常表现为通过消费彰显自身的名气,通过消费占有大量的财富。但是,"名与身孰亲?身与货孰多?得与亡孰病?是故甚爱必大费;多藏必厚亡。知足不辱,知止不殆,可以长久"(《道德经·第四十四章》)。合理的消费就是促进物我的和谐,然而,奢望与贪欲使人在物我关系上走向对立。在消费过程中,知足、不争可以使消费者身心和谐长久。

3.3 传统消费观蕴含的系统教育方法

传统社会,家是人生活的核心。生产以家为中心,消费也以家为中心。家庭成员在生产劳动上虽然有分工、有协作,但是是非常粗糙的,是男耕女织、男主田地劳动,女主家务劳动的分工。劳动的对象是田地,劳动的产品是农作物。劳动方式以人力为主,效率低下。劳动成果又没有交换,保持的是一种自给自足的自然经济生活。生产与消费合一,没有分工。所以,家成了生产与消费的中心。由此,消费过程中,劳动者与自身的关系是长期于食不果腹的匮乏中挣扎。劳动者与他人的关系是家庭成员之间的关系,表现为孝悌,即以父母为参照的纵向人际关系和与兄弟为参照的横向人际关系。这些相对于后现代社会,以消费者为中心的多维关系表现得简单。

3.3.1 调适消费者身心关系

消费者与自身的消费利益关系，本质上表现为消费者消费过程中，协调好消费活动与消费者自己身心和谐的关系，实现消费过程中人之身心和谐。在中国古代思想家看来，只有保持内心的恬淡，才能实现消费过程中平和的消费心态。人的正当消费需求在中国古代思想家看来，是应该得到肯定的，不仅应该获得社会肯定，而且还需要将其作为不可动摇的规律。“富与贵，是人之所欲也”《论语・里仁》)说的就是此理。但是，在追求财富的过程中，是有原则的，“富而可求也，虽执鞭之士，吾亦为之”(《论语・述而》)。孔子认为，财富的获得，如果是道德允许的，哪怕是帮别人赶马车也是可以的。但是，在获得财富的过程中，孔子又提出了自己的边界和底线，那就是做到“欲而不贪”(《论语・尧曰》)。道德堕落的开始是消费者在消费过程中让欲念放纵，为了防止道德堕落，孔子大力主张消费者在消费过程中心态保持谦和，依据中庸的原则测度消费行为。孔子认为，一旦消费者把物质利益当作人生意义的全部追求，那必然放弃“仁”的道德操守，结果必然见利忘义、贪得无厌。儒家的消费观与人生观在某些情况下具有一致性。其一方面关怀生命的价值，另一方面弘扬道义价值，两方面有机结合起来，就达成儒家的一种人生观。

在处理消费者与自身的关系上，老子提出“甘其食，美其服，安其居，乐其俗”①。以“道”为遵循的消费，就是既不超过消费者的承受标准，也不低于消费者的承受标准，实实在在地消费，即便是粗茶淡饭，消费者也会津津有味、甘之如饴，“虽有荣观，燕处超然”②。因为消费者个人是社会的一员，他在人际互动中，原有的自足本性常常与内心深处和内心之外的嫉妒、自卑和所有欲等结合在一起，因而常常遭到错觉的、敌对的倾向性袭击，从而推动人们互相模仿、相互解构规范，最后促使互相做恶事、道德堕落。这一切根源于模仿、攀比、从众。所以老子提出在处理消费者与自身的关系上，应该遵循物物而不役于物。老子提倡的是一种自主性的消费，反对他主消费，反对消费者通过接受外在的刺激，而在内

① 陈鼓应.老子注释及评介[M].北京：中华书局，1984：80.

② 陈鼓应.老子注释及评介[M].北京：中华书局，1984：26.

心深处产生不宁静，最后达成的只能是被动的满足。老子要求消费者寻找其消费行为的合理性、必要性的理由只能在消费者自身内部，即消费者自我的独特性。由于消费者自我的独特性，消费者只能将自己作为自己行为的尺度。“夫物或行或随；或嘘或吹；或强或羸；或载或隳”①，一般和特殊的交织，必然出现万物秉性不一，也必然出现消费者的个性迥然相异，因此，每个消费者都拥有不可替代的、独特的价值。达到这种境界的消费者，就不会迷失自我而变成物的奴仆，就不会被外部物质所羁绊，消费过程中的责任与自控意识就能够形成，其消费行为亦必将符合社会与自然的认可度。

3.3.2 协调消费者与社会的关系

消费者是社会的细胞，消费者的消费行为要影响社会。提倡消费者宽和处世是传统消费观教育的要义，要做到己所不欲，勿施于人。要像孔融让梨一样，创造家庭成员不同消费者之间和谐的消费人际环境，要以“老吾老以及人之老，幼吾幼以及人之幼”的道德境界，协调社会空间中的消费者之间的人际关系。传统文化注重“仁”，本质上是说人与人之间要相互依靠，就需要释放爱心，释放了爱心才能促进人与人之间相互依靠。从消费角度看，儒家所提倡的“仁”就是强调消费者推己及人，根据血缘和宗族的关系，由近及远。“夫仁者，己欲立而立人，己欲达而达人”(《论语・雍也》)。从消费视角看，儒家认为，要让自己过得好也好让别人过得好。要让自己在社会生活中通达也要别人在社会生活中通达。将“仁”的思想发挥为在消费者的人际关系中“老吾老以及人之老，幼吾幼以及人之幼”(《孟子・梁惠王章句上》)，是思想家孟子的首倡。墨子作为墨家学派的创始人，将社会动荡归因于消费者之间的不相爱而产生的利益纠葛。墨子主张“兼爱”，区别于儒家的“仁”，“兼爱”作为消费者之间消费交往的标准。不难看出，以消费观教育为视野的儒家的“仁爱”理论与墨家的“兼爱”理论都力图引导消费者打破消费者的自私心理，处理好消费者与他人的关系、消费者与社会的关系。但他们处理这些关系，以对他人的施爱为基础，存在血缘的先后顺序和人际关系的亲疏厚薄。消费者打破自私心理，处理好与他人的关系、与社会的关系，儒家认

---

① 陈鼓应.老子注释及评介[M].北京：中华书局，1984：29.

为要遵循以下法则：仁、义、礼、恭、宽、信、敏、惠、智、勇、忠、恕、孝。在以上原则的指导下，才能实现消费者的"人和"目标，并因此能实现建设大同社会的远景理想。"人不独亲其亲，不独子其子，使老有所终，壮有所用，幼用所长，矜寡孤独废疾者皆有所养"(《礼记·礼运》)。

在消费观教育上，针对如何处理消费者与社会的关系，道家提出了"三无法则"，即"无为""无欲""无争"。"三无法则"旨在倡导消费者之间彼此包容、宽大为怀。遵守"三无法则"，才能让消费者"甘其食，美其服，安其居，乐其俗"。针对如何实现社会消费公平，老子认为社会财富的分配问题直接影响消费公平。实现社会财富分配的科学路径是"损有余而补不足"，这是自然界的法则。然而，人类社会的法则在分配中表现为"损不足以奉有余"，这就造成了社会的严重不公。在老子提出的"三无法则"基础上就能实现"三去"，即"去甚、去奢、去泰"，最后实现"二知"即"知止""知足"。消费观教育遵循道法自然的法则，就是要人们效法天道，实现消费的相对均衡，实现社会关系的和谐。

当今科技时代，如果不能处理好消费者与社会的关系，仅仅期待通过物质生活的提高让消费者获得满足感，那将会适得其反，随着物质财富占有的增多，消费者会更加的痛苦、空虚。作为消费观的持有者——国家，如果不能处理好国家与国家之间的消费关系，必然会出现为争夺原料、市场而互相侵伐的状况。"夫唯不争，故天下莫能与之争"(《道德经·第二十二章》)。实践证明，太多的物质上的刺激使人难以达到精神上的满足，往往削弱和钝化人的自主性。

3.3.3 协调消费者与他人关系

如何处理好消费者与他人的关系，其遵循的原则是什么，有何规律可循？老子认为规律是协调消费者和社会的一把钥匙。"昔之得一者：天得一以清；地得一以宁；神得一以灵；谷得一以盈；万物得一以生"①。此处的"一"是指规律，是人与人相处的规律。人与人之间、消费者与消费者之间、消费者与生产者之间需要一套普遍奉行的准则，这种普遍奉行的准则具有贯通性，贯通的结果就是实现消费者之间的和谐、完备、无纷争。实践反复证明"一"对社会生活的统领作用。

① 陈鼓应.老子注释及评介[M].北京：中华书局，1984：39.

“圣人抱一为天下式”①,“侯王得一以为天下正”②在“一”被奉行为普遍价值准则的社会,要求消费者不损害他人的合理消费利益去实现个人的消费利益,同时,各个阶层的正当消费欲望社会都应给予满足。

老子的消费观教育价值理念给我们一个启迪,那就是过分的物欲享乐不仅对消费者是无意义的,而且由于超过边界的享受,还具有损性伤身的愚蠢特性。因此,只有调节人的内在需要,只有以“道”为准绳,才能培育消费者正确的消费价值观念,才能淡化消费者对物质享乐的崇拜和追逐,才能让消费者自觉、自愿地管控自身的消费行为,避免消费者在消费中寻求刺激,陷入被动消费的误区,才能实现消费者在消费中感受身心的愉悦。老子消费观教育一方面具有肯定消费者基本生理需求的道德合理性,另一方面又提出消费者需要节制自己的消费欲望,倡导消费者恬淡、简朴地开展适合自己的消费生活。老子的这种消费理念对于我们当下生产和生活中节约成本、减少消耗,保持生态平衡,循环利用资源,自觉处理好消费过程中人与自然的关系,是一份难得的宝贵精神财富。同时,对于消费者个人避免消费不足或者过度消费所带来的烦恼,具有深远的借鉴意义。

---

① 陈鼓应.老子注释及评介[M].北京:中华书局,1984:22.

② 陈鼓应.老子注释及评介[M].北京:中华书局,1984:39.

第 4 章　中国当代消费观教育面临的压力与转型

改革开放前，中国为什么需要将抑制型消费观作为国家的消费意识形态？抑制型消费观教育内容有哪些？教育方法是什么？抑制型消费观教育在社会生活实践中面临哪些压力？这些压力为何成为中国当代社会转型的深层动因？

4.1　改革开放前抑制型的消费观教育

4.1.1　1949 年以来的社会转型与生产关系变革

社会转型“意指社会从传统型向现代型的转变，或者说由传统型社会向现代型社会转型的过程，就是从农业的、乡村的、封闭半封闭的传统社会，向工业的、城镇的、开放的现代型社会的转型”。[①] 1949 年新中国的成立，标志着中国社会是从封建社会向社会主义社会转型或者说是从新民主主义社会向社会主义社会转型。这一时期社会变迁具有从封建农业社会向现代工业社会转型，从封闭性社会向开放合作性社会转型。改革开放前的中国社会转型带来系列连锁变化，不仅表现为生产关系转型，而且带动消费关系转型，由此引发消费观转型。

1949 年，新中国成立以后，新民主主义社会的经济，实行国营经济领导下的

① 郑杭生，李强，李路路，等.当代中国社会结构和社会关系研究[M].北京：首都师范大学出版社，1997：19.

合作社经济、国营经济、个体经济、私人资本主义经济和国家资本主义经济五种经济成分并存的经济制度；政治上实行工人阶级领导的各革命阶级联合专政。随着全国大规模经济建设的开展，包括个体经济与私营资本主义工商业在内的经济形式，对国家工业化建设的开展产生严重障碍。具体表现为：一方面，小农经济合作与分工的广度和深度有限，增产潜力受到严重限制。这种现状难以解决工业化对工业原料与粮食的迅速增长的需求，不能为国家工业化迅速积累资金，更不能扩大工业品的市场。另一方面，作为中国民族资本主义经济，其经济体量小，主要是服务业，缺乏重工业的基础，民族资本主义的力量无法推进社会主义工业化的长足发展。由于当时有五种所有制结构并存，存在所有制结构之间的利益冲突。特别是私营企业内部资本家与职工之间、国家各项经济政策与私营企业之间、国营经济与私营经济之间的利益冲突越来越明显。要建立社会主义经济基础，必须加快工业化建设步伐，而社会主义工业化的整体推进，必须加快对手工业、农业和资本主义工商业的社会主义改造。对生产关系变革的迫切需要成为中国社会转型的重要背景。

1956 年通过对农业、手工业、资本主义工商业进行社会主义改造，社会经济结构发生了全面的变化。经济结构的变化为生产关系变革奠定了坚实基础。原来以家庭为单位的生产消费模式被打破，代之以集体生产、集体消费模式。

生产关系是在生产过程中形成的人与人之间的关系，包括所有制问题，即生产资料归谁所有，劳动成果如何分配。其中，生产资料所有权决定了分配机制，经过 1956 年的社会主义改造，原来新民主主义时期的五种经济成分变成了社会主义国营经济、全民所有制经济成分占 99%以上。但是，优先发展工业尤其是重工业的发展战略，导致了重工业、轻工业和农业之间的比例不合理，这直接影响了人民群众的消费生活。因此，当全部生产资料由国家控制，国家必须决定生产哪些消费资料，在什么地方生产消费资料，通过何种途径生产消费资料等问题。这就决定了计划经济条件下，要形成相应的消费意识形态。

毛泽东的消费意识形态，蕴含了丰富的国家消费意识形态意蕴。应该说，新中国成立以来改革开放以前，所形成的国家消费意识形态，认识到了改善人民生活，加强人民生活需要供给的重要性。在全部生产资料由国家控制的情况下，国家消费意识形态体现在实践中就是需要调整好生产资料在不同部门的配置比例。毛泽东针对生产资料投入的比例不适当，给广大劳动人民消费生活带来的负面影响指出，“要调整重工业、农业和轻工业的投资比例，更好地发展农业、轻工业”。[①] 毛泽东看到三大产业发展不协调的危害，要求今后的发展要“重视农业和轻工业，使粮食和轻工业原料更多些，积累更多些，投资到重工业的资金也会多些”。[②] 对于如何发展重工业，毛泽东进行了深入思考。现在发展重工业有两种办法：一种是少发展一些农业轻工业，一种是多发展一些农业轻工业。从长远看，后一种办法会使重工业发展得多些、快些，而且由于保障了人民生活的需要，会使它发展得更加稳固。[③] 毛泽东有关生产关系变迁的论断，包含了丰富的消费意识形态意蕴。

在生产资料公有制的经济基础之上，与生产关系相对应的是如何将公有制语境下创造的利润予以分配。1953年，国家推行了与公有制相匹配的统购统销制度，这是在公有制成分很高的情况下，国家为解决每个消费者的衣食住行问题而推行的一种消费制度。统购统销制度是国家控制以粮食为主的基本消费价格的有效办法。首先，在农村实行统购政策排斥了市场对粮食、棉花、油料等价格的调节作用，国家利用行政手段人为地将基本生活消费资料价格控制在与国家制定的低工资政策相适应的价格水平上；其次，城镇的统销政策在保障居民生活条件下，达到了控制居民人均消费总量和抑制居民消费需求过快提高的目的。统销是国家通过城镇居民凭票证购买基本消费生活资料的办法，限制居民对布匹、粮食等基本消费品的消费水平。票证制度后来被不断强化，且由于消费品短缺现象的加剧而不断扩大使用。

统购统销的消费政策，通过压缩消费的办法来支援国家的工业化，既体现在重工业发展的资金积累上，也体现在重工业发展所需要的技术、设备进口上。改革开放前，中国出口的只是初级农产品，为了换来工业化所必需的设备，国家采取了优先保证农副产品出口的政策，这一政策反过来加剧了国内农副产品的短缺。在这种关系下，国家对人们进行一种节衣缩食的消费观教育是一种必然的选择和无奈之举。陈云运用具体的例子说明国家控制农产品消费对工业建设的

① 毛泽东.毛泽东著作选读：下册[M].北京：人民出版社，1986：722.

② 毛泽东.毛泽东著作选读：下册[M].北京：人民出版社，1986：722.

③ 毛泽东.毛泽东著作选读：下册[M].北京：人民出版社，1986：723.

意义。"两万枚鸡蛋可以换五吨钢材,应争取更多的蛋品出口。"①"在一吨肉可以换五吨钢材的条件下,争取更多猪肉出口,对支援国家经济建设有重大意义。"②在对外贸易政策上,陈云主张:"除粮食、油料等物资特殊规定,限量出口外,其他物资在今后相当长的时间内,国内市场的销售应当服从出口需要。有些商品如肉类,应压缩国内市场销售,保证出口;有些商品如水果、茶叶和各种小土产,应尽先出口,多余的供国内市场销售。只有这样,才能保证必要的出口,以换回国家建设所必需的物资。"③

统购统销制度确立以后,不仅粮食、棉布、食油而且砂糖、猪肉以及越来越多的其他消费品如火柴、手表、缝纫机、自行车、半导体、收音机都纳入了凭票供应的轨道。统购统销是为了提升国家的资源动员能力,但是随着这个制度的发展,它逐步成为国家主义消费模式得以确立的一种制度性路径。一方面,统购统销政策有助于形成与国家计划经济体制相配套的宏观消费制度。它的作用既体现在国家对农业、手工业和资本主义工商业的社会主义改造上,也体现在它因为提升了国家的资源动员能力而提高了国家的动员能力。国家通过统购统销政策,消灭了市场因素和商品价值规律起作用的空间,这为全能主义的国家权力和指令性计划经济体制奠定了基础。另一方面,随着计划经济所导致的低效率和短缺经济的出现,统购统销成为国家应对产品短缺的一种工具。④

消费观转型一方面表现为消费观的最高层次国家消费意识形态转型;另一方面表现最低层次微观层面的个人的消费观转型。消费观从最高层次看有国家意识形态消费观,从中观层面看有组织、单位、企业的消费观,从微观层次上看,有个人消费观。消费观的存在形态还表现在学术层面、思想层面。消费观还有实然层面与应然层面。其中国家消费意识形态起统领作用,它深刻影响消费观的其他样态。一方面,国家消费意识形态不仅对个人的消费观造成约束,而且影响个人消费观和消费行为;另一方面消费意识形态又总是通过具有一定观念的人贯彻落实的。

---

① 陈云.陈云文选:第2卷[M].北京:人民出版社,1995:224.

② 陈云.陈云文选:第2卷[M].北京:人民出版社,1995:223.

③ 陈云.陈云文选:第2卷[M].北京:人民出版社,1995:253.

④ 王宁.从苦行者社会到消费者社会[M].北京:社会科学文献出版社,2009:74.

4.1.2　抑制型消费观的理论基础

社会主义改造完成以后，中国共产党面对迅速到来的社会主义现代化建设任务，需要在理论上明晰什么是社会主义、怎样建设社会主义的问题，特别是如何结合中国国情来建设社会主义，这就需要建构相应的消费意识形态与之配套。什么是社会主义，怎样建设社会主义的问题同消费意识形态一脉相承，而解答如何消费的问题更能彰显社会主义的吸引力。

建设社会主义，不管采取什么样的方法，最终都要落实到如何组织生产、如何引导消费上。马克思、恩格斯在《共产党宣言》《哥达纲领批判》《社会主义从空想到科学的发展》等著作中，从如何组织生产的角度，对生产关系和生产力的安排做了一系列设想。马克思认为，进入社会主义社会应该以生产力的高度发展为前提，而生产力高度发展要求生产资料归统一的全社会所有；马克思还认为社会主义生产力的发展有一个量的不断积累的过程，量的积累不高的过程称为社会主义低级阶段，量的积累较高的过程称为社会主义较高阶段，由此在建设社会主义的进程中，社会主义分为低级与高级两个阶段；由于生产资料归全社会公有，因此与生产密切联系、与消费密切相关的分配法则是低级阶段推行按劳分配到高级阶段的推行按需分配；为了防止浪费，防止供过于求，生产原则是按照预定计划进行社会生产，商品货币关系在社会弱化，分配的公平性，消灭了阶级和阶级差别，国家逐步消亡，人成了社会和自然界的主人，实现了人的全面发展。马克思有关社会主义社会生产关系安排的论述，成为新民主主义社会向社会主义社会转型的重要理论依据，成为构建新的消费意识形态的重要依据。马克思认为：社会主义生产力高度发展是消费的前提，与生产力高度发展相适应的消费政策是由全社会共同管理生产资料与消费资料，在消费领域实行计划消费，防止消费的两极分化。但是，当时的中国，经历1840年以来的帝国主义侵略，是积贫积弱，加上几千年的封建生产关系，是一个十分落后的农业国。面对生产力十分低下的国情，如何保证国家能够进入社会主义的运行框架？那就是要在优先发展重工业上达成全社会的认同。因为过去的贫穷挨打正是起因于重工业的落后，在生产力落后状态下优先发展重工业，必须抑制生活消费，以期扩大生产积累。因此，毛泽东告诫全党，务必保持艰苦奋斗的作风，要在全社会推行“新三年，旧三年，缝缝补补又三年”的个人节俭生活消费观。因此，推行抑制消费的国家消费观，是由马克思主义理论支撑与中国国情决定的(如图4-1所示)。

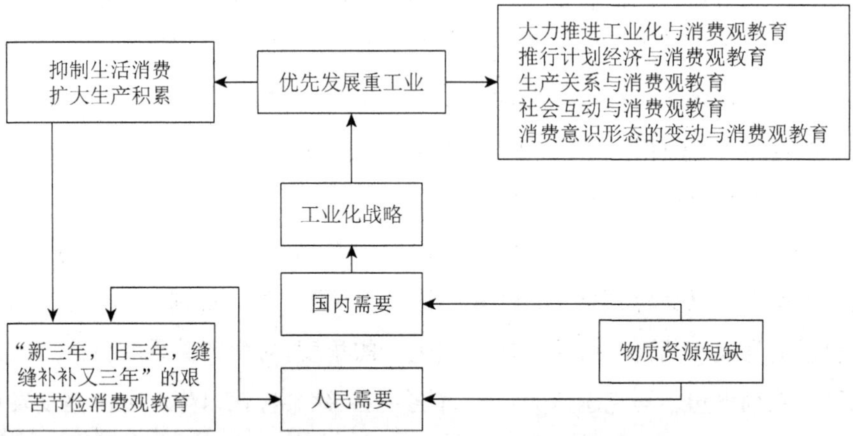

图 4-1　改革开放前国家消费观教育模式图

4.1.3　大力推进工业化与抑制型消费观的因果关系

新中国成立以后，毛泽东提出了一个发人深思的问题：“现在我们能造什么？能造桌子椅子，能造茶碗茶壶，能种粮食，还能磨成面粉，还能造纸，但是，一辆汽车、一架飞机、一辆坦克、一辆拖拉机都不能造。”①中国重工业起步很晚的现状，让以毛泽东为首的党中央深感压力，因为工业化水平是综合国力强弱的重要参考依据。鸦片战争以后，中国之所以一直被帝国主义欺凌，根本原因就是工业化水平低下。工业革命以后，西方国家工业化水平长足发展，大大提升了综合国力，为帝国主义侵略扩张奠定了雄厚的基础。落后就要挨打，实际上可以理解为工业化水平落后就要挨打。所以，以毛泽东为代表的中国共产党人深切地意识到：“只有建立并强化了重工业；才能使全部工业尤其是运输业以及农业获得进一步发展和改进装备、改进生产工具所必须的条件；才能自己有能力设计、制造钢轨、火车头、货客运汽车、远洋轮船和飞机；才能自己制造轻工业的精密机器，扩大和建立新的轻工业；才能生产农业机器和化肥，改造古老的农业；才能建立

① 毛泽东.毛泽东文集:第6卷[M].北京:人民出版社,1999:329.

现代国防工业,不再受帝国主义的欺辱”。①

新民主主义革命胜利后,如何实现工业化呢?如何累积资金、技术?如何组织生产?一系列问题都摆在新生的人民政权面前。实践证明,要寻找到工业化的途径和方法,在积贫积弱的中国不是一件容易的事情。毛泽东最初设想通过发展资本主义经济来推进中国社会主义工业化。“在革命胜利之后,由于肃清了资本主义发展道路上的障碍物,资本主义经济在中国社会中会有一个相当程度的发展,是不足为怪的。资本主义会有一个相当程度的发展。”②

然而,实践的发展,促进了党和国家领导人对原初设想的变更。经过三年国民经济的恢复,尤其是国营工业在国民经济中的比重增加幅度较大,这些为中国近代工业发展提高了前提条件。到1952年,国营工业产值比重在整个工业产值中,由1949年的43.8%上升至67.3%,工业总产值在工农业总产值的比重由1949年的30%上升至43%。钢产量1949年为15万吨,1952年为135万吨。钢材、煤炭、水泥等重工业产品的产量都比1949年有了大幅度跃升,显示出新中国开展大规模的工业化建设,与新中国成立初相比有了比较好的条件。③

三年国民经济的恢复,为党和政府在制订第一个五年计划的过程中,对优先发展重工业战略树立了信心。党中央决定第一个五年计划从1953年起实施。中央对国内国际环境、经济发展等诸多方面研究之后,认为中国经济发展需要聚焦在机械制造、能源、原材料等重工业上。这样,在编制“一五”计划过程中,中国共产党重新思考了之前着重发展轻工业、农业的思路,将其修改为优先发展重工业的发展战略。

优先发展重工业的强烈诉求,带来了明显的产业失衡,典型表现是出现了对轻工业和农业的放松。而农业在国民经济体系中地位又十分重要。农业要向工业缴纳余粮,其中一部分直接作为工业的原料,另一部分保证工人的基本生活。由于重工业建设的大面积展开,对粮食需求不断增加,对余粮征集的数量也不断

① 朱佳木.毛泽东对计划经济的探索及其对社会主义市场经济的意义[J].中共党史研究,2007(2):3-11.

② 毛泽东.毛泽东选集.第2卷[M].北京:人民出版社,1991:650.

③ 朱佳木.毛泽东对计划经济的探索及其对社会主义市场经济的意义[J].中共党史研究,2007(2):3-11.

增加，这样就出现了工业对农业的剥夺，这种产业失衡直接影响农民生活消费水平，也影响到农业生产力的发展，并最终影响农业产量，结果自然出现余粮征集任务不能完成。这里就出现了一个逻辑悖论：优先发展重工业，到头来影响农民的生活消费，而农民的生活消费一旦受到影响，反过来又影响重工业的发展，又何谈进一步拓宽工业化思路呢？为此，毛泽东指出，我国建设的战略重点是重工业，必须优先发展生产资料的生产，但是绝不可以因此忽视粮食等生活资料的生产。① 由于计划经济条件下，产业的布局结构与居民的生活息息相关，因此，毛泽东指出，“苏联的粮食长期达不到革命前最高水平，像一些东欧国家由于轻重工业发展不太平衡而产生了严重的问题。他们片面地重视重工业，忽视农业和轻工业，因而市场上货物不够，货币不稳定”②。毛泽东基于苏联消费意识形态领域的严重问题，要求中国在大力推进重工业发展的过程中，建构社会主义消费意识形态时，要引以为戒。

为了促进对工业品消费的基本均衡，在生产领域要调整好沿海工业和内地工业的关系。毛泽东看到旧中国工业过度集中在沿海，带来的消费不合理状态，提出要加快工业布局的结构性调整。这是消费观在意识形态领域的深刻反映。如果工业生产全部集中在东部沿海城市，会造成西部、中部地区人民消费匮乏。

推行计划经济与抑制型消费观的实践。虽然 1956 年完成了对农业、手工业和资本主义工商业的社会主义改造，但是，工业化的目标，却不是短期内能够完成的，需要一个长期的过程。③ 国家领导人意识到要建设社会主义工业化，重点必须是发展重工业。国家领导人还意识到，在经济落后国家建设社会主义工业化，不能走资本主义工业化的老路，即要从发展轻工业开始，必须学习苏联的经验，实现超常规的发展战略，因而，超常规地发展重工业与计划经济模式便结下了不解之缘。我国当时推行计划经济有以下几方面原因：

重工业是资本密集型产业，具有物质资源耗费多的特点。可是，新中国在成立初期，是一个极端落后的农业国，工业基础差，人民生活贫困，消费严重不足，加上多年战争，交通运输设施破坏严重，物资运输困难，物资供应受阻；共产党执

① 毛泽东.毛泽东著作选读：下册[M].北京：人民出版社，1986：721.

② 毛泽东.毛泽东著作选读：下册[M].北京：人民出版社，1986：722.

③ 毛泽东.毛泽东选集：第 3 卷[M].北京：人民出版社，1991：1080.

政以后，面临严重的通货膨胀，失业人数增加，人民生活水平急剧下降；经过两年的经济恢复，经济上刚刚好转，又爆发了朝鲜战争，人民志愿军入朝参战，耗去了许多国家财富。新中国成立初期，以美国为代表的西方国家对中国采取了敌视态度，中国与西方国家不能进行贸易，西方国家还对我国实行了长达多年的禁运、封锁、经济制裁。很明显，在经济发展水平低下的中国，推行计划经济，有利于实行重工业优先发展的战略，以计划的方式将更多的资源用于发展重工业。但这意味着要以牺牲人民的消费水平为代价，保证重点领域、重点行业的物资和人力的生产消费需求。因此，在消费观教育方面，重点是围绕重工业优先发展，进行消费观教育，其基本价值取向是抑制生活消费，发扬艰苦奋斗的精神。

优先发展重工业有一个前提条件，那就是要有基本原材料，包括工、农、矿、林等方面。其中，粮食供应是基本保证。然而中国当时的国情是粮食商品率极低，物资极其匮乏，实行计划经济有利于把有限的资源统一起来。由于生产资料的短缺，需要大规模进口苏联工业原材料和成套工业设备，这些进口贸易必须以农产品出口为抵偿（当时以蛋类、肉类出口为主），这就要求相应增产粮食。在生产需求与生活需求发生矛盾时，要求重点保证工业生产的供应和基本建设。因此，将棉花、粮食、油料等主要农产品纳入统购统销体制，实行高度集中的计划经济就成为必要。同时，在工业生产领域，需要将生铁、煤炭、铝、木材等物资的调拨予以高度集中。

4.1.4　抑制型消费观教育的途径与困境

限制自由流动的单一性的消费实践教育。计划经济条件下，为了保证生产的顺利进行，必须限制劳动者和生产者自由流动，包括禁止人们自由择业、自由迁徙和自由改变身份。所有这些限制自由流动的做法的意义在于，当人们无法通过自由职业选择来增加自己的收入时，计划经济宏观上对劳动者收入予以控制，特别是计划经济条件下长达20年（1957—1977）时间里不提高职工工资的做法，让优先发展重工业的战略目标才得以实现。因为低工资降低生产要素成本，为重工业化发展积累大量资金。更为重要的是低工资，减少了全国消费者的消费总额，并因而增加了投资基金，低工资也减少了重工业成本，使劳动力变得便宜。作为劳动者身份的消费者，收入不能增加，不能通过自由选择职业来展示自己的长处，来充分利用自己的剩余时间劳动获得更多的收入，由此，没有办法进行多样性的消费。

通过推行票证制，限制消费者的消费时间和空间来进行消费观教育。计划经济条件下，国家不仅对生产消费进行严格计划，而且对生活消费也进行严格计划。各类基本消费品即消费对象，实行定量或凭票供应的办法，因此，消费者对消费品的自然选择，只能根据票证适用的空间、时间来进行。以粮票为例，安徽的粮票在江苏就不能使用，如果在江苏使用就必须兑换成全国粮票；以布票为例，3 月份发行的布票一年以后可能自动作废。如果说抑制消费者货币收入的增长还只是通过间接的手段对消费施加影响，那么以票证为手段的定量供给的做法则是直接地取消了消费者消费选择自由。由于重工业战略是生产带动生产的，从根本上排斥生活消费，消费只作为重工业过程中一种投入品被严格地节约，使消费完全被隔离在工业化进程之外。① 因此，推行以票证为基础的消费观教育，形成了抑制生活消费的消费观。

福利补偿性的消费观教育。农民向国家缴纳了余粮，这是无偿的，但是另一方面，农民能够获得相应福利。在农村的分配中，医疗消费、教育消费基本是免费的，这是分配过程中典型的福利性补偿。正因为如此，传统体制在限制劳动力流动和消费者自由选择的同时，几乎用大包干的办法向居民（特别是城镇居民）提供了全面性的福利补偿，从入学到就业，从居住到病老残疾等，相当于国家给居民提供了无风险消费预期。正是由于福利补偿性，客观上形成了消费者等、靠、要的消费观；也正是由于消费对象的限制，形成了中国人知足常乐的消费观。

榜样感召性的消费观教育。新中国成立初期，进城的中国共产党及其军队的清廉同过去国民党军队的腐败之间构成了鲜明的对比。这种清廉是源于严格的制度保障。《中国人民政治协商会议共同纲领》（简称《共同纲领》）第十八条规定："中华人民共和国一切国家机关，必须厉行廉洁的、朴素的、为人民服务的革命工作作风。"《共同纲领》第十八条的规定旨在保障新政权的清明、廉洁和亲民性质，从而在人民群众中树立良好的形象和道德感召力，达到在全社会推行抑制生活消费，促进重工业优先发展的战略目的。毛泽东认为共产党的宗旨是为人

① 孙国锋.中国居民消费行为演变及其影响因素研究[D].南京：南京农业大学，2003.

民谋福利，而绝无自己的私利。他说："共产党是为民族，为人民谋利益的政党，他本身绝无私利可图。他应该受到人民的监督，而绝不应该违背人民的旨意。"①共产党人的榜样感召还体现在一系列有章可循的道德自律原则方面。"三大纪律八项注意"具体内容是：一、"三大纪律"：一切行动听指挥；不拿群众一针一线；一切缴获要归公。二、"八项注意"：说话和气；买卖公平；借东西要还；损坏东西要赔；不打人骂人；不损坏庄稼；不调戏妇女；不虐待俘虏。② 在国家的制度设计者看来，要使得人们愿意为国家的目标去牺牲个人的物质利益，忍受清贫的物质生活，就必须充实人们的精神世界，提高人们的境界，让他们把国家的使命当作个人的崇高信仰。③ 在革命战争期间，毛泽东说："中国人民正在受难，我们有责任拯救他们，我们要努力奋斗。"④这种崇高而神圣的使命使得革命精英群体获得了忍受清贫和困苦的能力。国家领导人要求党员、军队和干部队伍继续保持艰苦奋斗的精神，"我们需要提倡艰苦奋斗的精神，艰苦奋斗是我们的政治本色。……人是需要有一点精神的"。⑤ 党的目标就是国家目标，也就是全国人民的目标。国家很自然地用共产主义和革命队伍的标准要求老百姓，要他们接受艰苦奋斗的、节俭苦行的生活方式。

共产党抑制消费的政策路线和政策目标，对于占人口大多数的工农阶层具有巨大的吸引力。一方面，党和政府的领导人尤其是毛泽东在人民中获得了很高声望，这种声望构成了国家的政治资源；另一方面，国家领导人对未来社会幸福生活的憧憬和向往，说服了人民接受和支持抑制消费的制度安排。既然抑制消费是一种暂时性的措施，并且通过节衣缩食和艰苦奋斗能过上幸福的好日子，那大家都愿意接受这种制度安排。

1963年，中共中央认为在我们的一部分干部中，滋长了资产阶级生活作风。突出表现在：打埋伏、耍手段，损大公、肥小私，只顾局部、不顾大局。这些行为严重损害了国家利益。干部中滋长了明显的个人本位主义和分散主义。有些领导

① 毛泽东.毛泽东选集：第3卷[M].北京：人民出版社，1991：809.
② 毛泽东.毛泽东选集：第4卷[M].北京：人民出版社，1991：1241.
③ 王宁.从苦行者社会到消费者社会[M].北京：社会科学文献出版社，2009：108.
④ 毛泽东.毛泽东选集：第3卷[M].北京：人民出版社，1999：1005.
⑤ 毛泽东.毛泽东选集：第7卷[M].北京：人民出版社，1999：162.

干部讲排场、贪图个人享受、假公济私、铺张浪费、走“后门”，损人利己、破坏制度、多吃多占、滥用国家资财，出现了大肆挥霍人民血汗的现象。社会生活中，破坏社会主义计划经济的资本主义活动猖獗起来，表现尤其严重的是，投机倒把、贪污盗窃国家资财、私设地下工厂、长途贩运、牟取暴利等。中央认为在中国社会新生长起来了一批资产阶级分子和一股资本主义势力。“这些，已经严重地阻碍了我们事业的前进。一切同社会主义利益不相容的现象和作风，必须坚决纠正。一切损害社会主义事业的行为，必须坚决反对，一切贪污盗窃、投机倒把等破坏社会主义的罪恶活动，必须坚决打击。”①

从意识形态角度看，自私自利是与社会主义建设目标相抵触的，这直接构成了国家抑制消费的障碍。由于抑制消费要求个人利益服从集体利益，而自私自利把个人利益放在第一位，这是国家必须反对的。周恩来说：“一切只顾个人不顾社会，只顾局部不顾全体，只顾眼前不顾将来，只顾权利不顾义务，只顾消费不顾生产的观点和行为，都是必须反对的。”在当时认为，要使人们既能够接受抑制消费的制度设计，节衣缩食，又能够激发生产积极性，则应当对人性予以改造，实现思想革命化。国家领导人的立场是：要建设社会主义，必须将许多资产阶级或剥削阶级的唯利是图、贪图享乐的观念加以改造和清除，确立俭朴主义和共产主义观念。

计划经济条件下，国家通过对消费者的消费观教育，实现对消费者的人性改造。在当时中国国情下要实现的目标是：在艰苦奋斗与追求享乐之间，使追求享乐污名化，使艰苦奋斗正当化；在无私为集体奉献与个人本位、自私自利之间，使个人本位、自私自利污名化，使无私为集体奉献正当化；在领导干部中的清廉作风与特权作风之间，使干部特权作风污名化，使干部清廉作风正当化。同时，改革开放前国家为消费者提供了各种免费的集体福利，这是践行社会主义消费意识形态的生动实践。集体消费的制度安排，服从的是意识形态和政治逻辑，体现了劳动人民翻身解放，体现了党和国家对人民利益和福祉的关怀，体现了社会主义优越性。

---

① 中共中央文献研究室.建国以来重要文献选编：第16册[M].北京：中央文献研究出版社，1997：172-173.

消费实践中，这种集体消费的高福利，更推进了部分地区消费观教育的脱离实际以及严重的乌托邦倾向。1958年10月28日，山东范县（今河南范县）县委第一书记在全县共产主义积极分子会议上作报告："人人进入新乐园，吃喝穿用不用钱；鸡鸭鱼肉味道鲜，顿顿可吃四个盘；天天可以吃水果，各种衣服穿不完；人人都说天堂好，天堂不如新乐园。"①这种乌托邦式的消费观教育，使消费者更加依托于集体消费的高福利。

计划经济条件下，国家通过集体消费的方式，推行集体福利，实际上是对那个时代低工资政策的一种补偿，这种补偿构成了职工的实际收入。然而，在当时极度贫穷的中国，推行较高覆盖面的福利制度，让社会主义意识形态一度产生很高的认同度。对集体消费和集体福利的认同，降低了国家通过抑制个人消费政策，支持工业化所带来的生活困顿的负效应，广大消费者将党和国家放在了解放者和拯救者的高度，使得新生的社会主义国家在话语动员中占据了制高点。全国人民都认为国家抑制个人消费的政策，是为国家工业化目标做出必要的、暂时性的选择，同时，广大消费者必须积极劳动，努力奉献，以报答党和国家。集体消费观和集体福利的实践，又使国家获得了"馈赠者效应"。集体福利成为国家送给工农大众的"国家礼物"。其包括：免费教育，医疗、工伤保险、住宅以及终身就业保障。在礼物社会中，礼物交换是互惠的，受礼者意味着背上了馈赠者的"人情债"，而这个债务必须通过回礼来抵消。国家是送礼者，个人是受礼者，于是，国家已经被人格化了，变成具有道德情感的实体，国家的化身就是党和政府的领导人。②

在一个贫困的国度实行高福利的集体消费实践，是推行社会主义消费意识形态的需要。集体福利担负着体现社会主义优越性的功能，是劳动人民翻身解放、当家做主权利的体现。集体消费和集体福利的消费观，抵消了国家抑制个人消费政策所带来的负效应，而且也让国家的话语动员占据了道德制高点，也将工农大众放在受惠方的位置。1956年以后，中国这样的社会主义公有制国家，面临两方面的任务：一方面，国家为了尽快摆脱贫困，实现社会主义现代化目标，要

---

① 从进.曲折发展的岁月[M].北京：人民出版社，2009：115.

② 王宁.从苦行者社会到消费者社会[M].北京：社会科学文献出版社，2009：128.

建立雄厚的工业基础，要求人民省吃俭用，抑制消费，以保证工业建设的资金。但国家必须同时保证不会因此而挫伤劳动者的积极性。另一方面，国家实行社会主义制度，建立了生产资料全民所有制和集体所有制，在这种公有制中，劳动者的劳动付出与劳动回报之间，在很大程度上被平均主义化，物质激励的作用被限制，客观上导致了"社会性偷懒"(经济学意义上的搭便车)的结果，因此，国家必须保证在实行社会主义公有制的同时，防止劳动者变得懈怠和懒惰。可见，不论是国家的现代化制度(抑制消费以实现现代化)，还是公有化制度(消灭剥削和压迫，建立人人平等的社会)，客观上都面临劳动动机如何再生产的问题。①

4.1.5 毛泽东对抑制型消费观的探索

毛泽东对国家消费观的设计是与适合中国国情的建设道路探索紧密联系的，这种国家消费观的探索开局良好，成果丰硕。然而，毛泽东对适合中国国情的消费意识形态的深入探索是艰难而曲折的。之所以艰难，是因为在马克思主义的理论视野下一以贯之地建设社会主义，对中国的国情来说是一项崭新的实践，中国共产党对如何寻找适合中国国情的社会主义道路这一点，还知之甚少，特别是缺少规律性的认识。从发展的外部环境来说，当时复杂严峻的国际环境，让毛泽东必须思考如何破解来自国内外种种矛盾的影响和干扰，只有在解决这样一系列问题的基础上，中国共产党人才能使社会主义道路的探索沿着正确的方向走下去。探索中国社会发展道路之所以曲折，还由于在各种干扰和影响下，"毛泽东离开了探索的正确道路，而在发现错误后又在纠正错误中折回来再探索，但接着又遭到干扰和影响……"②

如何寻找适合中国国情的消费意识形态，毛泽东肯定了消费活动要遵循前提性规律：商品和价值规律。1958 年底，毛泽东发现，用人民公社化和"大跃进"思路建设社会主义，严重背离了商品交换和商品生产的基本规律，而刮"共产风"更是对生产力破坏严重，因此其在对现有消费意识形态予以深刻反思的基础上，

① 王宁.从苦行者社会到消费者社会[M].北京：社会科学文献出版社，2009：138.

② 徐崇温.中国特色社会主义理论体系研究[M].重庆：重庆出版社，2011：25.

以实事求是的精神进行了认真研究和思考。毛泽东认为："只要存在两种所有制，商品生产和商品交换就是极其必要的、极其有用的。"1958 年 11 月 8 日到 10 日，毛泽东带领参加第一次郑州会议的同志阅读斯大林的著作《苏联社会主义经济问题》，指出人民公社必须发展商品生产和商品交换，必须保留按劳分配制度，也就是要求运用这两大模式来指导消费，进行消费观教育。1959 年 5 月，中央发出《关于农业的五条紧急指示》《关于分配私人自留地以利发展猪鸡鸭鹅问题的指示》《关于社员私养家禽、家畜、自留地等四个问题的指示》。这些规定承认商品、价格、价值等市场经济因素对国民经济健康发展的作用，对制止"共产风"产生了积极影响。① 中央运用一系列指示、规定遏制住了共产风的消费模式。

毛泽东批判了消费领域平均主义和消费资源过分集中的错误。在第二次郑州会议上，针对统购统销政策引起农民同国家之间出现的紧张关系，由此出现不少生产队瞒产私分、抵制统购统销的情况，毛泽东从方法论视角指出解决方案。其关键是应当提高对我们所采取的政策的认识和提高对农村人民公社所有制的认识以及如何充分展示其优越性，在此基础上开始逐步确立人民公社"三级所有，队为基础"的体制，只有这样才能处理好国家、集体、个人之间的关系。毛泽东借此批评了过分集中和平均主义两种倾向。为了进一步展示社会主义制度的优越性，毛泽东又允许社员私人喂养家禽，恢复自留地制度，宣布房前屋后的零星树木归社员所有。这体现了在马克思主义基本原理和中国国情相结合的基础上，对人民生活的真正关注。这些措施虽然收到一定的成效，但由于是在基本肯定公社化运动的前提下纠正错误的，在之后"左"的指导思想发展的情况下，又继续招致有害效果，直到"文化大革命"结束时使我国国民经济濒临崩溃的边缘。②

在当时的消费意识形态中，针对普遍存在的混淆共产主义与社会主义、全民所有制与集体所有制情况，毛泽东明确指出：从发展阶段上，必须肯定现阶段是社会主义；从所有制构成上，必须肯定人民公社基本上保持集体所有制。他还指出社会主义要按经济规律办事，废除商品是违背经济规律的，我们不能不切实际

① 李晓西.中国市场化进程脉络：以计划经济和市场经济为边界[J].改革，2009(12)：5-13.

② 徐崇温.中国特色社会主义理论体系研究[M].重庆：重庆出版社，2010：194.

地否定商品流通、商品生产、价值法则，要积极利用经济规律为社会主义服务。在针对过去消费领域一系列违背客观规律的不科学做法进行反思的基础上，我国开始形成了比较科学的、适合当时中国国情的消费意识形态。计划经济中，统购统销农副产品的做法，是国家在特殊情况下一种不得已的政策选择。

毛泽东在探索适合中国国情的消费理论中，形成的积极思想成果体现在以下方面：第一是通过现代化战略的实现步骤来提高人民生活水平、改善消费结构。在《关于正确处理人民内部矛盾的问题》一文，毛泽东表达了以下思想：要提高我国人民的生活水平，前提是将我国建设成为发达的现代化国家，具体化为推进工业、农业和科学文化的现代化，只有这样，才能真正提高全体人民的消费质量。为了顺利实现目标，1963 年 9 月，提出了两部走的发展步骤：第一步，是通过推进工业化发展，使国民经济体系和工业体系具有独立性、比较完整性；第二步，为了确保中国经济发展走在世界前列，毛泽东提出了大力实现四个现代化，具体化为工业、农业、国防和科学技术现代化。以上发展布局的实现，需要寻找到适合中国国情的中国工业化的道路。开辟一条适合中国国情的工业化道路，是非常不容易的。中国走向工业化不能照搬外国的经验，必须根据中国国情。中国是一个农业大国，在这种独特国情下，如何协调产业关系，尤其是协调工业与农业的关系、重工业与轻工业的关系？处理这些不同的产业关系，要做到统筹兼顾，这本质上是关系到中国实行什么样的发展模式。苏联和一些东欧国家的发展不协调带来了国内重大的社会问题，片面强调发展重工业，给人民生计带来重大影响，因为重工业的发展，其产品都是飞机、大炮，故人民日常生计的商品十分稀缺。毛泽东在《论十大关系》中借鉴苏联的经验教训，提出中国需要更多地发展农业、轻工业。

实践证明，苏联的国家消费意识形态，我们不能盲目照搬，要和自己的国情结合。毛泽东指出，苏联和一些东欧国家在发展过程中片面地注重重工业，忽视轻工业和农业，造成市场上的货币不稳定、货物紧缺，我们在这方面做得好些，但在农业、重工业、轻工业的比例结构上，中国也不合理。为了人民的生活，毛泽东强调要更多地发展农业、轻工业；针对计划经济下，政府如何处理协调国家、生产单位和生产者个人的关系，毛泽东提出要善于借鉴别人的做法但又不盲目照搬。对比苏联的做法，我们的农业税历来比较轻。工农业品的交换，我们是采取缩小剪刀差、等价交换或者近乎等价交换的政策。①

对于在国家消费意识形态的建构上，如何关注农民的消费利益，毛泽东指出，我们同农民的关系历来都是好的，但是在粮食问题上也犯了错误。比如，我国部分地区1954年因为水灾等自然灾害，粮食大面积减产，面对粮食危机，国家却多购了70亿斤粮食。这种一少一增的局面，引起全国所有消费者都关注粮食。政府应该认识到民以食为天。如果没有意识到，则党内外会有许多意见，农民更有意见。我们认识了缺点就立即改正，1955年少购了70亿斤，加上丰收，农民手里多了200亿斤粮食。② 因此消费意识形态的建构需要协调各阶级阶层的利益，包括农民。

合作社作为农村重要生产、生活组织形式，毛泽东强调合作社同农民的关系直接影响农民生活，因此需要处理好合作社和农民的关系。合作社的总收入，关联着农民、国家、合作社本身。三者如何分配收入，都要有明确规定并且要规定适当。特别是要认识三者不同的功能，国家提的是为社会公共建设服务，为了直接为农民服务，合作社需要留一部分。管理费、生产费、公益金是为了增进农民的福利，公积金是为了扩大再生产。为了保证人民的生活消费，毛泽东提出，除了遭遇特大自然灾害以外，我们必须在增加农业生产的基础上，争取90%以上的社员每年的收入比前一年有所增长。10%的社员的收入能够不增不减，如有减少，也要及早想办法加以解决。③

毛泽东1958—1959年对于社会主义商品经济、商品交换和价值规律的科学论述，到了1974—1976年被他完全否定了。1974年10月20日，毛泽东说，八级工资、按劳分配、货币交换，这跟旧社会没有多少差别。毛泽东对价值规律的逆转性认识，表现在1975年底到1976年年初的一系列讲话中，他又重申这一点，认为分等级，有八级工资、按劳分配、等价交换，跟旧社会差不多。④ 毛泽东否定了商品经济、商品交换和价值规律，本质上是否定了满足生产力迅速发展的条件。生产力的迅速发展目标不能实现的情况下，根据马克思生产与消费具有同一性的原理，只能压缩消费、节衣缩食了。在“大跃进”中，之所以会出现从更

---

① 毛泽东.毛泽东文集：第7卷[M].北京：人民出版社，1999：23-44.

② 毛泽东.毛泽东著作选读：下册[M].北京：人民出版社，1986：727.

③ 毛泽东.毛泽东著作选读：下册[M].北京：人民出版社，1986：729.

④ 中共中央文献研究室.关于建国以来党的若干历史问题的决议[M].北京：人民出版社，1985：447.

快地发展生产力的良好愿望出发，结果却走向反面，原因在于忘记了马克思唯物主义的基本原理，实行一条无视客观条件的盲目发挥主观能动性的方针的缘故；与此相连接的人民公社化运动之所以会失败，原因在于在变革生产关系的问题上，采取了一条无视生产力发展水平的方针，一条企图超越阶段急于向共产主义过渡的方针，忘记了我们是落后国家建设社会主义的基本国情，忘记了生产关系一定要适应生产力的发展水平，生产力的发展阶段无法逾越的价值规律和商品经济的基本原理；而"文革"之所以会带来更大的灾难性后果，则是因为它完全离开了马克思主义基本原理同中国实际相结合的轨道。①

4.2 改革开放以来消费观教育转型

4.2.1 从社会主要矛盾的视角科学概括国家消费观

1981 年，党的十一届六中全会指出，现阶段我国社会的主要矛盾为：人民日益增长的物质文化生活需要同落后的社会生产之间的矛盾。这是一次非常重要的社会理论转型。这次主要矛盾的认定直接赋予了消费合法性。其认识到提高人民生活水平的重要意义，也认识到消费和生产的同一性关系，是从消费与生产具有同一性的原理来深刻认识社会的主要矛盾。这是一次重要的社会转型。这种转型是由思想解放运动发起的(如图 4-2 所示)。

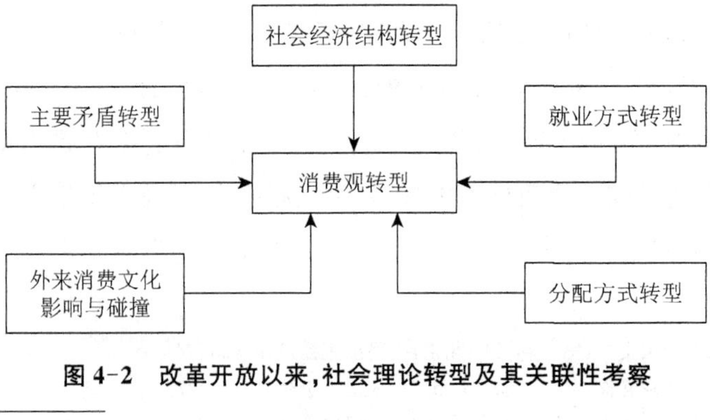

图 4-2 改革开放以来，社会理论转型及其关联性考察

① 徐崇温.中国特色社会主义理论体系研究[M].重庆：重庆出版社，2011：164.

4.2.2　新时期消费观形成的理论基础：贫穷不是社会主义

人民日益增长的物质文化生活需要同落后的社会生产之间的矛盾成为社会的主要矛盾，这是中国社会转型的理论前提。“文革”期间，人民积极响应中央号召，艰苦奋斗、省吃俭用，是因为人民有一个希望，觉得今天的艰苦奋斗能够换来明天的幸福生活；但是，多年奋斗的结果却是依然贫穷、生活拮据。这客观上不得不使人民群众产生挫折感，并对党和国家宣传的社会主义优越性产生怀疑。为此，邓小平 1978 年就指出：“社会主义要表现它的优越性，哪能像现在这样，搞了 20 多年还这么穷，那要社会主义干什么？我们要在技术上、管理上都来个革命、发展生产，增加职工收入。”①他认为，要彻底批判“宁要贫穷的社会主义”理论。“‘四人帮’提出宁要贫穷的社会主义，社会主义如果老是贫穷，它就站不住脚。”②邓小平指出：“中国共产党革命的目的就是解放生产力，发展生产力。中国共产党反对旧制度、旧社会就是因为它是束缚社会生产力的，是压迫人民的，是无法改善人民生活水平的。这个问题现在是比较清楚了。过去，‘四人帮’提出宁要贫穷的社会主义，也不要富裕的资本主义，那是荒谬的”。③ 邓小平的以上论述就是紧紧围绕改善人民生活，提高人民消费质量而展开的，而人民生活的改善最终要落脚到人民消费水平的改善。因此，邓小平认为人民生活的改善应该成为恢复党和国家合法性资源的重要途径之一。围绕“四人帮”“宁要贫穷的社会主义”的论述，邓小平指出：“我们不要资本主义，但是我们也不要贫穷的社会主义，我们要发达的、生产力发展的，使国家富强的社会主义”④，“贫穷不是社会主义，社会主义要消灭贫穷。不发展生产力，不提高人民生活水平，不能说是符合社会主义的”⑤。

“党和国家要将人民日益增长的物质和文化生活需要予以认同，并在制度中予以推进，尽力去满足人民群众这种愿望，但实践中是走了不少弯路，社会主义

---

① 邓小平.邓小平文选：第 2 卷[M].北京：人民出版社，1994：130.

② 邓小平.邓小平文选：第 2 卷[M].北京：人民出版社，1994：191.

③ 邓小平.邓小平文选：第 2 卷[M].北京：人民出版社，1994：231.

④ 邓小平.邓小平文选：第 2 卷[M].北京：人民出版社，1994：231.

⑤ 邓小平.邓小平文选：第 3 卷[M].北京：人民出版社，1993：116.

改造完成以后，仍然搞这个运动，那个运动，一次运动耽误了多少事情，伤害多少人。发挥社会主义的优越性，归根到底是要大幅度发展社会生产力，逐步改善提高人民的物质生活和精神生活。”①邓小平这种实证精神，表明社会主义优越性必须通过社会主义比资本主义更高的生产力、更高的经济发展速度来证明，必须让人民的物质文化生活逐步改善，满足人民的物质文化消费生活需要。如果人民的物质文化消费需要得不到满足，就不能说明社会主义的优越性，人民对社会主义的优越性就必然产生疑问，党和国家的合法性资源就必然受到影响。而社会主义主要矛盾的定性错误或者不完全适当是导致社会主义优越性体现不出来的原因。国家过去长期把工作重心放在政治运动上面，将阶级斗争视为社会的主要矛盾，忽视生产力和人民生活的改善，因此，党的十一届六中全会提出将人民日益增长的物质文化生活需要同落后的社会生产之间的矛盾作为社会的主要矛盾。为此，邓小平认为主要任务就是要发展生产力，进行经济建设。社会主义要逐步消灭贫穷、摆脱贫困、提高人民的生活水平的唯一途径，就是要解放生产力、发展生产力，特别是要大力发展生产力。否则，社会主义就不可能体现出自身优越性，就不可能能战胜资本主义。通过大力发展生产力，进入共产主义社会，物质极大丰富，经济高度发展就成为可能，到那时候，就能够做到各尽所能、按劳分配。

之所以要把工作重点转移到经济建设上来，是因为一个国家一段时期满足人民日益增长的物质文化生活消费需要的能力，成了衡量社会主义优越性的标准。只有生产发展了，全体人民生活水平提高了，人们才会相信社会主义的优越性。邓小平深刻认识到社会主义优越性必须通过改善与提高人民消费生活质量来体现。“社会主义的任务是要发展生产力，增强社会主义国家的力量，使人民的生活逐步改善，然后为将来进入共产主义准备条件。”②邓小平通过不同场合、不同角度彻底地否定“贫穷是社会主义”的消费意识形态，肯定了满足人民日益增长的物质文化生活需要是党和政府的责任，是社会主义优越性的应有之义，是社会主义彻底战胜资本主义的逻辑前提。

---

① 邓小平.邓小平文选:第3卷[M].北京:人民出版社,1993:251.

② 邓小平.邓小平文选:第3卷[M].北京:人民出版社,1993:157.

早在 1978 年底，邓小平提出了让一部分人、一部分地区先富起来，最终达到共同富裕的设想。“在经济政策上，我认为要允许一部分地区，一部分企业，一部分工人、农民，由于辛勤努力成绩大而收入先多一些，生活先好起来。一部分人生活先好起来，就必然产生极大的示范力量，影响左邻右舍，带动其他地区、其他单位的人们向他学习。这样就会使整个国民经济不断地波浪式地向前发展，使全国各族人民都能比较快地富裕起来。”①邓小平这一共同富裕的政策让曾经知足常乐、在追求吃饱穿暖的目标上不断挣扎的中国人开始活力迸发，开始对过去抑制性消费观逐步扬弃。

邓小平的“贫穷不是社会主义”的名言开启了致富、消费和提高生活质量合法性的先端。随着“一部分人先富起来”，这部分人在社会上一方面有能力购买享乐产品，追求享乐生活方式，另一方面对其他阶层产生明显的示范效应。20 世纪 90 年代后期，由卖方市场进入买方市场，社会出现了产品过剩，因此，刺激消费成为国家政策，消费信贷制度也粉墨登场，享乐追求不但获得了合法性，而且获得了金融制度的支持。国家将享乐伦理嵌进了经济运行的轨道，将享乐作为刺激市场需求的不竭动力，甚至将享乐作为拉动经济增长的一种文化基因。享乐不再是遭受到道德否定的被边缘化行为，相反，由于享乐积极的经济功能，它前所未有地获得了正当性或合法性。对于许多消费者来说，享乐变成了个人的自由追求，变成了一种消费行为的伦理依据。一个社会要有欲望才能发展，追求享乐可以促进更好的产品问世，促进经济的发展。如果没有享乐欲望，更先进的产品就卖不出去，社会就得不到进步。②

计划经济时代，西方市场消费文明（如口红、香水、西装等）被当作资产阶级的生活方式而遭到批判。国家提出艰苦奋斗精神的同时，无形中树立了许多消费禁忌。其中的一个禁忌是不允许人们追求所谓的“资产阶级生活方式”，比如衣着不能过分地体现性别特征，西服、领带、留长胡须都是不被认可的。

消费带来人与人之间的对立统一关系：本代人与后代人之间的对立统一；生产者与消费者之间的对立统一；富人与穷人之间的对立统一。无论是今天的人

---

① 邓小平.邓小平文选：第 3 卷[M].北京：人民出版社，1993：152.

② 王宁.从苦行者社会到消费者社会[M].北京：中国社会科学文献出版社，2009：348.

还是后代人对自然资源有公平拥有的权利。若现在对不可再生资源如果挥霍无度，后人没有找到可替代的能源，那么，人类前景是不可想象的。因此，限排、限购、有偿使用购物袋等政策相继出台，以调节人与人之间的关系、人与社会的关系、人与自然环境之间的关系。

4.2.3 “三个有利于”成为建构国家消费观的衡量标准

1978年以后，消费品价格方面的改革总的趋向是“调放结合、以放为主”，通过调整消费品的计划价格接近市场价格，使价格逐渐放开。国家在1985年初放开了城市蔬菜、肉类等主要副食品的价格；1986年8月底，放开了自行车、黑白电视机、电冰箱、洗衣机、收录机、中长纤维、80支以上纯棉纱及其制品等7种消费品价格。这次放开价格，连同1982—1984年连续放开小商品价格，逐渐使绝大部分工业消费品价格放开了。1988年7月下旬，放开了13种名酒和名烟价格。在消费品价格放开的同时，消费品市场也逐渐放开。国家逐步取消了价格和票证的管制，城镇自由市场上的消费品在所有消费品中所占比重明显提高，农村集市贸易市场也逐渐增多，农村居民商品性消费支出比重逐渐提高。

如何推进社会转型，并由此构建一个什么样的消费意识形态，摆脱过去“左”的路线和乌托邦式消费意识形态的穷折腾？邓小平认为不建立一套科学的、合理的判断依据是不行的。“改革开放迈不开步子，不敢闯，说来说去是怕资本主义的东西太多了，走了资本主义道路。要害是姓资姓社的问题。判断的标准，应该主要看是否有利于发展社会主义生产力，是否有利于增强社会主义国家的综合国力，是否有利于提高人民生活水平。”①不断改善人民群众的物质文化生活，解放发展生产力是绕不开的前提，解放发展生产力最终又要落脚到改善群众生活，而人们要真正过上富裕的物质文化生活，综合国力的提高也是一个基础性的保障。思来想去，关键是要尽快摆脱各种抽象争论，尤其是姓资姓社的争论，必须提出一个简洁易懂、凝聚共识、引导发展的纲领性的标准。在此背景下，“三个有利于”标准应运而生。“三个有利于”标准成为改革开放以来建构国家消费观的理论依据。“不坚持社会主义，不改革开放、不改善人民生活，只能是死路一

---

① 邓小平.邓小平文选：第3卷[M].北京：人民出版社，1993：372.

条。基本路线要管 100 年，动摇不得。只有坚持这条路线，人民才会相信你，拥护你。谁要改变三中全会以来的路线、方针、政策，老百姓不答应，谁就会被打到。”①

广大人民群众认定党和国家的合法性，只能用三个标准来衡量。其中，提高广大人民群众的消费生活水平，是党和国家的合法性来源之一。由于提高人民的消费生活水平具有提供民意合法性的功能，而要实现这种合法性必须遵循这样一种实践逻辑：要大力发展生产力，大力促进经济发展，促进现代化建设。甚至可以说改善人民生活是当时最大的政治。邓小平强调，经济问题就是政治问题，经济工作是当前最大的政治，在社会面对的所有问题中，经济问题是压倒一切的政治问题。主要矛盾的转移，决定了战略重心的转移，战略重心的转移决定了主要任务的转移。这一转移，已经明显地体现于党的文件精神之中。1978 年 12 月 22 日通过的党的十一届三中全会公报指出：“全党工作的着重点应该从 1979 年转移到社会主义现代化建设上来。”②转移到现代化建设上来，实际上就是具体化为转移到人民群众通过自己不懈的辛勤劳动，努力提高自己的生活水平，改善生活质量的轨道上来。

4.2.4　体制转型与消费观转型

要发展生产力，改善人民生活，靠过去的体制不行。所以，必须推进经济体制改革，必须对外开放，以改革推动社会转型。改革是手段，就是要通过经济体制改革以及对外开放，达到提高人民的消费生活水平为目的，彰显社会主义优越性，由此进一步巩固社会主义制度和党的领导。中国人民生活水平的提高，要如何才能具有持久性、现实性、避免波动性，防止忽上忽下？邓小平认为一个必然的前提是社会主义制度框架下，在党的强有力的领导下，来解放生产力、发展生产力、释放生产力，最终实现消费者消费水平的提高，促使全国人民生活消费条件的改善。为此，党的十一届三中全会公报也指出，“我们能否实现新时期的总任务，能否加快社会主义现代化建设，并在生产迅速发展的基础上显著地改善人

---

① 邓小平.邓小平文选：第 3 卷[M].北京：人民出版社，1993：370-371.

② 中共中央文献研究室.三中全会以来重要文献选编[M].北京：人民出版社，1982：1.

民生活，加强国防，这是全国人民最为关心的大事。”[①]邓小平意识到抓住人民普遍关心的民生问题，改善人民的消费生活质量，提升人民的消费生活水平，是获得积极的民意支持，重建中国共产党执政合法性资源的一条重要途径。

大幅度改善人民的消费生活水平，必须大力发展生产力，这是改变“文化大革命”所带来的广大人民消费生活匮乏，提升人民生活质量的必由之路。直面初级阶段的基本国情，邓小平越发感到危机感、压力感和使命感。因此要加快推进社会转型，要对“文化大革命”非科学的意识形态进行总结，在此基础上，把全国人民的注意力和工作重点转移到现代化建设上来。要通过社会转型，重新在全国人民中间树立目标、理想和信念。这个信念就是社会主义的“四个现代化”，就是把中国建设成为一个富裕的社会主义国家。通过这个信念，重新团结全国人民。中国社会转型是一系列重要领域、重点行业的改革推进的：改革从农村突破—家庭联产承包责任制的推行；企业改革的尝试—向国营工业企业“放权让利”；城乡商品市场的恢复—农村集贸市场和城镇个体经济的发展；尝试市场新体制—经济特区设立与初步发展。[②]

而改革开放以来所确立的理想信念，不是依靠人民自我牺牲基础上的信念，而是建立在不断提高人民物质文化消费水平基础上的信念，这样的信念与民生结合，更容易为人民所接受和支持。邓小平对以改革推动社会的正确转型给予高度评价。人民公社成立20年后，1978年春夏之交，发生了一件具有深远影响的大事。那时节，安徽发生了百年不遇的特大旱灾，收获无望。凤阳县推行“大包干”。有一个小岗生产队，仅18户农民，背着公社和大队搞起了“包产到户”。没想到次年小岗生产队大丰收，全年粮食产量由原来的1.5万公斤猛增到6万公斤：卖给国家粮食1.2万多公斤，超过政府计划的7倍；卖给国家油料超过国家规定任务的80倍。这个“吃粮靠返销，花钱靠救济，生产靠贷款”的“三靠队”，第一次向国家交了公粮，还了贷款。[③]“包产到户”成效明显。在事实面前，邓小平坚决支持农民的首创精神。比如安徽肥西县绝大多数生产队实行了包产到户，农业增产幅度很大，农民生活改善得很快，这就是农民首创精神在政策中应

① 中共中央文献研究室.三中全会以来重要文献选编[M].北京：人民出版社，1982：4.

② 李晓西.中国市场化进程脉络：以计划经济和市场经济为边界[J].改革，2009(12)：5-13.

③ 马立诚，凌志军等.交锋——当代中国三次思想解放实录[M].北京：今日中国出版社，1998.

用的好处。邓小平还指出，“凤阳花鼓”中唱的那个凤阳县，原来是穷得出了名，后来绝大多数生产队搞了大包干，也是一年翻身，改变面貌。一小部分地方在大包干，一大部分地方在观望，邓小平对农村的改革形势予以了准确的判断。他说：“总的来说，现在农村工作中的主要问题还是思想不够解放。”①1987 年 5 月 12 日，他在《改革开放使中国真正活跃起来》一文指出：“事实证明，改革是正确的，很见效。如果外国朋友都能看出我们的变化，看出我们搞得不错，我们自己的人民还能看不见？人民有自身的亲身经历，眼睛是雪亮的。过去吃不饱、穿不暖，现在不仅吃饱穿暖，而且有现代化生活用品，人民是高兴的。既然如此，我们的政策还能不稳定？政策的稳定反映了党的稳定。”②

计划经济向市场经济转型，需要突破传统思想禁锢，那就是破解社会主义如何与市场经济兼容的问题。“计划多一点还是市场多一点，不是社会主义与资本主义的本质区别：计划经济不等于社会主义，资本主义也有计划；市场经济不等于资本主义，社会主义也有市场。计划和市场都是经济手段。社会主义本质是解放生产力，发展生产力，消灭剥削，消除两极分化，最终实现共同富裕。”③以党的十四大确立实行社会主义市场经济体制改革为标志，中国正式确立了以市场手段配置资源的经济模式，与此相适应，市场经济准则在各个领域开始推行，居民与企业、政府之间的市场经济关系逐步走向规范化，居民的市场地位也随之得到初步建立，这从根本意义上奠定了居民行为规范的制度基础，居民面临着社会制度的变迁，他们的经济观念、消费心理、消费行为发生了很大的变化。④ 邓小平关于市场与计划都可以为社会主义所用的观点，对党和国家的政策发生了重要影响，推动了中国社会的深刻转型、市场经济的确立，大大影响了人民的消费生活，影响了人民的消费观。

计划经济条件下，对消费的忽视造成的后果一方面是有钱也买不到东西，另一方面是老百姓也没有钱买东西。因为长期的低工资政策，使得人们只能维持最基本的生存，购买能力很低。与此同时，由于集体消费投入太低，住宅供应严

---

① 邓小平.邓小平文选：第 2 卷[M].北京：人民出版社，1994：315-316.

② 邓小平.邓小平文选：第 3 卷[M].北京：人民出版社，1993：225.

③ 邓小平.邓小平文选：第 3 卷[M].北京：人民出版社，1993：372.

④ 孙国锋.中国居民消费行为演变及其影响因素研究[D].南京：南京农业大学，2003.

重短缺，公用事业和文教卫生的发展也停滞不前。① 针对这种现象，邓小平提出："今后国家在处理生产建设和人民生活的关系时，首先要保证人民生活的基本需要，这是今后人们必须坚持的基本原则。"②"必须把消费品工业发展放在首位，加快其发展。"③"努力扩大消费品工业的领域，积极发展民用建筑业，'七五'期间，我国城乡居民消费将趋向多样化，将更加讲究食品的营养和衣着的改善，住房、中高档消费品和耐用消费品的消费比重将有较大提高。适应这种情况，必须在继续抓好日用必需品生产的同时，大力增加品牌产品和优质产品，发展新品种和新产品，开辟新的生产门类。适当把食品工业、服装工业、耐用品消费品工业作为重点，带动整个消费品工业生产的更好发展。"④"七五期间，必须在继续增加日用必需品生产的同时，努力增加肉、禽、蛋、奶、水产品、水果、方便食品和各种饮料的供应，增加各类织品、中高档服装及其配套产品的供应，增加电视机、电冰箱、洗衣机、名牌自行车、成套家具等用品的供应。……七五期间，应当进一步增加供水、排水、供电、供热、供气、道路、交通和电话等公用设施建设，使人民生活更加便利。"⑤

由于日用消费品工业的进一步增加，通过调整重工业的比例，改变过去重工业优先发展的战略，促进了日用消费品工业的市场占有进一步增加，这必须以居民的收入水平提高为配套，正是基于此，国家不断采取措施来改革工资制度，逐步提高城镇居民的收入水平。1985 年，企业有了一定程度的工资分配自主权，破除了企业吃国家的"大锅饭"，职工吃企业的"大锅饭"的现象。企业的积极性得到了提高，职工的工资也有了大幅度的提高。⑥ 1992 年，党的十四大提出了要建立社会主义市场经济的目标，进一步推进了市场化的工资改革。

计划经济时代，优先发展重工业的意识形态转为市场经济条件下，消费品工业优先发展的意识形态。过去长期抑制消费水平的提高，一方面导致了消费品

① 王宁.从苦行者社会到消费者社会[M].北京：社会科学文献出版社，2009：227.

② 中共中央文献研究室.三中全会以来重要文献选编：下[M].北京：人民出版社，1982：1035.

③ 中共中央文献研究室.三中全会以来重要文献选编：下[M].北京：人民出版社，1982：1012.

④ http://news.xinhuanet.com/ziliao/2005-02/06/content_2554503.htm.

⑤ 中共中央文献研究室.十二大以来重要文献选编：中[M].北京：中央文献出版社，2011：828-829.

⑥ 王宁.从苦行者社会到消费者社会[M].北京：社会科学文献出版社，2009：231.

的匮乏,另一方面也造成了国家的危机。这一危机在“文化大革命”中达到顶峰。为了克服这种危机,邓小平倡导了经济改革,核心目标就是改善和提高人民的物质和文化生活水平,即消费生活水平。国家一方面通过扩大日用消费品工业的投资比例,另一方面增加了城镇居民的工资收入,提高了人民群众的实际购买力,从而激发了广大人民群众的消费热情。这种社会转型弥补了过去计划经济时代的消费欠账,恢复了人民对党和国家的信心。由此可见,在社会转型期间,尤其是在社会转型的早期,提高人民群众的消费生活水平具有政治意义。通过物质文化消费水平的不断提高,人民深切感受到改革开放所带来的好处。

但是,组织上、规范上、观念上的巨变,导致今天的社会解组与社会失范。其表现是多方面的,比如:社会道德水平下降,道德滑坡,社会信任链条断裂。不仅陌生人不能信了,现在传销搞得连熟人之间也不能信任了;违规行为比比皆是,在大城市里面,到处可以看到办假证件的小广告,卖假发票的、私刻公章的、卖盗版、黄色光盘的,各种违规、违法行为,路人已司空见惯。而社会成员居然能够如此容忍违法行为,确实反映出社会的混乱。

4.2.5　消费观教育与思想政治工作融合

把党和国家的注意力转移到经济建设上来,转移到提高人民日益增长的物质文化消费生活需要水平,并不是说不需要进行消费意识形态教育了,而是说过去那种空洞的政治说教已经失效了。政治运动搞了那么久,政治口号喊得那么响,除了增加人与人的紧张以外,人民所能得到的依然是贫穷,人民的物质文化生活消费水平一直提不高。因此,邓小平深刻意识到过去那种政治思想工作必须改革,政治工作必须落实到经济工作,必须借助经济手段。1979 年 10 月 4 日,他在《关于经济工作的几点意见》中指出:“我们过去搞的一些运动,比如学理论,学来学去,就是不结合实际,结果大家厌烦了。当然,不是说政治工作不做了。现在有人认为取消政治部就是不做政治工作了,党是搞什么的? 工会是搞什么的? 共青团是搞什么的? 妇联是搞什么的? 还不都是做政治工作的? 政治工作要做的,而且要好好地做。但是,政治工作要落实到经济上面,政治问题要从经济的角度来解决。比如落实政策问题、就业问题、上山下乡知识青年回城市问题,这些都是社会、政治问题。主要还是从经济角度解决经济不发展,这些问题永远不能解决。所以政策，也主要是经济方面的政策。”①邓小平意识到，许多现实问题，本质上都是人民物质文化消费生活问题的反映，仅仅通过政治说教，已经不灵了。解决人民群众的物质文化生活的消费问题，必须大力发展生产力，以提高经济发展的效益为后盾。只有解决人民生活消费问题，人民才会真心拥护党的领导，拥护社会主义国家。这对形成社会奋斗共识、凝聚人心，具有十分重要的作用。

邓小平认为执政党努力提高人民日益增长的物质文化生活需要的同时，也要致力于人生观、世界观、道德观教育，要将消费观教育纳入人生观、世界观、道德观教育全过程。邓小平将提高人民物质文化生活需要过程称为经济建设和物质文明建设，把道德理想建设称为精神文明建设。邓小平指出：“在社会主义国家，一个真正的马克思主义政党在执政以后，一定要致力于发展生产力，并在这个基础上逐步提高人民的生活水平。这就是建设物质文明。……与此同时还要建设社会主义精神文明，最根本的是要使广大人民群众有共产主义理想，有道德、有文化、有纪律。国际主义、爱国主义都属于精神文明范畴。”②

既然从理论上证明了提高人民生活水平的重要性，那么，如何从实践中去真正落到实处呢？邓小平提出了在20世纪实现小康的目标。1984年10月6日，他在《我们的雄伟目标和根本政策》中指出：“我们确定了一个政治目标：发展经济，到本世纪末翻两番，国民生产总值按人口平均达到800美元，人民生活达到小康水平。这个目标对于发达国家来说是微不足道的，但对于中国来说，是一个雄心壮志，是一个宏伟目标。更为重要的是，在这个基础上，再发展30年到50年，力争接近世界发达国家的水平。实现我们的目标，不是很容易的。讲大话、讲空话都不行，要有一系列正确的对内、对外的方针和政策。党的十一届三中全会以来，我们确定了对内经济搞活、对外经济开放的政策，没有这样的政策不可能成功。”③由于过去承诺落空造成国家声望受损，邓小平意识到，提出改善生活水平的目标任务，必须是通过努力可以达到的，如果讲大话、讲空话，不努力实现是不行的。而小康目标是通过努力行得通的。因为小康是一种不穷不富的

① 邓小平.邓小平文选：第2卷[M].北京：人民出版社，1994：195.
② 邓小平.邓小平文选：第3卷[M].北京：人民出版社，1993：28.
③ 邓小平.邓小平文选：第3卷[M].北京：人民出版社，1993：77.

状态，是有饭吃有衣服穿的温饱标准。要改变过去讲大话、讲空话的消费承诺，邓小平以一种更现实、更实际、更可行的方式，即通过努力，能够直接给人民群众带来实惠，改善和提高人民生活水平，使人民摆脱长久以来的贫困。邓小平以超凡的智慧，将人民的生活目标表述为小康的目标，为党和国家消费意识形态重新确立了号召力、凝聚力，重新获得了人民的支持与拥护。邓小平这种消费意识形态的合法性来源于民生问题，而不是政治教条和乌托邦理想。可以说一个不能解决民生问题的政党必然失却合法性，而民生问题尚未解决，它就成为最大的政治问题，就必然成为执政党重中之重的任务。

4.3　当前以消费者为中心的多维关系考察

改革开放以来，邓小平将社会主义本质定义为“解放生产力，发展生产力，消灭剥削，消除两极分化，最终实现共同富裕”。通过改革开放，大力发展社会生产力，大力改善人民生活水平，使中国发生了翻天覆地的变化，同时，中国人的消费观教育从内容、形式到方法都发生了根本性变化，本节从消费者为中心的多维关系入手，对中国改革开放前后的消费观教育进行多角度比较。

4.3.1　物质丰裕影响消费者自身的身心和谐

一、由匮乏的困顿转化为丰裕的烦恼

经过计划经济的资源配置方式转型到市场经济的资源配置方式，中国社会发生了深刻转变，现在中国的消费者所受到的外在消费约束越来越少，而所受到的外在消费刺激越来越多。消费者的消费欲望不断培育和趋于膨胀。就当代中国的城市居民这一特殊的消费群体来说，他们的消费需求开始多样化，其中一部分人的消费需求超越了他们的消费能力(满足消费欲望的支付能力)。他们之所以购买物品，不是完全因为这些物品能够满足他们的生理需要(绝对需要)，而更多的是因为社会上其他群体，特别是他们所选择的参照群体正在使用这些产品。同时，物质产品越来越成为某种生活方式的载体，因此，购买某种产品，实际上表

达了参与某种主流生活方式的欲望。① 消费者消费不同级别、不同档次的消费品，是他们参与不同生活方式的集中表达，是他们所处社会阶层的指示符，这成为人们不断推高消费需求的直接动力。

市场配置资源也意味着政府对消费者消费需求的时空约束越来越小，政府让人们自己决定购物和用餐的时间、地点以及数量。市场配置资源，标志着对计划经济时代经济模型的颠覆。这种颠覆最能从饮食上体现中国消费者身上翻天覆地的变化。现在，很多消费者将各种各样的选择权用在大吃特吃上。一个人能否买得起肉吃，能否经常去酒店消费决定了他的经济地位、社会阶层。随着生活水平的提高，一些人吃得越来越油，越来越肥，口味越来越重。目前，一般城市居民蛋白质的摄入量是农村居民的两倍，主要来源为禽类、蛋类和虾类。饮食差别成为城乡差异的象征。由于脂肪摄入量的增加，过去10年，年满18岁的消费人群里，五分之一的消费者都受到高血压困扰，城市儿童肥胖率更从15%提高到29%。现在城市居民的食肉量是30年前的两倍，再加上长期不做户外活动，待在办公室，交通工具也由自行车换成了汽车，饮食中增加的热量迅速转化为腰部的肥肉。20年前在中国很少看到的肥胖青少年现在随处可见，物质丰裕影响消费者身心和谐。其具体表现在：消费者消费过程中摄取的能量和物质与自己生理承受阈限矛盾。过去由匮乏形成的消费困顿，现在演变成了由丰裕带来的消费快乐感及其伴生的健康烦恼。同时，由于消费两极分化的存在，出现了这样一种局面：一方面是富人在消费领域骄奢淫逸，另一方面社会弱势群体尤其是穷人连基本的生活都难以维系。家财万贯与一贫如洗，盛装华服与衣衫褴褛，珍馐美食与食不果腹，豪华轿车与拥挤公交，高档别墅与狭窄茅屋的消费生活形成鲜明对比。一边是奢侈挥霍，一边是得不到迫切生理需要的满足，甚至衣食住行等基本生存条件都得不到满足，社会弱势群体尤其得不到适当教育，享受不到社会空前繁荣的益处。消费者欲望的制造或消费者错觉的形成往往与“气派与华丽”“成功与高贵”“文明与幸福”之类的社会评价判断相关，它使人背离了“生存的必要需要”这一现实。在以上的评价标准作用下，中国催生了一大批富有的消费集团。2003年，中国已经成为全世界最昂贵的汽车——标价120万美元的宾利

① 王宁.从苦行者社会到消费者社会[M].北京：中国社会科学文献出版社，2009：317.

728 加长版的最大消费国。2005 年,中国的“雅皮士”就购买了 23 600 辆宝马汽车。中国有 500 多万潜在的豪华轿车买家。中国有 1.7 亿人具有购买奢侈品的能力,且这一数字在以每年 12%的速度增长。2005 年中国珠宝商品的消费达到 100 亿美元,仅次于美国和欧洲。2005 年中国消费者购买了 250 吨黄金,2006 年中国成为最大的铂金消费国。2008 年金融危机爆发前,除了拥有许多百万富翁和千万富翁,中国还拥有 100 多位亿万富翁,这个数字仅次于美国。

二、物质丰裕带来的惊人浪费

当消费的物质超过了消费者的阈限时,就出现了空前的浪费现象。在艰苦年代,奢侈和大吃特吃的机会对于大部分中国人来说基本不存在,即便条件较好的人也只有在过年或结婚等特殊场合才能奢侈一下。剩菜的概念还未出现,更别说打包了。而现在,丰盛的物质供求与消费者生理需求上限的矛盾日益突出,因此在奢侈的盛宴中,浪费变成了最为典型的风景。仅仅上海一地,每天就要扔掉 2 000 吨食物,北京每天要处理掉 1 600 吨剩菜剩饭。被多次曝光的哈尔滨一家啤酒厂为推广自己的产品,用 90 吨啤酒在闹市广场建一个啤酒喷泉。这一欠考虑的广告不仅要浪费 18 吨大米和大麦,还需要 180 吨纯净水。

浪费不仅在消费者个体身上表现出来,而且在企业消费者浪费也成为时尚。浪费成为积极上进的中产阶级获取地位和财富的手段。一家杭州出口企业经理,为招待几位商业伙伴,在四星级酒店点了 16 道菜,其中很多道菜客人从头到尾都没有动过。对此,他解释说:“如果没点够,酒没有喝尽兴,他们就会认为我们公司很穷,这会影响我们的生意。”2008 年,据一项针对浙江省的调查显示,70%的人在请客结束后拒绝打包剩菜。据统计,哈尔滨 2 万家餐馆每天要扔掉 400 吨食物,而且餐饮档次越高浪费越严重。许多时候一半食物都要扔进垃圾桶。尤其是公款吃喝的客人,至少五分之一要留在桌子上。

三、消费者欲望膨胀与社会满足能力相对匮乏

社会流动机会的增加和自我认同空间的开放性,使得人们完全模仿参照群体所示范的消费品和消费方式,参照群体示范的消费模式,成为消费时尚培育的源头。在个人社会地位不断升降沉浮的时代,人们普遍感觉到“相对匮乏”(与他

人相比产生匮乏感)，欲望的膨胀正是这种相对匮乏的体现。在相对匮乏的基础上，物品变成了一种社会符号。当主流社会都在使用某种产品和实践某种生活方式时，如果某人无力购买这种产品或实践这种生活方式，就必然产生一种“相对剥夺感”。①

在社会由物质匮乏走向物质丰裕的基本面上，又出现了消费的两极分化。1993年底，政府提出的在收入分配领域实行“效率优先，兼顾公平”的政策，为收入分配领域的不公留下了隐患，并导致了居民收入分配之间的差距逐步拉大，贫富分化日益严重。同计划经济相比，市场经济的确会导致收入差距的加大，但只要市场经济的制度环境是公平、公正的，适度范围内的收入差距具有激励人们努力工作的效果，这也是市场经济更有效率的原因之一。但问题在于，在一定程度上，这种收入差距是由于制度性不公平和制度性腐败造成的。例如拥有公共资源的官员也成为利益主体，由于制度对权力和对官员的监督缺失(如迄今尚未实行的官员个人财产和收入公开制度)和约束软化，导致一些官员大搞权钱交易，寻租活动加剧，腐败型收入剧增。同时，由于20世纪90年代后期，国企改革的监管不力，导致国有资产大量流失到一些人口袋里。瓜分国有资产的过程，使得一些人急剧暴富。一些民营企业或资本所有者通过贿赂官员和其他不正当交易手段，获得巨额暴利。此外，劳工权利的制度性保障不健全，地方政府的GDP导向和资本导向，放任雇佣者漠视劳工权利，由此导致了不少血汗工厂的出现，劳工被压榨，他们的工资长期得不到提升(这种状况到最近几年出现“民工荒”才得到一定改变)。收入分配制度的漏洞，导致了财富加速向少数人聚集，贫富分化日益加剧，农村居民基尼系数、城镇居民基尼系数以及城乡居民基尼系数都在逐年扩大。②

四、丰裕后的消费者价值模糊

市场经济的推行，推动了生产的发展，促进了社会产品的丰裕，加剧了社会阶层地位重组，也带来了消费者持有的传统的、普遍价值日益模糊，在新的、社会

① 王宁.从苦行者社会到消费者社会[M].北京：中国社会科学文献出版社，2009:318.

② 王宁.从苦行者社会到消费者社会[M].北京：中国社会科学文献出版社，2009:395.

可接受的普遍价值尚未完全建立的时期，社会出现了价值观失范危机。这种价值观失范危机表现在消费领域，就是社会消费观转型期和价值观模糊期。价值观转型是社会发展进步的产物，但是价值观转型如果带来社会失范和价值模糊，那么，人们之间的竞争便会不择手段，社会对人对事的评价可能在一些地方和领域"不问过程，只问结果"。当社会结果的评价代之以过程的评价，必然让人们感觉到，即便一个人有很高声望的专业技术职务或者拥有权力，他也必须有将权力或技术职务转化为金钱的能力，否则，可能被人视为落伍。但一个人有钱还是没钱，一个人是否被证明落伍，必须通过消费来证明。因此，在消费过程中，对于消费者来说，消费要发挥双重功能，一方面要花钱享受生活，另一方面要花钱证明自己的身份和社会地位。对那些具有虚荣意识和面子的人来说，钱一方面要给自己带来享受，另一方面要花在别人最容易看得见的地方，由此让别人最为佩服你。

丰裕以后的消费者一旦消费价值模糊，消费就演变为金钱的竞赛游戏，并且金钱的竞赛游戏变得简单，同时也变得激烈。由于人们金钱的多少是不断变化的，在竞争过程中，后来居上者一定会通过消费更大名牌、更加昂贵的商品来把其他人比下去，让其他人感到落伍。这又迫使其他人想方设法赚更多钱，由此，在消费上具有发动新一轮追赶的能力。消费竞赛就是如此不断循环，消费竞赛让人们的欲望不断膨胀。在这种金钱竞赛的过程中，中国人的自我边界变得模糊，自我需要集体来界定。自我边界的模糊在中国社会转型时期尤为明显。在GDP 决定一切的年代，工具理性支配价值理性，必然是社会价值混乱的时代。以物为本的导向，必然是金钱与消费成为社会的热词，必定是集体界定个人自我的最主要依据。因此，占有、使用消费品和消费服务，便成为许多人构建自我的一种途径或方式。即便是权力的炫耀，也要通过公款消费能力来显示。于是权力也与消费主义结成了联姻关系。①

改革开放以来，消费观教育的误导在于对生活进步的本质的误导。根据工业文明的消费观念，常常把生活进步的主要标准等同于物质生活水平的提高。生活进步的评价指标为：一是人均占有和消费物质财富的多少，二是用外部自然

① 王宁.从苦行者社会到消费者社会[M].北京：中国社会科学文献出版社，2009：407.

力代替人的生理功能程度的高低。[①] 这一评价体系蕴含的消费观教育存在不少缺陷，那就是忽视了人的生活是作为多元存在的统一体，是身与心、灵与肉、物质与精神、感性与理性、信仰与信念等多维度展开的事实。消费主义消费观教育把人的生活狭隘等同于感性存在这个唯一维度。这实际上把人生幸福片面地与人的感官欲望的满足、物质财富的多寡挂起钩来。这种片面的挂钩，让消费者的消费价值观日益模糊。

4.3.2 注重物质联系，疏离消费者之间的精神交往

一、欲望的扩张使人们物质联系加强但精神联系疏离

“权利永远不能超出社会的经济结构以及由社会经济结构所制约的社会的文化的发展”。[②] 这就带来了消费者与社会的关系，现代消费者在物质联系方面日益加强，在精神交往方面日益疏离，而物质交往的日益加强与精神交往的日益疏离，带来了消费的新困境，正是在这种背景下，消费领域出现了一个新的网络热词——易粪相食。所谓易粪相食，就是每种食品的生产者都清楚自己制作的食品是垃圾，因此从来不吃，长此以往，每个人吃的都可能是垃圾。这是物质联系空前加强而精神联系日益疏远的有力证据。每次听到一些人沾沾自喜的口气时，我们不由得悲从中来：我做的鸡翅有问题，我不吃鸡翅，但是我会喝牛奶；你卖的牛奶有问题，你不喝牛奶，但是你吃鸡翅。无论愿意与否，在食品安全问题中，没有人是一座孤岛，没有人能够独善其身。

传统社会，人的欲望相对简单且固定不变，人与人的物质联系不像现在跨时空性。比如新西兰的奶农养殖奶牛，生产的牛奶成为多美滋奶粉的上游原料，而这种奶粉让中国一种特殊的消费群体——新生婴幼儿广为消费。然而，2013 年 8 月 2 日，这一奶粉企业旗下的一家工厂生产的浓缩乳清蛋白粉被检测出肉毒杆菌。因而，在中国消费市场纷纷下架。传统社会，资源的匮乏约束了人们的欲望扩张；社会分工的粗浅，限制了人们能力提升。与此相适应，人们形成了抑制

---

① 俞海山.可持续消费模式论[M].北京：经济科学出版社，2002：83.

② 马克思，恩格斯.马克思恩格斯选集：第 3 卷[M].北京：人民出版社，1995：23.

欲望的宗教和伦理观念；社会等级界限的森严，产品交换不能实现跨时空性，阻止了底层的模仿欲望。时尚在传统社会既无经济基础，也无社会基础；人们建立了一套稳定的、世世代代相对不变的消费方式和生活方式，人与人之间的交往方式与人的欲望是与这种生活方式相适应的。① 传统社会的生产方式决定了全社会消费者之间的物质联系不能跨越空间，自然物质联系不强。

现代社会生产方式是以分工为前提，消费方式是以交换为基础。现代社会，人的欲望如果是建立在与参照群体示范的产品标准和类别基础上，就产生人的相对需要；相对需要与现实满足需要的基础之间的落差便形成相对匮乏；相对匮乏形成相对欲望。人们是否形成某种匮乏感，是因为他们感知到，相对于某个参照群体或个人，他们是匮乏的。正是这种相对匮乏感，引起了他们的欲望。

由于生产方式的革命和生产力的大力发展，人对资源获取的匮乏状况得到根本改善，资源约束极大减少；自由市场的推行、资本的助推，使得人们有能力满足扩张的欲望。与此同时，欲望也被政治与伦理松绑，欲望不再成为意识形态抨击及其道德谴责的对象；社会等级界限因为消费的助推而需要重新界定，劳动力资源由市场和价格配置，社会流动的机会增加，人们开始渴望上升到更高的阶层地位，并开始模仿上层社会的消费行为，时尚文化开始形成；工业化特别是改革创新的推进，导致人们的生活方式开始不断变化，消费对象不断更新换代，而且消费对象变化的速度不断加快。现代消费者生活方式变化的重要动因之一，是工业化所提供的各种消费者喜闻乐见的消费品、消费服务和消费设施。资本的诱惑与鼓噪使人们渴望参与某种现代生活方式，就必然形成与这种生活方式相适应的消费产品和消费方式的欲望。工业化发展的另外一个动力来自市场竞争。公司和企业需要不断地降低成本、运用技术革新、占领市场，并不断开发新产品才能在市场竞争中处于有利地位。对于企业来说，开发和销售新产品的过程，传到消费生活领域，就需要根据消费者消费心理制造消费欲望，让消费者对自己的产品欲罢不能。

现代社会，面对不断涌流的财富，面对花样翻新的生活方式，人们的心灵不再宁静。日益增多的欲望带给人们的是莫名的困惑和变本加厉的贪婪。然而，

---

① 王宁.从苦行者社会到消费者社会[M].北京：中国社会科学文献出版社，2009：316.

短暂的愉悦、浮华的满足背后是深刻的危机：人与自然的矛盾、人与人的冷漠与摩擦以及人与上帝的疏离。这些表现出现代资本主义精神衰竭，更为严重的是这些正在撼动着资本主义合法性地位。① 人们开始由节俭走向浪费，政府也不再抑制消费，这样，在资本的鼓噪下，人们乐于放纵自己的欲望和胃口，拼命追求自己消费资料的数量，人为地缩短商品的使用期限。高消费一方面使物质需要得到充分满足，这是一种进步，另一方面也有着深刻的内在冲突和矛盾。它必然引起和促成生产不断扩大与膨胀。以汽车为例，为了生产越来越多的汽车，需要修筑越来越宽的道路，开采和使用越来越多的石油，修建越来越多的停车场和车库，排放越来越多的废气，越来越加剧环境的承载压力。为了建越来越多、越来越大的房子，需要占用越来越多的土地，破坏越来越多的树木。为了越来越多的牛奶、牛羊肉、牛皮、羊毛等实物，需要毁掉越来越多的草场，围垦越来越多的湖泊，建立越来越多的化肥和农药企业。为了餐桌上源源不断的美味珍馐，需要越来越多地捕杀动物，乃至竭泽而渔。当自然资源不堪重负与破坏时，人们为了提高消费，又总是义无反顾地选择继续扩大再生产，加强对自然征服的力度。如此循环，使全球生态处在危险之中。消费者如果这样陶醉在消费的盛宴之中，必定是被物质所奴役，而理性的精神日益淡化。然而，物质消费如果没有理性精神来引领，必然会最终导致物质生活的崩溃。

二、广告由传播产品的平台异化为制造社会欲望的平台

消费社会有制造欲望的制度与机器，包括：广告、时尚、媒体、商场和促销、信贷和信用卡。国家经济政策（税率、利率、关税等）是人民欲望的调节器。人的消费欲望正是受到这种制度环境的诱导，消费机器的形塑、消费舞台的搭建与引领而不断地刺激和调动起来的。而消费者社会互动与交流和参照群体的示范效应，则进一步影响控制了消费者的消费欲望。

三、先富与后富形成消费者集团与生存者集团并立

国际上通用基尼系数作为衡量社会分配平均程度的指标。该系数从 0（完

---

① 赵玲.消费合宜性的伦理意蕴[M].北京：社会科学文献出版社，2007：99.

全平均，每个人的收入都一样)到1(完全不平均，社会财富集中于一人之手)。一般认为基尼系数在0.3以下是平均状态。中国基尼系数过去20年上升了50%，2002年，全国基尼系数达到了0.454，远远超过国际标准的0.4之安全指标。① 贫富差距过大不仅危及社会政治稳定而且必然引起经济增长乏力。因为如果5%的人掌握了60%以上的财富，就导致95%以上的人有消费欲望而没有货币支付能力；5%的人有60%以上的财富，表现为95%的人边际购买能力有限，必然导致社会产品大量积压，带来生产消费的不平衡性，破坏了马克思生产消费具有同一性的原理。

不仅如此，贫富两极分化还会导致富人的安全感缺失，以及社会的敌意，危及社会和谐。中国新贵的消费在引人模仿的同时，也招致敌意。65%的受访对象表达了仇富情绪。他们常常评价新贵的词汇是“腐败”和“贪婪”。2006年，《南方周末》一项针对富人的调查显示：中国百万富翁大多没有安全感，常常为他们的社会财富不能得到社会认可、常常招致社会控诉而苦恼不已。

从消费领域看，由于两极分化的迅速扩大，中国目前出现了明显的时代落差：一边是消费者集团，他们与消费者社会同步；另一边是生存者集团，他们还处于“生产者社会时代”(如图4-3所示)。二者奉行不同的消费伦理和规则，在消

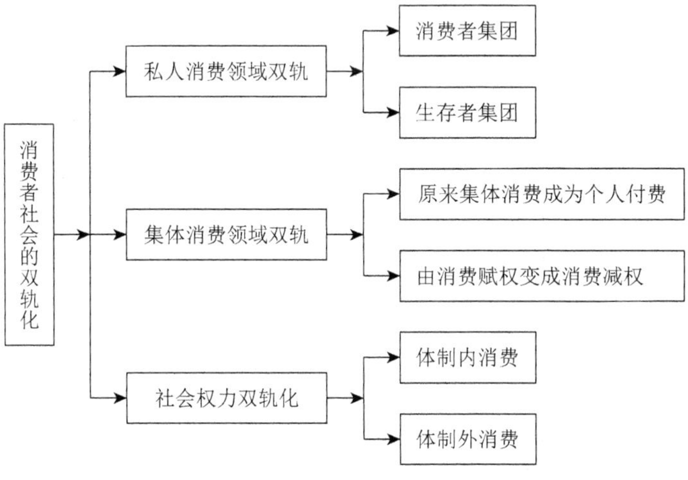

图4-3　消费社会的双轨化结构图

① 郭凯.富人与第三次分配谁阻碍了中国富人成为慈善家[N].21世纪经济报道，2004-02-28.

费领域步入了不同的轨道,因此他们之间产生了"双轨化"。① 虽然没有杜甫笔下描述的"朱门酒肉臭,路有冻死骨"的极端对立,虽然现在的穷人过得可能比过去的富人好,但中国消费领域的不平衡,已经成为不争的事实,也成为领导人力图要扭转的现象。

四、推行社会保障制度与消费者受益群体的差异

社会保障体制覆盖的空间差异和群体差异导致了社会不同群体的"社会权利"发生了巨大变化。一方面,目前由于社会保障才刚刚起步,经验不足,财力缺乏,许多社会阶层和群体被排斥在社会保障体系之外,如农民和农民工常常没钱看病,大病返贫现象比比皆是。而公务员群体则享受着良好的社会保障权利,小病可以医保刷卡,大病可以医保报销。另一方面,政府减少对医疗、教育等公共服务机构的财政拨款比例,同时允许医疗、教育等机构提高收费标准,这样更加拉大了不同利益群体的消费能力差异。低收入群体对未来的预期一直处于不确定状态,要为子女教育存钱,为大病治疗存钱,为买高价房存钱,因此,他们极大地压抑了消费冲动,形成了消费领域的城乡二元结构,最终反过来影响经济的结构平衡。与此同时,住房由原来单位的实体福利转化为职工的货币收入(住房公积金),且住房由单位供给转化为市场供给,由消费者与房地产商进行市场交换而获取住房,住房的保障制度缺位。由于医疗价格、教育收费和住房价格上涨速度远远高于人们平均收入的上涨幅度,集体消费制度的转型成为影响人们实际收入的一个重要原因。② 改革开放导致了人们的生活水平普遍上升,但与此同时,由于集体消费由过去的免费到现在的高收费,无形中导致城市生活成本(劳动力再生产成本)的迅速上升,并部分地抵消了人们收入水平的提高。集体消费的提供者俨然以企业式的面孔出现,遵循盈利最大化,而不是福利最大化。为了自身利益的最大化,这些部门总是想方设法提高收费范围的额度,通过增加集体消费产品和服务的摄取费用的方式来增加自己的特殊收益。在住房领域,市场化比重在急剧上升(市场价格、自费支付的部分),福利的比重(单位为个人储备的住

① 王宁.从苦行者社会到消费者社会[M].北京:中国社会科学文献出版社,2009:407.

② 王宁.从苦行者社会到消费者社会[M].北京:中国社会科学文献出版社,2009:443.

房公积金)相对而言在急剧下降。由于2004年以后的住房价格迅速上升,住房公积金的作用只能是杯水车薪。[①] 相对来说,依靠工资收入生活的事业单位、国有企业的体制内的人员,是集体消费制度转型的受益者。例如他们是原来单位福利房低价出售中的购买者和受益者,在房价不断攀升的今天,他们的住房随着时间的推移,反复使用以后价格不但不下降,反而节节攀升,因而,他们从中获得了丰厚的利益。在国家推行的医疗体制改革中,尽管体制内成员告别了过去的免费医疗,今天他们个人虽然要缴部分费用,但所缴费用比例很低,相对于体制外成员来说,其负担要低得多。可见改革开放以来,国家推行的消费保障制度在推进消费发展过程中,也带来了消费者受益群体的明显差异,客观上影响了消费的良性发展。

五、消费者精神疏离的多维原因

随着传统的农业、手工业生产的主导地位被机器大工业所代替,传统社会基于伦理、宗教观念和家庭血缘关系的社会纽带被市场规则割断,人们不再长久居住在稳定的生活环境之中,家庭、村落日复一日的宁静生活,被四处流动、涌向城市的人群所取代。大机器生产把劳动者打散进行社会分工,商品生产的环节被分割成许多孤立的部分,劳动者也被分割到不同的生产环节上,每个环节都只是完整生产过程的一个部件,完整的人在机器工业生产中被分割和碎片化,职业的分工成为联系他们的纽带,在此之外他们相互孤立和疏离。[②] "现代社会由大众组成,出现了大量隔绝疏离的个人,他们以各种专业方式相互依赖,但缺少中心统一的价值观和目的。"[③]传统联系的削弱、理性的增长以及分工创造了由松散的个人所组成的社会。这个意义上,"大众"一词的含义更接近于一个集合体,而不是一个组织严密的社会团体。[④] 这导致茫茫人海中的人们仿佛一盘散沙,身心无依无靠、孤立无援,他们松散地集合在一起,就好像偶然聚在拥挤的公交、地铁上的乘客,似乎同处于一个空间,共享着同样的处境,但是彼此却素不相识,极其陌生。这便是现代陌生人社会,特别是都市人群的一种基本生活状态。

---

① 王宁.从苦行者社会到消费者社会[M].北京:中国社会科学文献出版社,2009:445-446.

② 张筱薏.消费背后的隐匿力量[M].北京:知识产权出版社,2009:165.

③ 魏兰.赛珍珠中国农村题材小说的"土地主题"研究[D].南京:南京师范大学,2013.

④ 崔欣.大众文化的传播与研究[M].天津:天津人民出版社,2005:13.

于是在工作中被碎片化、身心孤立无援的劳动者倾向于通过消费来缓解现代工业文明带来的精神危机。现代机器大工业把人碎片化以后,劳动异化所产生的压抑、无自我、无价值的焦虑感,引导到消费中释放,人们期望通过消费来对象化自己、确证自己的存在和实现自己的个性。在职场的激烈竞争中胜出的毕竟只是极少数人,而在时髦消费、新奇的娱乐中去寻找成功感觉则更容易得多。在这个时代,涌现出无数精通消费、游戏以及玩乐的消费英雄——大众所追捧的歌手、体育明星、电影演员,以及收藏迷、游戏专家……他们的荣耀甚至超过了往日的生产英雄。这些虽然弥补了人们在职场中的平庸感,可是,资本支配下的现代社会,消费和娱乐已经把人们的注意力从宏大的人类主题中引开,人们不再对理想社会抱有乌托邦式的热情,而在工作中变成退化和堕落的动物。现代社会,为了缓解快节奏的工作和激烈的社会竞争带来的人的异化问题,而通过鼓励消费娱乐、倡导休闲放松来释放和转化异化的压抑力量。可见,现代消费者精神疏离是由多维原因引起的,而释放精神压力的唯一途径似乎只有消费。

4.3.3 畸形消费破坏消费者与环境的和谐

消费对象的获取需要通过原料进行生产,而原料的获取依赖于环境,生产过程中对原料的加工而产生的废水、废气,在排放过程中直接或间接破坏环境。然而,消费者生存消费依托于环境,这种环境必须适合人的需要,如果环境发生改变,给人体带来不适,那就直接威胁到人类生存。目前,人类在生产消费、生活消费过程中,对环境的负面影响日益增大,因而人类面对的生存危机日益加大。目前,消费者的畸形消费对环境的负面影响表现在很多方面。

一、筷子危机

改革开放以来,筷子的变化已经成为全社会重视的现象。中国每年要砍掉数百万棵大树,用于加工数亿双一次性筷子,然后再变成几百万吨垃圾,从而导致森林面积减少和垃圾的增多。而这仅仅是横亘在中国的消费生活方式和环境之间无数需要应对的战场中的两个。20 世纪 90 年代初,随用随扔的一次性筷子表明人们的消费观发生变化。政府为了遏制传染性疾病的传播,也推广一次性筷子的使用。尤其是 1988 年上海出现了 30 多万例甲肝患者以后,每隔一阵就会爆发一次食品安全恐慌，导致公众对一次性筷子的需求持续增大。如今，北京一天就用掉 1 000 万双一次性筷子，从中我们可以看出消费者给社会带来的严重后果之一——人与环境的冲突。除了一次性筷子还有用筷子夹起来的食物也形成了新的环境问题。现在人们每天从肉类食物中摄取的热量是 25 年前的 4 倍，除了青少年肥胖比例不断上升之外，这种消费方式还导致了 27 亿吨动物粪便的产生，其中很大一部分未经处理就进入环境之中。越来越多的牛、山羊、绵羊在生态本来就很脆弱的山坡和草地吃草，增加了沙尘暴和扬尘天气的概率。沙漠化已经吞噬了数千个村庄，那些失去家园的人们不得不移居到其他地方。

二、二氧化碳危机

中国人口是美国的四倍多，每年煤炭、钢铁和肉类的消费量是美国的两倍多。如果中国也像美国一样，每 4 个人中就有 3 部车，那么中国会有 11 亿辆车，就需要再建设跟现在一样多的公路，消耗的汽油将超过全球各个国家汽油产量的总和。中国几乎所有生活方式的改变都离不开煤炭的燃烧，全国有 68.7%的能量消耗来自煤炭。2008 年，中国消耗 24.7 亿吨煤炭，超过了美国、欧盟和日本煤炭消耗的总和。这些煤炭除了发电，还被千家万户用于供暖和做饭。煤炭的燃烧和汽车尾气的排放对环境产生极大的污染。此外，中国用煤量还在以每年 10%的速度增长，对煤炭的过度依赖会产生大量的二氧化硫，导致酸雨。2006 年，中国成为世界最大的温室气体排放国。

三、建材危机

1986 年，上海的高楼不超过几十栋；2013 年以后，上海高楼远远超过了 10 000 栋，差不多是纽约的 3 倍。现在全国的高楼建设规模和速度都相仿。北京正在建设 3 个曼哈顿那么大的办公和居住空间。高速公路、国道、省道的建设也突飞猛进，同样要消耗大量的水泥、钢材。甚至在城市以外，政府为了应对 2008 年金融危机，加大了道路建设投资。目前中国消耗全世界一半的水泥，事实上水泥在生产的过程中，会释放出大量的二氧化碳气体。① 同时，大量水泥的

① ［英］葛凯.中国消费的崛起［M］.曹槟，译.北京：中信出版社，2011：161.

使用，会在将来的拆迁过程之中形成大量的固体废弃物。

四、水资源危机

20 世纪 90 年代末，每年有三分之二的时间，黄河处于断流状态。黄河第一次断流是 1972 年。有将近 6 000 万中国人已经面临用水困难，但同时又有那么多清洁用水正在遭受污染，上亿吨未经处理的污水直接排入亚洲最长的河流——长江。也正是因为这样，中国差不多有一半的人口也就是六七亿人所喝的水都遭到了污染。①

五、沙漠化危机

中国的沙漠化不仅是中国人自己造成的，全球消费者对中国廉价消费品的需求加速了中国沙漠化。就拿羊绒衫来说，羊绒衫原来只有那些富人才买得起，但现在任何人都可以挑选一两件中国羊绒制品，价格不过 100 美元左右。虽然羊绒衫生产成本在降低，但这是以巨大的环境破坏为代价的。全球每年羊绒供给 1.5 万吨，而中国提供了其中差不多四分之三。每一件羊绒衫需要两三只山羊身上的毛。中国羊绒贸易背后有数百万只山羊在默默地吞噬着草场。中国的载畜量和美国差不多，却比美国多养了 1 000 万头牛和近 4 亿只羊。

六、垃圾污染

随着越来越多的中国人开始采纳“一次性”的消费生活方式，中国正径直走向“垃圾危机”。除了自己生产垃圾，中国还转变成为一个巨大的工业垃圾进口国。全球废弃的 5 000 万吨电子设备及其有毒电子产品中，70%都辗转运到中国各地的垃圾场。各地垃圾场有 5 000 多家夫妻店，雇用了 30 000 多名工人，他们将金、铜等有价金属拣出来，回收了超过 30 亿元的电子废品，但代价就是这些工人的健康。那些不能回收出售的有毒垃圾逐渐渗透、污染土壤、地下水。

一直到 20 世纪 90 年代，一些一次性用品才进入中国市场：纸巾、纸杯、纸盘、一次性筷子、纸尿裤、女性卫生巾等。但仅仅过去几年，华联超市连锁店每天就要

① [英]葛凯.中国消费的崛起[M].曹槟，译.北京：中信出版社，2011：163.

卖出价值几十万元的一次性用品，一次性快餐盒进入中国市场才几年，年使用量就超过100亿个。面对汹涌的一次性用品形成的“垃圾潮”，中国人给它一个新名字：“白色垃圾”。杭州、宁波、上海等城市相继出台法规限制或禁止使用塑料制品；郑州号召市民少用塑料袋、多用菜篮子买菜；北京鼓励市民自带购物袋，而且城市的各个角落设置了垃圾回收桶。2004年中国官方统计数据显示：每生成一万元的国内生产总值，需要消耗的能源相当于燃烧2.6吨煤炭，单位国内生产总值能耗是全球平均水平的10倍、日本的20倍。这些数据显示虽然中国经济在增长，但是能源利用效率在降低，同时，更说明畸形消费对环境产生十分严重的负面影响。

4.3.4　政治推进消费转型并影响消费观教育

一、政治将兴奋点转移到对消费政策的引领

意识到消费在经济发展中的拉动作用，是国家领导人消费意识形态内容的一个意义非凡的变化。从过去抑制消费到现在的鼓励消费，国家对消费的话语发生了根本变化。这种变化使党和国家领导人对消费的认识更深刻、更客观。消费对经济的拉动作用同党所宣传的满足人民日益增长的物质和文化需求，并将之作为社会主义经济发展的根本目的是一致的。在此意义上，消费获得了双重意义：经济意义（拉动经济增长）和政治意义（社会主义现代化的根本目的）。

20世纪90年代后期，生产能力和商品供给的过剩、消费需求不足，反过来开始阻碍经济的发展，生产和消费具有同一性的理论，决定了国家不得不采取刺激和鼓励消费的政策。在价值观领域表现在，消费观教育方面，对消费合理性欲望的谴责和抨击逐渐消失了。在消费不足严重拖累经济发展的情况下，国家必须采取干预措施，这样就颠覆了计划经济时代所形成的抑制消费的消费意识形态话语，并铺就了通往新的消费观教育和打造新的消费意识形态的制度路径。20世纪90年代后期，尤其是亚洲金融危机之后，国家扩大内需的政策之一是采取积极的财政政策，扩大国内投资需求。① 与此同时也必须扩大居民的消费需求。② 1999年3月5日，在九届全国人大二次会议政府工作报告中，朱镕基承

① 中共中央文献研究室.十五大以来重要文献选编：上[M].北京：人民出版社，2000：271.

② 中共中央文献研究室.十五大以来重要文献选编：上[M].北京：人民出版社，2000：272.

认:“我们清醒地看到,前进中还存在不少困难和问题。主要是:市场需求不旺,启动难度较大。”①同年政府工作报告还强调,政府要通过宏观调控,继续扩大内需和实施积极的财政政策,在生产快速发展的条件下,国家在消费意识形态转型上基本形成共识。在扩大投资需求的同时,政府要采取有力措施引导消费和扩大消费需求,形成投资和消费对经济增长的双重拉动作用。而扩大生活消费,要培育潜在的消费群体,当务之急是要通过多种渠道增加城乡居民特别是低收入群众的收入;扩大消费的重要途径之一是加快发展消费信贷,不失时机地推进城镇住房制度改革,国家要大力支持居民购买住房和大件耐用消费品;国家要积极引导居民增加文化、娱乐、体育、健身和旅游消费投入,拓宽服务性消费领域。活跃市场流通,大力拓宽国内市场。②

到 2000 年,中国政府认识到人们减少即期消费的原因之一是由于社会保障体制改革滞后,导致消费者对未来预期的确定性降低,储蓄增加。因此,同年 3 月 5 日,九届全国人大三次会议的政府工作报告中提出,要提高改革措施的透明度,改善居民的心理预期,鼓励居民增加即时消费。同时,要积极培育住房等消费热点,使住房建设真正成为重要产业,并积极发展电信、旅游、文化、娱乐、保健、体育等服务性消费。③ 2000 年 10 月 11 日通过的《中共中央关于制定国民经济和社会发展第十个五年计划的建议》,进一步将新时期的消费意识形态具体化为一系列具可操作性的方案:“改善城乡人民生活,不断提高城乡居民的物质和文化生活水平,是发展经济的出发点和归宿,也是扩大内需、保证经济持续增长的动力。向更加宽裕的小康生活迈进,要进一步提高城乡居民的吃穿用消费水平,优化消费结构,增加服务性消费;增加城乡居民居住面积,提高住房和环境质量;大力发展公共交通,鼓励计算机、轿车进入家庭,提高电话普及率;加强城乡公共设施建设,改善居民消费环境。”④可见,政府将关注点转移到消费政策的引领,通过消费政策改变促进消费观教育转型。

---

① 中共中央文献研究室.十五大以来重要文献选编:上[M].北京:人民出版社,2000:773.

② 中共中央文献研究室.十五大以来重要文献选编:上[M].北京:人民出版社,2000:778.

③ 中共中央文献研究室.十五大以来重要文献选编:中[M].北京:人民出版社,2001:1174.

④ 中共中央文献研究室.十五大以来重要文献选编:中[M].北京:人民出版社,2001:1392.

二、劳动激励转型与消费制度转型

由思想激励转化为物质激励和制度激励，推进消费观教育。一方面由于严格实行按劳分配制度，物质奖励在调节劳动者动机中的作用提高了，多劳多得的原则使得劳动者的积极性大大提高。改革开放前，国家对劳动者的激励过于强调精神激励，忽略了个人的物质利益。重新认可个人利益，不但有助于人们信念的恢复，而且可以直接带来劳动者积极性的提高。而承认个人利益是在国家和集体统一的前提下，承认个人都应有自己的物质利益。1980 年 8 月 18 日，邓小平在《党和国家领导制度的改革》一文中指出："我们提倡按劳分配，承认物质利益，是要为全体人民的物质利益而奋斗。每个人都应该有一定的物质利益，但绝不是提倡各人抛开国家、集体和别人，专门为自己的物质利益奋斗，绝不是提倡各人都向'钱'看。"[①]在《解放思想，实事求是，团结一致向前看》的讲话中，邓小平主张，不应该把对先进分子的要求拿来要求所有的广大群众，不能否定群众的物质利益，不能只强调牺牲精神，而不讲群众的物质利益。对此，其经典论述是："不讲多劳多得，不重视物质利益，对少数先进分子可以，对广大群众不行，一段时间可以，长期不行。革命精神是非常宝贵的，没有革命精神就没有革命行动。但是，革命是在物质利益基础上产生的，如果只讲牺牲精神，不讲物质利益，那就是唯心论。"[②]

三、广告成为消费观教育的资本力量

市场经济被合法化以后，国家推行市场经济的制度安排，但是市场经济的实际操控者却不是国家，而是市场。国家从某种程度上退让出来，市场获得了一定程度的自主空间，并形成了市场的话语体系。这个话语体系中最具影响力的就是市场意识形态。而最具典型的市场意识形态就是商业广告。[③]

由于中国人的腰包越来越鼓，因此，身边便出现了不少为他们提供花钱建议的人。其中包括政府，不过一个重要的力量就是广告。20 世纪 80 年代，中国是近乎"零广告"的时代。随着市场经济的推进，广告渐渐进入中国的每个角落。

① 邓小平.邓小平文选：第 2 卷[M].北京：人民出版社，1994：337.

② 邓小平.邓小平文选：第 2 卷[M].北京：人民出版社，1994：146.

③ 王宁.从苦行者社会到消费者社会[M].北京：社会科学文献出版社，2009：285.

各种亮度和颜色的广告取代了过去的工人蓝和军装绿。在最近20年的时间里，中国广告市场以每年40%的速度增长，2010年已经成为世界第二大广告市场，2020年有望取代美国成为世界第一广告市场。中国现有2 000多家报纸，总发行量超过10亿份。全球发行量最大的10种杂志也在中国。此外还有1 000多个卫星、有线、无线电视频道以及300个广播站。几乎全体中国人都能看到电视以及相伴而来的电视广告。由于许多媒体都通过广告收入来维持自身的运营，这一政策转变效果表现为消费主义消费观的宣传随处可见。现在广告无处不在，公交车、公交车站、路旁、建筑物墙面应有尽有。广告还出现在出租车、飞机椅背上的小电视屏幕上，甚至电梯间也装上了播放广告的平板电视。有时广告甚至植入电视、电视剧、小品中。如今中国广告业有8万多家公司，100万员工。

消费者生活在广告中，每位消费者都回避不了广告。20世纪90年代中后期以来，由于国家克服了产品的匮乏现象，商品生产开始出现过剩，与此相对应，生产需要推动了广告业的兴起，广告业的兴起推进了广告的类型变化。广告逐渐转向说服型或欲望调动型，而且常常是借助意识形态性的宣传技巧实现的。① 广告的最大特点是一种说服工具，广告的说服性能具有塑造消费主体消费意象的作用，主要在于挑起观众的消费欲望，并让观众把这种欲望自然化、理所当然化、合法化。首先，广告通过一定的技术手段，塑造出附加在商品上的理想化形象，由此唤起受众的匮乏感。其次，广告又把这种匮乏感，转化为消费者自然化的消费欲望。

广告作为资本的代言人甚至成了国家意识形态之外的另外一类意识形态——市场意识形态。于是在市场的话语上，国家与市场找到了共识，并形成共谋。20世纪90年代以后，尤其是90年代末期以来，国家为了启动和刺激消费，扩大消费市场，深化市场经济的体制安排，客观上需要市场与社会的配合。因此，即使市场意识形态与正统价值观（如艰苦奋斗）之间产生了某种程度的张力，国家依然放任市场操纵市场意识形态。与此相对应，市场出于资本增值的逻辑而不断借助大众媒体生产出以广告为代表的市场意识形态（欲望）。

广告颇不寻常的地方就是它的普遍渗透性，以电视广告为例，它以声音、图像、情境等多元素共同作用，以超越空间的传播能力，面向所有不同层次的受众，

① 王宁.从苦行者社会到消费者社会[M].北京：社会科学文献出版社，2009：286.

特别是黄金时段，因而其传播效果非常好。广告是新生活方式和价值观念的预告。广告推进了市场化的转型，广告也推进了消费主体的转型。首先，消费主体由神圣信仰者变成世俗功利主义者；其次，奉献者变成自利人；最后，苦行者变成了消费者。① 今天的自利人并不完全是唯利是图、损人利己的人，而是明确意识到自己的权利，并利用合法的途径和手段来争取自己权利的人。自利人具有明确的交换和契约意识。他们认为个人利益的获取，必须通过交换。在工作方面表现为，自己在工作中要能对得起自己所获得的那份工资。因此，自利人在工作中并非必然会偷懒懈怠，偷工减料。市场经济的兴起和社会分工的深化促成了符合市场经济运行需要的职业道德的发展。职业道德大体可以分为三类（如图4-4）。②

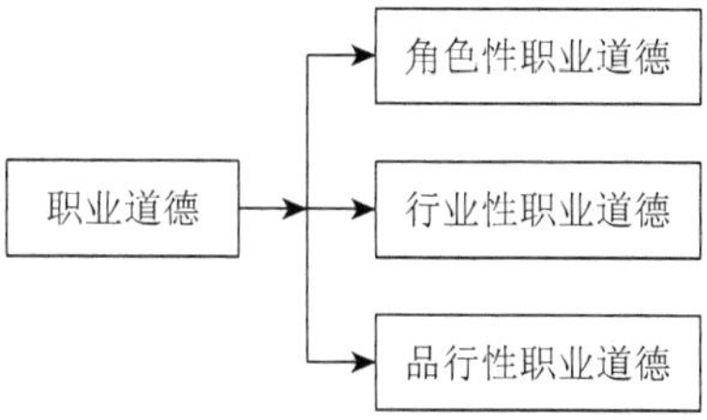

图4-4 职业道德的类别

4.3.5 国家经济起飞带动消费者欲望增强

改革开放以来，国家通过鼓励人们追求物质利益的制度设计，解决了劳动动机的制度设计问题，并因此把个人变成自利人；而且通过解除套在消费欲望上的桎梏，使传统消费者转变成现代意义的消费者。可以说改革开放以来，中国社会的转型不仅导致了国家经济的腾飞，而且同时也导致城市居民的欲望起飞。不论从那个角度看，欲望的不断更新和无节制膨胀都是消费主义的一个根本特点。现代主体的欲望形态中，人的欲望处于动态的、不断膨胀的过程之中。③

收入的增长是消费欲望起飞的经济基础，但除了这个基础，当代人的消费欲望起飞既与消费制度的转型（从抑制消费到鼓励消费的制度安排）密切相关，而且也与人的主体结构的转型有关。形而下的物质生活取代形而上的精神信仰，成为人们生活的终极意义的来源；消费生活的体验，取代宏大的理想构成了人们新的追求。与此同时，对个人消费理想的追求，也成为人们积极劳动（或工作）的

---

① 王宁.从苦行者社会到消费者社会[M].北京：社会科学文献出版社，2009：289.

② 王宁.从苦行者社会到消费者社会[M].北京：社会科学文献出版社，2009：309-310.

③ 王宁.从苦行者社会到消费者社会[M].北京：社会科学文献出版社，2009：312.

动力之一。劳动(工作)动机与消费追求相互作用,相互促进。用更概括的话来说,消费观念正是在世俗观念与自利观念的文化情境中产生,并与这种文化情境发生了互动关系。①

改革开放前,人们的消费欲望是被严格限制和约束的,为了在约束消费的同时,保持劳动者的劳动积极性,国家不但采取了平均主义的分配模式,而且采取了理想主义(神圣化)的话语动员方式来激励劳动者劳动动机。在那时,主体的欲望形态呈现为苦行主义。一方面通过制度的设计与安排,国家最大限度地限制人们的消费享乐欲望;另一方面国家又不断通过对未来理想目标的描绘,动员与鼓励人们为实现这个目标而奉献。这是一种典型的滞后享受性设计。人们(尤其是积极分子)之所以在苦行社会中依然"精神饱满",是因为他们赋予其行为的特殊意义——他们是为着未来的人间天堂而努力,他们是为未来的理想世界的召唤而劳动。② 所以他们能管控好自己的消费需求,压低自己的消费需求,把美好的希望放置在未来。

解决劳动动机的激励问题以后,国家就可以腾出更多的精力来进一步发展经济,改善人们的生活。而改善人们的生活,往往体现在不断增加消费品的供给。国家不但不抑制人的消费欲望,反而在后来刺激人们的消费热情。消费欲望变成个人与国家的一种共识或最大"公约数"。人们消费品的增加和消费水平的提高,成为国家用来论证'改革开放'合法性的依据;反过来,消费品的增加和消费水平的提高成为居民拥护改革开放的一个重要理由。③

从实际出发,邓小平强调,要"从现在的实际出发来提出问题,解决问题",④强调"要根据新的情况来确定新的政策",⑤"真正的马克思列宁主义者必须根据现在的情况,认识、继承、发展马克思列宁主义"。⑥ 长期以来,传统的社会主义观念一直把优胜劣汰的竞争原则排斥在外,而把社会主义归结为平均主义地吃大锅饭,这就使社会主义陷入缺乏效率和活力的落后状态。

---

① 王宁.从苦行者社会到消费者社会[M].北京:社会科学文献出版社,2009:314.

② 王宁.从苦行者社会到消费者社会[M].北京:社会科学文献出版社,2009:314-315.

③ 王宁.从苦行者社会到消费者社会[M].北京:社会科学文献出版社,2009:316.

④ 邓小平.邓小平文选:第3卷[M].北京:人民出版社,1993:164.

⑤ 邓小平.邓小平思想年谱[M].北京:中央文献出版社,1998:67.

⑥ 邓小平.邓小平思想年谱[M].北京:中央文献出版社,1998:86.

第5章　中国当代消费观教育达成的多重认同

消费与认同的联系十分普遍。研究消费与认同的关系，需要明晰谁的消费、谁的认同。由于消费的主体可以是个人，可以是集体，也可以是国家，因而认同的主体自然可以是消费者个人、集体、单位或国家，也可以是除消费者本人以外的任何人。于是消费认同就表现为消费过程中，别人对自己的认同、自己对自己的认同、自己对集体的认同、自己对国家的认同，还有国家对消费者个体的认同、对单位集体消费的认同，以及国家对自身消费政策、国家整体消费现状的认同。

就消费者自己来说，参加重要活动，人们习惯于换身新的、得体的服装，习惯于将皮鞋擦得干干净净，而不能忍受肮脏不堪、不修边幅的消费生活；到饭店用餐，如果苍蝇乱飞，饮用水浑浊不堪，周围气味难闻，我们也不能忍受；到商店购物，选择越名牌的产品匹配高昂的价格，购买者越感到有成就感。就消费者与社会、国家来说，在计划经济时代，穿高跟鞋、涂口红被认为是资产阶级的生活方式而不能被认同；现在这些都成了现代时尚生活的基本元素而被认同和商业推广。不仅如此，为了顺应人们对美好生活的向往，每到元旦、春节等节假日，政府、单位、企业总是要给职工发放福利如米、油等，同时还要给低保群体发放米、油等，这是国家、政府在更高层次上对消费的一种认同。

消费是一定阶层身份表露的外在重要标志。成为某一身份象征的消费，往往有相应的消费风格。于是，人们往往根据一个人的消费，如衣着、服饰、娱乐、消费旨趣来判断他所属的阶层。目前，中国的消费集团中，有形形色色的消费群体，由于他们有相同或近似的消费旨趣和文化偏好，因而形成了相应的消费认同。在狭小的范围内，有会所消费认同、极限消费认同、派对消费认同等，这些成为群体消费认同的发展趋势。

消费是认同的结果，认同是消费的动力。认同和消费是同一过程的两面。个人作为消费的执行者，在消费过程中的认同，就是指作为消费者角色，对所消费的东西即消费对象以及作为消费者，选择某种消费方式的有机统一体。从另一个角度来考察，消费者置身于纷繁复杂的商品世界，扮演的是消费的执行者角色，个人作为消费的执行者，怎样消费和消费什么，必然受到一定的消费观念支配，而消费行为的决定因素是受到“我是谁”的消费观念。在后现代社会，尤其是人类摆脱了匮乏以后，消费活动的心理意义、文化意义日益丰富，消费者对消费行为持有的心理意义、文化意义以及对意义的不断更新，本质上是维持对自己的认同或者改变对自己的认同或者创造对自己的认同的过程。从消费者消费的角度分析认同，从消费者消费认同的角度分析消费，是消费观教育必须紧紧把握的一个辩证视角。

建构认同的直接基础是消费，消费之所以具有建构认同的功能，在于商品作为消费对象，社会赋予了它丰富的符号价值。从这个角度看，商品的符号价值具有文化属性，作为消费对象的商品还具有不同的使用价值，使用价值在于其能够提供消费者某种具体的有用性。商品集符号价值、使用价值于一体，因此，在此基础上消费商品，就具有社会沟通价值，消费商品的过程能够促成消费者达成某种共鸣。商品的符号价值和使用价值还具有社会整合价值，比如政府向困难群众发放大米等生活物资，能够让困难群体增强对政府的认同。后现代社会，消费者在商品符号价值基础上，实现了消费行为的意义化。消费者通过消费行为使得商品所蕴含的符号价值能够展现出来，而商品符号价值的差异能够为主体定义自我发挥重要作用。

由于人口流动的加速、社会分工的细化，中国社会具有典型的陌生人社会性质，陌生人社会交换十分发达，商品是交换活动的载体，不同的商品能够满足不同人的需要，不同的人消费商品让不同的商品意义化，商品的意义化通过商品的符号实现。消费者常常主动来选择商品的符号、信息，以此实现自己的消费认同。消费者对商品符号、信息、使用价值的消费，旨在在社会生活中进行识别和区分，最终目的是通过消费获得感情上、心理上的认同。消费是自我建构的一种工具，自我建构本身依赖于将切实可得的物品引导入与个人或人们相关联的特定关系中，从这个角度看，消费认同是消费的更高等级的样式①。

目前，消费行为日益向两个维度扩展，那就是意义化维度和公共化维度。从消费的意义化维度看，后现代社会的消费行为引导消费者从现实利益向符号意义拓展，消费行为的符号意义引导消费者逐渐超越具体的物的使用和占有，处于被符号意义操控的状态，使得消费者的消费具有更多的意义属性，为消费建构认同提供了更多基础；另一方面，由于社会的分工不断拓展，商品交换日益发达，消费者消费行为日益从个体性转向公共性，消费日益具有公共化维度。正是基于消费行为的意义化维度和公共化维度，在消费观教育领域，用国家消费观引领个人消费观十分必要。

5.1 消费认同的含义与特征

消费认同是消费者自我作为消费主体，对于消费者自身与外界保持同一，以及消费者自我与他人之间在某些领域、某些方面存在的同一性。消费认同是消费者所形成的对自身客观身份的主观肯定。消费认同是在消费者自我与社会的互动中建构起来的。从消费者个体本身出发的认同，也就是消费者自我作为认同的主体，是要我们讨论的对象。② 从消费出发，"认同"一词具有两个含义。第一，消费的同一性。如甲和乙用同样的电脑，开相同的汽车，即A和B在某些方面的属性同一或相似。第二，消费的独特性。消费认同表现为时间维度体现出来的消费连贯性或一贯性。消费认同揭示了一种关系，这种关系表现为消费者的相似性或差异性，是指消费行为时间上的连续性。一个人或者群体的消费认同是指该人或该群体的某些较为稳定的属性和特征，这些属性和特征可以在较长时间内被识别和辨认。消费认同从空间上看分为个人消费认同与集体消费认同。个人消费认同是把个人的各个方面结合成某种连贯性的结构性模式；而集体的消费认同是指人们之间所具有的相似性。③ 如汶川地震期间，全体中国人

① [美]乔纳森·弗里德曼.文化认同与全球性的过程[M].郭健如，译.北京：商务印书馆，2003:227.
② 伍庆.消费社会与消费认同[M].北京：社会科学文献出版社，2009:21.
③ 王宁.消费社会学[M].北京：社会科学文献出版社，2001:53.

捐款捐物，发扬一方有难八方支援的精神，这是对慈善这种替代性消费的集体认同。又比如公款消费在体制内被认同程度较高，而在体制外，被认同程度较低。消费认同的维度还可分为个人认同的维度和社会认同的维度，认同的发生往往是两个维度张力作用的结果。

认同的哲学根基是同一性理论。同一是同一与差异的辩证统一，同中有异，异中有同。同一不排斥差异。同一是差异之同一，不是单一之同一；差异也是同一中的差异，没有任何差异的绝对同一，是不可能实现的也是不可想象的。绝对同一是那种排斥一切差异的、斗争性的统一，在一定的时间和一定的空间中的绝对同一，是非常不稳定的。因为客观的消费世界中，特别是后现代社会，没有与它相同一的其他存在，也没有与其自身相同一的存在。所以，排斥一切差异的绝对同一的后果反而是绝对的差异，同一性成了毫无意义的废话，这就是同一的悖论。辩证法大师黑格尔从逻辑的角度批判了否定一切差异的同一性。“对于同一的真正意义加以正确的了解，乃是异常重要之事。为达到这一目的，我们首先必须特别注意，不要把同一单纯认作抽象的同一，认作排斥一切差异的同一。这是使得一切坏的哲学有别于那种唯一值得称为哲学的关键”①。同一性中有差异，两个东西存在着差异，我们说他们在某种属性上是相同的，在差异的基础上予以认同，这是有意义的；正是因为一个东西可能会发生变化而变得不是它自身，所以认同才成为必要。认同是一个动态的过程，认同的动态过程是基于差异的发生、发展、变化。认同既指某个人与某一群体或他人相联系的倾向，又指对人与物加以分类的过程；认同虽然表现为个人身上或群体之间较为稳定的特征和属性，但认同不是静态的、不变的，认同的变化是对外部环境变化的反映，更是人们之间关系不断变化的结果。这种改变既可以反映为人们对自身认同的改变，也体现了社会对某个人或某一群体看法的改变。

认同具有复杂性，因此，认同不是一个单一的简单实体，而是多元的、分裂交叉的、多维的，包括生理的、主观的、社会的和文化的层面。② 比如，最近十年来的商品房，先买房的人认同高房价，因为价格涨得越高，房子升值就越快。后买

---

① [德]黑格尔.小逻辑[M].贺麟，译.北京：商务印书馆，1980：249.

② Johan Fonäs. Cultural Theory and Late Modernity[M]. London: Sage Publications, 1995:223.

房的人反对高房价，并因为持有货币少、购买力低，而一直徘徊在商品房之外；开发商认同高房价，因为价格越高，获利越多；地方政府认同高房价，因为房价高，意味着财政收入增多；国家则面临认同冲突。高房价意味着财政收入的不断增长，但是土地因为盖房越来越少，贫富分化越来越大，社会不稳定因素越来越多，社会主义本质越来越难以彰显，社会共识越来越难以达成，最后会因为社会阶层之间的利益斗争而影响社会稳定。至于哪一种认同成为社会关注的核心，取决于人们具体所处的社会环境。认同的复杂性还表现在一系列对立或连续体之中，包括个人认同与社会认同、主观认同与客观认同、实质认同与文化认同。认同是人们日常消费生活的重要内容。关于"我是谁"的追问，一旦凸显出来，现有的认同就出现危机。人的认同的形成过程也就是社会化过程，认同也是人们对自己及其他人关系的一个定位。消费认同是通过消费活动所体现的关于消费者的某种地位、形象、角色的评价，以及社会成员对这种评价的接受程度。消费主体对自己在消费过程中所体现的社会评价一旦缺乏或者是消极的、否定性的，消费者就会陷入不安、彷徨和焦虑状态。进行以消费为形式的社会交流和互动的前提是要弄清楚要互动的对象——不但要清楚他的个人身份，更要弄清他的社会身份或社会认同(如年龄、职业、民族、性别)。

5.1.1 个人消费认同与社会消费认同

从消费认同的主体看，认同分为个人消费认同和社会消费认同(如图5-1所

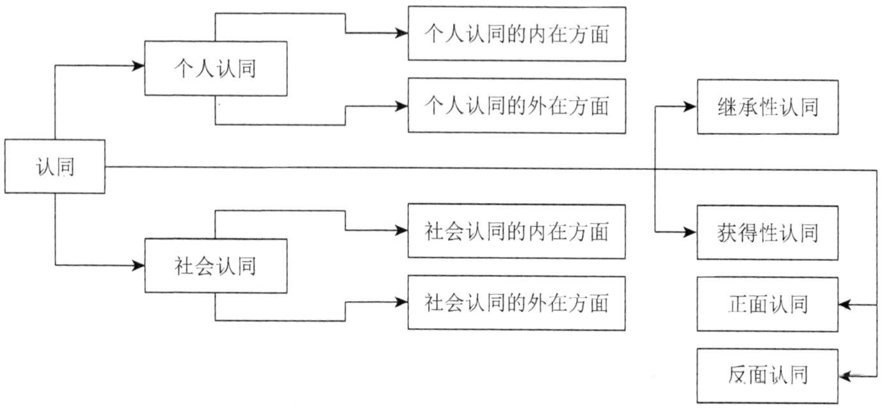

图5-1 认同的分类

示)。社会消费认同是一种集体行为,至少属于某个集体的共同消费认同,它根源于某些消费者之间的消费相似性,某些消费者之间由于具有类似的经济基础、类似的教育程度、类似的从业岗位、类似的年龄结构等,因而具有类似的消费价值取向,由此形成社会消费认同。消费群体和消费群体的差异性总是同其他消费群体之间的消费差异性相伴而存在的,只有通过这种消费差异性,消费差异性才能被识别。

社会消费认同包括内在和外在两个方面。社会消费认同的内在方面是指群体消费认同,是群体成员在消费过程中,主观上所具有的群体归属感。社会消费认同的外在是指社会对某一社会成员的群体归属和划分。① 社会消费认同是社会性的体现。比如生活消费一次性的能源,不能排放未经处理的有害气体,污染空气。因为这既影响他人身心健康,也影响自己的身心健康,所以是任何消费者都能达成的社会消费认同,是消费认同的内在方面。

个人消费认同与社会消费认同相对,但个人消费认同不与社会消费认同对立。个人消费认同分为认同的内在方面和认同的外在方面两个层次。个人消费认同的内在方面是个人主观领域的自我消费认同。个人消费认同的外在方面,是社会对个人消费的分类和消费的综合评价。个人消费认同涉及个人的自我形象(我这样看自己)和公共形象("他们"这样看我,或我在他们心目中的形象)②。

客观消费认同是显现消费者在消费过程中所展示的客观信息,如依据消费者的肤色、口音、方言、生活习惯、生活方式等表现的认同。展示消费者客观信息的消费符号,成为揭示人们消费认同的符号。这些消费符号和象征包括我们交往的圈子、居住的住宅形式和地段、所穿的衣服、爱听的音乐、喜爱的运动项目等。

继承性消费认同是从父母或群体的先辈那里继承下来的消费认同。人的客观消费认同是可以代代相传的,而人的主观消费认同可以通过社会教化和教育而得到继承。获得性消费认同是消费者随着自己的不断努力,以及消费者的人生奋斗经历和时代的变迁而取的物质财富,称为获得性消费认同。获得性消费

① Richard Jenkins. Social Identity[M]. London: Routledge, 1996:87.

② Erving Goffman. Stigma: Note on the Management of Spoiled Identity[M]. Harmondsworth: Penguin, 1968.

认同往往需要通过行动和奋斗而获得。人们可以通过自己的努力改变自己的命运，从社会底层升到上层，从而获得新的消费认同。

5.1.2 正面消费认同与反面消费认同

消费认同还可以分为正面消费认同和反面消费认同。正面消费认同是个人主动接受和社会予以肯定的消费认同。反面消费认同是个人常常力图避免和社会予以否定的。比如浪费性消费是一种反面的认同，与生态文明建设不相容，与和谐社会建设不相容。因此，有媒体报道，像中国这样一个仍处在发展中的大国，奢华浪费之风却开始蔓延，学者警告仅餐饮业一项，我国每年就要倒掉约两亿人一年的口粮，这是社会理性对个人非理性的否定，是典型的反面消费认同。

消费建构积极消费认同也建构反面消费认同。比如在"9·11"事件以后，美国人通过购买或悬挂美国国旗，表达对自己国家的热爱。根据消费认同的理论，这是消费者利用商品(国旗)的符号价值，来建构认同的最重要方式。不过，在同美国叫板的相关国家(伊拉克、伊朗、索马里、塞尔维亚)，星条旗被用来悬挂的作用被大大地弱化，人们购买美国国旗主要是用来燃烧。在美国同以上国家关系紧张之际，以上国家的反美的民众愤怒地焚烧的星条旗，这种民族主义的激情，为商业企业沃尔玛的商品销售量，增添了若干个百分点。可见，消费者利用商品的特殊符号建构消费的不认同。不认同又称反面认同，一旦消费者被排斥在正常的消费类别以外，被打入另册，那么他就会因消费的反面认同而背上了污名，就会因为受到社会的质疑而不能被社会完全接受，甚至常常受到排斥和歧视。比如某官员戴名表，被戏称为"表哥"；某些官员利用权力优势获得超过客观数量的房产称为"房叔"，最近还出现了"房妹""房婶"，在中央强调住有所居的政策下，媒体称上海、广州、北京等地出现了官员抛售豪宅现象，这些都体现了消费的反面认同，会将相应的消费被打入了另册。消费认同要不断予以管理，具体化为：要维护、传播和表达正面的、好的、积极的消费认同，要抗争、掩盖、避免对自己不利的消费认同。

消费活动是一种特殊而又重要的消费认同行为。消费者消费什么，不消费什么，一方面取决于消费者可支配的货币拥有量，另一方面也反映了消费者对某种有价值的东西的消费认同行动。中国的社会转型，肇始于改革开放，就消费领域来说，消费转型不但表现为社会消费结构的转型，而且也表现为消费者消费认同的转型。消费者愿意对自身的消费认同进行了实验性和创造性的改变，构成改革开放事业深厚的消费认同基础。改革开放前，尤其是“文革”期间，人们的个体认同和社会认同是高度政治性和同质性的。比如大家都在高唱“红米饭那个南瓜汤，挖野菜也当粮”，“新三年，旧三年，缝缝补补又三年”，清一色的海军蓝，清一色的中山装。当时的女性在穿着打扮上，不敢突出自己的女性特征，而穿旗袍、戴项链、涂口红被视为资产阶级的腐朽生活作风。因此，对这些东西的消费会使人背上污名。为了认同自己的革命者队伍成员的身份，大家在消费上千篇一律，不敢越雷池半步，因而使消费生活呈现高度的雷同和单调色彩。

改革开放以后，政治对消费领域由控制转向引领。消费生活于是被纳入市民领域，遵循着自己的规则，并成为塑造自我认同的基本领域。以女性为例，女性再也不掩饰自己的身理特征，相反探索和创造了自己的女性认同，随着“没有什么大不了”“做女人挺好”的广告堂而皇之地出现在各种媒体上，深度诱惑着一度被禁锢的消费者，既包括女人也包括男人。这些深度地改变着消费者的消费观。

消费观教育如何塑造消费者的认同框架？从宏观上讲，社会主义本质理论要成为全国人民的消费认同框架，科学发展观要成为消费认同框架。社会要引导消费者建构自己消费认同的基本准则。传媒和广告在后现代社会，已经成为培育消费认同的重要载体，传媒和广告的基本职能是：一方面要培训消费者找到适合自身消费的消费对象；另一方面，也要向消费者宣传如何根据自身条件建构应有的消费认同框架。

5.1.3 对消费边界的认同

消费观教育是要使消费者的消费认同秩序获得某种消费边界。这种边界表现为消费对象的来源边界、消费数量的控制限度、消费方式的使用限度，也就是生产劳动、不劳者不得食、按劳分配等事项成为消费边界的认同。现在的劳动提倡一种创新性的劳动。国家将创新劳动上升为国家战略，提出了创新是民族灵魂的思想，秉持解放生产力、发展生产力、消灭剥削、消除两极分化的思想来间接引导消费，来建构中国人的消费边界。消费边界教育一方面还要突出消费者选择消费品要有相应的限制范围，消费者不能无限地扩大自己的消费范围。如人们对粮食的数量选择，是受到自己胃肠容量限制的，因此，许多饭店开设了自助餐厅，人们可以放开肚皮猛吃，但是不能带回去，就是基于这一原理。去年夏天，某品牌饮料在校园搞中奖促销活动，有个学生手气特别好，买了一瓶，揭开盖子，中奖了，送一瓶。十分欣喜，一饮而尽之后又去货架拿了一瓶，揭开盖子后又中奖了，再一饮而尽。反复三次以后，他说肚子撑得难受。于是营业员劝他不要急于揭开盖子，先拿回去，慢慢用。这说明消费者对消费品的选择受到自己身理承受阈限的限制，同时也受到自己购买能力的限制。这就是消费边界理论在现实生活中最好的诠释。消费边界还表现为消费者对消费品发生影响的能力限制。古训“大厦千间，夜眠八尺”说的是消费者对住房的消费，哪怕再有钱，房子拥有量再多，作为一个消费者，消费住房的有效空间也是和自己的身体大小相对应的。房子太大了，卫生工作是负担，若家中人气不旺，就显得很寂寞。除了自己消费所占用对象的限制外，消费对象的获取也受到环境的限制。凭票消费、凭证消费、货币消费本身就是消费边界。消费边界的存在，使消费者获得了不同的消费空间，除了认同框架外，认同框架还使消费者获得了某种消费分层。

5.1.4　自我形象认同与消费维护

消费者自我形象认同与个人生活机遇的获取具有密切关联性。1997 年，加拿大著名学者通过广泛的调查发现，最好看的长相决定了收入，而不是财富决定了长相的好坏。外表会在一定程度上影响人的生活机遇是明显的事实。可见，人的外表审美特性成为个人人力资本之外的另一种资本，即形象资本。在某些情况下，拥有较高形象资本的人，即使没有教育资本和人力资本，仍然可以有较好的生活机遇，获得较高的收入。尤其是形象欠佳的女人，作为缺乏形象资本的人，常常会受到社会某种有形或无形的歧视，由此会失去了很多机遇。在很大程度上是先天因素决定形象资本，但是后天人们对此并是无能为力。现代化妆品的升级，医疗技术、美容技术的进展，创造人体美在一定程度上成为可能。人们为了维护形象资本，常常在化妆、饰物、美容、着装、出行代步工具等方面进行消费。尤其是一张有魅力、惹人喜爱的脸会获得更多认同，但这种认同往往需要消费者投入更多货币资本来进行消费维护。对脸部美化和维护的重要性决定了必须进行消费投入。化妆对大部分女性消费者来说，会使她们感觉更好，使她们变得更美，使她们有良好的心情和更多的自信，增加了她们的形象资本，并有可能在某些方面、某些范围内影响她们的生活机遇。由于媒体广告的不断唆使，其中最重要的内容就是对人的脸部的规范和重视，使得人们对外在形象尤其是脸部、头部看得很重，驱使消费者在化妆、美容上花的钱越来越多。消费者的形象和健康直接影响到消费者的形象和外表美。因此，消费者的饮食生活消费越来越趋于理性，为了防止过胖或控制体重，人们选择节食，尤其是女性，使得厌食成为现代人流行的现代病。各种减肥药物也是铺天盖地。现代人塑造自我的重要手段是进行体育锻炼，因此也增加了对各种体育设施器材的消费。此外，消费也成为一些有生理缺陷的人掩饰其缺陷的手段，正如吉登斯所言，身体成为现代性反思的一部分。①

认同的社会基础是身份。人的身份可以有三重理解：首先是“人类”的身份，就是所有人的同一性，这种同一性把人和其他的物种区别开来；其次是“人群”的身份，就是某些人共同具有的同一性，使得他们作为一个群体在某种方面体现出同一，而与其他人区别开来；再次是“个人”的身份，就是个体人与其他某些人共同具有的特定属性，使得他可以被归入某个群体中，并与不具有这种属性的人区别开来。人的身份所建构的同一性就是人自身在变化中的同一性以及人与人之间差异的同一性。

消费始终是伴随着情感介入的。从消极的方面看，消费可以摆脱饥饿带来的痛苦，从积极的方面看，消费可以获得多层快乐。消费不是一个单纯的满足生理需要的过程，而是一个满足心理和情感需要的过程。如感激、愉悦、得意、高兴、嫉妒、虚荣、失望、怨恨都是伴随消费过程常见的情感现象。在一定的经济条件下，在一定的社会消费环境中，个人的情感宣泄、满足、表达、释放或沟通不再是随心所欲的，受到社会条件以及社会结构的影响和制约。任何时代、任何经济条件下，个体情感满足或情感释放都要受到外界社会力量的限制。消费情感的社会存在方式包括社会表达方式、社会沟通方式以及社会宣泄方式。由于失去了财产会造成痛苦的感情，而获得财产又反过来成为许多人精神和情感的支柱。

① [英]安东尼·吉登斯.现代性与自我认同[M].赵旭东，方文，译.北京：三联书店，1998：115.

消费资料的私有制，包括生产资料的私有制，便成为许多人情感和人生意义的寄托。在这个意义上，资本主义的生产资料私有制与消费资料的私有与消费情感有着天然的联系。反过来，资本主义又鼓励这种消费情感，具体化为对财富追求的狂热、对消费的激情，资本主义生产资料私有制为享乐奠定了制度基础。

资本主义不断前进的动力在于狂热追求财富，资本对利润的攫取就是这种动力的落脚点，也表现为劳动者对工资的追求。而生产者要获取利润，必须通过商品交换的途径，即产品有消费者购买，而有能力购买商品的消费者，更多是依靠自己出卖劳动，获得工资之后，才能开展的消费活动。依据这种路径自然会出现生产的相对过剩和有效需求不足的矛盾。资本主义经济健康运行的条件之一就是鼓励和扩大国民的消费需求。于是，资本便有了控制、操纵的对象，那就是消费者的欲望、需求和情感。所以，今天的生产是产品的生产、消费激情和消费欲望的生产，核心是消费者的生产。在某种意义上讲，资本主义社会培育消费享乐主义，目的是为消费者提供一种“鸦片”，因为它挑动人们消费激情、引导人们消费至上的同时，使人们沉浸在物质享乐中，麻痹了人们的意志，而忘记了资本主义所主导的消费主义消费观所带来的种种问题。现代资本主义把人变成消费机器，变成彻底的消费者，因而，人变成了机器的一个附件，而不再是人。① 所以自我形象的维护离不开消费行为，这一过程还伴随着各种情感，资本正是以这些为载体，控制消费、控制人。

5.1.5　消费观教育认同的核心

生产的社会化带来与生产社会化相适应的消费认同。生产社会化，是指由原来小规模的、分散的个体生产变为大规模的、集中的、有效率的、有秩序的社会生产过程。随着科技创新的持续推进，协作范围越来越广，现代科技的不断应用，社会分工越来越细，生产过程也越来越具有社会性质，消费对象即消费品越来越打上了社会集体劳动的烙印。以生产住房为例，传统的社会住房是由居住者本人或全家自行劳动，用泥制成土砖，作为砌墙的材料，用秸秆作为铺盖屋顶

---

① 陈学明，吴松，远东.痛苦中的安乐：马尔库塞、弗洛姆论消费主义[M].昆明：云南人民出版社，1998：117.

的材料，这样的房屋低矮、潮湿、不透气、透光效果差，容易倒塌。后来土木建筑专业的兴起，为现代住房设计提供了非常好的技术支持；材料专业的兴起，为新型建筑材料的研发提供了丰富的技术支撑；机械设计行业的发展，为建筑领域提供了重型卡车、挖机、吊车等名目繁多的机械设备；同时建筑行业的工人也细分为泥工、瓦工、水电工、木工、油漆工等。这种社会化大分工大力提升了消费品的质量，也让消费品打上了别人劳动的烙印，打上了集体劳动的印记，标示着消费者与他人的联系越来越强。

生产社会化是现代化大生产的发展趋势，它是从资本登上历史舞台开始的。在资本主义社会，正是生产的社会化在发展过程中同生产资料的资本主义私人占有发生冲突，从而决定了实现社会主义公有和消灭资本主义私有制的不可避免性。“废除私有制甚至是工业化发展必然引起的，改造整个社会制度的最简明扼要的概括。所以共产主义完全正确地强调废除私有制是自己的主要要求”，因为“社会制度中的任何变化，所有制关系中的每一次变革，都是产生了同旧的所有制关系不再相适应的新的生产力的必然结果。”①因此，现代的消费观教育一定要从人与人之间的物质联系依赖性着手，人与人之间物质联系依赖性越强，生产社会化分工就越深、越细。

反过来，经过生产社会化机制所形成的产品，又要通过符号的方式进入消费体系，通过符号商品化和商品符号化的机制，消费观教育将文化世界中的意义转移到商品中形成了符号价值，使得商品成为意义的载体。对商品的认同奠基于对商品符号的认同，这是现代社会消费教育的必然结果。在消费行为建构认同的过程中，商品毫无疑问是最重要的基础，尤其值得探讨的是商品的符号意义问题。“如果我们渴望得到实物而且还指导他们的意义，就不需要广告添加意义了。……显而易见，大多数物品其本身意义并不充分。事实上我们渴望得到的根本不是物品本身，而是它具有的意义。”②在文化世界的意义转移到商品上去的过程中，广告、时尚系统毫无疑问是非常重要的工具。除了以上系统之外，现实生活中的电影、电视、文学作品、新闻报道，甚至教育体系，都在潜移默化地将

① 马克思，恩格斯.马克思恩格斯选集：第1卷[M].北京：人民出版社，1995：237-238.

② [美]詹姆斯·特威切尔.美国的广告[M].屈晓丽，译.南京：江苏人民出版社，2006：15.

文化世界的意义投射到商品之中去。我们更关注的是，在时尚、广告这些具体的工具形式背后，有什么样的深层机制推动着意义向商品的转移。

商品的符号价值为消费建构认同提供了意义基础，但是消费并非直接等于商品本身，人们在消费过程中建构消费认同具有能动性，消费者在消费过程以不同的方式继承或者改变甚至反对商品的符号价值，从而建构起与他人相联系的意义关系。这就是通过消费观教育培育消费认同的核心，即引导人们针对商品的符号价值，在继承、改变、反对三者之间进行选择。

5.2　改革开放以来消费观教育达成的政治目标认同

消费观教育的政治目标认同要具体化到对社会主义制度的认同，而社会主义制度认同的重要中介就是体现共建共享的国家消费观。

5.2.1　消费者对共建共享的社会主义财富生产消费模式的认同

社会主义初级阶段，社会主义制度与中国特色社会主义道路一脉相承，社会主义制度表现在中国特色社会主义的整体布局之中。中国特色社会主义道路，就是在中国共产党的领导下，立足基本国情，以经济建设为中心，坚持四项基本原则，解放和发展社会生产力，巩固和完善社会主义制度，建设社会主义市场经济，社会主义民主政治，社会主义先进文化，社会主义和谐社会，建设富强、民主、文明、和谐的社会主义现代化国家。[①] 中国作为一个拥有13亿消费者的大国，消费者的消费差异性所形成的社会问题的多样性，13亿消费者不断增长的物质文化生活需要等问题日益凸显。这些问题，需要一个强有力的政党即中国共产党来协调解决。中国共产党所以能够协调这些问题是基于共产党秉持执政为民、立党为公。而广大人民群众的根本利益最终要落实到消费利益上。目前中国共产党致力于实现与维护中国消费者的消费利益，让人民"学有所教、劳有所

① 胡锦涛.高举中国特色社会主义伟大旗帜，为夺取全面建设小康社会新胜利而奋斗——在中国共产党第十七次全国代表大会上的报告[R].北京：人民出版社，2007：19-20.

得、老有所养、病有所医、住有所居”。立足本国国情是因为国情的变化决定消费生活的变化。改革开放前，中国人口多、底子薄，经济社会发展不平衡，生产力水平低，而且要将消费重点放在重工业生产消费上，国家提出了在一个相当长的时间内逐步实现社会主义工业化的任务，因而实行了抑制生活消费的政策。改革开放后，经济体量迅速增大，因此，国家提出了拉动内需的政策，并提出了一个重要的理念——着重发展民生。

资本主义社会大生产、大消费、大丢弃的消费观，其消费观教育的政治目标认同是适应资本逻辑，在资本逻辑的设定下，人的位置始终在利润之下。社会主义制度下，和谐社会绿色消费观实现了对资本主义消费观的超越，和谐社会绿色消费观的理论渊源来自马克思主义理论内核分布于中国化马克思主义理论之中，以人为本是和谐社会绿色消费观的本质要求。而对以人为本的社会主义诠释，就是把发展的成果真正用来实现提高最广大人民生活水平，运用社会分配原则将发展成果真正用来满足广大人民的物质文化生活需要。胡锦涛从国家消费观角度，将社会主义制度具体阐释为：“要坚持求真务实，时刻关注民生，要把实现最广大人民的根本利益落实到改革、发展、稳定的各项工作中去，重视解决人民群众最现实、最关心、最直接的利益问题。”①中国共产党的民生，就是人民群众的生活，包括生产生活和消费生活。胡锦涛进一步从消费领域阐释社会主义制度：做到发展为了人民、发展依靠人民，发展成果由全体人民共享，要始终把不断实现好、发展好最广大人民的根本利益，作为党和国家一切工作的出发点和落脚点，把改善人民生活作为经济社会发展的目的和归宿。② 这一系列论述把共建共享的社会主义财富生产消费模式具体化、可操作化。

5.2.2 消费者对关注民生执政理念的认同

关注民生、关注消费是社会主义基本制度得到认同的前提。社会生产力的高度发展是社会主义民生的不断改善的前提。如果没有生产力这种发展，那将只能是贫穷乃至极端贫困的普遍化；而在极端贫困的情况下，必须重新开始争夺必需品

---

① 胡锦涛.要大力促进经济社会全面协调可持续发展[N].人民日报，2005-4-12.

② 胡锦涛.高举中国特色社会主义伟大旗帜，为夺取全面建成小康社会新胜利而奋斗——在中国共产党第十七次全国代表大会上的报告[R].北京：人民出版社，2007.

的斗争，全部陈腐污浊的东西又会死灰复燃。[①] 马克思在《哥达纲领批判》中，提出通过社会生产全面发展，社会生产力水平空前提高以后，消除脑力劳动和体力劳动的对立就成为可能，"随着个人全面发展，他们的生产力也增长起来，而集体财富的一切源泉都充分涌流之后，—— 只有在那个时候，才能完全超出资产阶级的狭隘眼界，社会才能在自己的旗帜上写上：各尽所能、按劳分配"。[②]《反杜林论》一文指出："社会占有大量生产力只是手段，而生产力发展的真正目的则在于：保证而且是以不断增长的规模来保证社会全体成员都有生存和自由。"[③]

正是基于此，邓小平指出，不坚持社会主义，不实行改革开放，不发展经济，不改善人民生活，只能是死路一条[④]。长期以来，人们总是说社会主义制度要比弱肉强食、损人利己的资本主义制度好得多，社会主义能够使生产力比资本主义更快更好地发展，因此邓小平强调实行改革开放的迫切性，迫切到不改革，就只能是"死路一条""葬送社会主义事业"。

邓小平关于消费观教育的很多论述都强调从注重发展生产，注重科技创新以及提高生产力总量等途径来展开消费观教育。马克思在《德意志意识形态》一文中指出：消灭异化的两个实际条件都是"以生产力的巨大增长和高度发展为前提的"；社会的劳动分工也只有当"生产力已经发展到"使"私有制和分工已经变成了它们的桎梏"的时候才会消灭；《共产党宣言》把"尽可能快地增加生产力总量"作为无产阶级夺取政权以后的一项极其重要的任务提出来[⑤]。

社会主义制度在资源配置方面，引入了现代市场经济，这种资源配置方式比传统的计划经济有更为有效的优点。但我们也不能不看到市场在资源配置方面又存在固有的缺陷：一方面，市场本身难以提供给买卖双方完全公平的竞争环境和提供完全对称的供需信息；另一方面，市场调节资源配置本身还因为功利驱动，其调节具有盲目性、自发性、滞后性等消极的一面。社会资源配置仅靠市场经济本身的运转，就不可避免地出现周期性经济危机，难以实现社会经济长期稳

---

① 马克思，恩格斯.马克思恩格斯选集：第1卷[M].北京：人民出版社，1972：86.

② 马克思，恩格斯.马克思恩格斯选集：第3卷[M].北京：人民出版社，1972：305-306.

③ 马克思，恩格斯.马克思恩格斯选集：第20卷[M].北京：人民出版社，1971：164.

④ 邓小平.邓小平文选：第3卷[M].北京：人民出版社，1993：370.

⑤ 马克思，恩格斯.马克思恩格斯选集：第1卷[M].北京：人民出版社，1995：272.

定，更难以应付生态危机、环境危机和资源危机等未来的重大挑战。为此，必须有国家这一实体对市场活动进行宏观调控，以此弥补和克服市场配置资源的局限性，以推进经济结构不断优化升级，保持经济总量的基本平衡，引导国民经济快速、持续、健康发展，推动社会全面进步。消费认同之所以能够成为意识形态，从消费这方面看，正是因为消费作为满足生产者和消费者及其整个社会需要和人类获得建构意义的行为，为消费者所带来的愉悦感为意识形态发挥作用提供了基础，能够在消费中以诱惑引导服务消费者而非暴力方式达到服务于权力的目的，为执政合法性提供了论证基础。

消费观教育要通过渗透规范马克思主义收入分配理论，达到全社会对国家消费意识形态的认同。第一，对于劳动者的合法收入，要依法保护。在社会主义初级阶段，消费者知足常乐的背景下，鼓励和允许一部分人通过合法经营和诚实劳动先富起来，特别是允许生产要素包括资本、技术等参与收入分配。第二，提出要依法取缔非法收入。第三，对于高收入，要通过不断调整消费税，完善个人所得税制度，开征遗产税等新税种来约束，限制贫富两极分化。第四，对于低收入者，要依法保障其基本生活；对特殊人群，比如老弱病残、鳏寡孤独等要实行社会救济，使他们的基本消费生活得以顺利实现。通过完善各种调节机制，逐步理顺分配关系，形成合理的收入分配格局，最终达到共同富裕。由此，促进中国共产党民生执政理念在社会得以推行。这就是说消费观教育要达成消费者对民生执政理念的认同。

5.2.3 消费者对党的共同富裕奋斗目标的认同

改革开放以来，共产党执政合法性在于带领全国人民追求共同富裕。因此，要向广大消费者进行共同富裕的认同教育，这种认同教育要从幼年的社会化时期开始，父母、兄长、亲属、邻居、老师均向幼儿灌输共同富裕的社会目标期待。社会群体成员免于匮乏，要从社会成员的思想意识开始。和谐社会绿色消费观教育要向社会灌输一种焦虑：那就是如何摆脱贫困，解决基本温饱问题，使社会更加和谐，使两极分化越来越小，使社会认同度越来越高。对和谐社会绿色消费观的认同本身就是构成社会快乐的来源之一。

共同富裕教育要培育对消费选择的范围和自由度的认同。消费选择范围和自由度，是不断进化的。其制约因素包括社会创新的速度、社会分工的程度、社会自由流动的程度、人们收入水平的提高速度等。当社会创新程度不高，甚至近百年生产处于“零创新”的阶段，社会分工程度不高，社会自由流动也受到限制时，那社会本质上就陷入一种短缺经济时代，消费选择和自由度就受到极大的限制，其极端形态就是“没有选择”，就是全体贫穷。一般来说，消费选择总是与现代性相联系，是现代生存条件在物质方面优于传统生存条件的某种体现。一个国家和地区的现代化程度越高，人们消费选择范围就越大。

消费的最终目的是为了满足人的需要，提高人的素质，促进人的全面发展。这里的人既是单个的人，也是复数的人、集体的人，是包括 13 亿全体人民在内的广大消费者。这一论述为党的工作指明了方向，那就是要统筹各方面的利益关系，为和谐消费创造条件。胡锦涛在中国共产党第十七次全国代表大会上的报告中指出：“必须坚持以人为本。”以人为本就是把人放在第一位，在消费领域，就是把促进人的全面发展、满足人的需求作为出发点和落脚点，并把促进消费者的全面发展与构建社会主义的和谐社会作为建设小康社会的重要目标。这充分体现了中国共产党以人为本、以人民的利益为根本出发点的执政理念。落实途径就是运用统筹兼顾的方法，推行和谐消费。

总之，和谐社会绿色消费观作为中国化的马克思主义消费观，逐步形成并发展为一个完整的消费思想体系。它对于指导我国生产消费、生活消费，批判各种错误的消费观，在经济全球化的大背景下，社会分层日益明显，各方面利益诉求相距较大，推进中国和谐消费观教育具有重大的理论意义和实践意义。

5.2.4　消费者对消费选择自由及其消费边界的认同

消费选择自由是与市场经济相伴而生的，而个体自由决定了消费选择自由。一方面，市场经济的交换机制内生于市场经济之中，人们遵循共同的交易秩序和交易规则，在自愿的基础上进行交换。另一方面，市场经济大力推进自由竞争，由此推进生产工具不断改进，生产价格不断下降，商品的产量和质量不断提高，从而扩大了消费选择范围和自由度。最后，市场经济是以劳动者的工资来获得消费自由度的。在竞争机制的作用下，根据双向选择的原则，谁提供相对理想的工资，就去谁那就职，由此摆脱了过去封建农奴对封建主的人身依附关系，也带来了社会组织方式的转型。

传统社会向现代社会转型的后果之一，就是同质社会向异质社会转型，或同质个人向异质个人转变。① 个人消费的异质化不是生理性改变的结果，而是由于社会分工带来的角色、职业和技能异化和多元化。同时，由于社会的系统整合程度较高，社会秩序更多地建立在系统整合的基础上，而不是建立在社会整合的基础上，因此，伴随着社会道德宽容度的提高，个人具有了较高程度的消费自主选择权力和较大的消费自我表现空间。

消费选择自由的扩大并不意味着消费是没有边界的，消费的边界受到消费者自身的承受能力的限制，受到消费者之外的其他消费者的心理承受能力的限制，受到消费者自身所依托的消费空间的限制，受到消费者所处环境的限制。以上诸多限制就组成了消费的边界。比如就消费者自身的经济条件、身体条件共同构成对消费者消费边界的认同。除此之外，消费者消费活动也受到社会习俗、环境等的约束，这些制约自然也形成消费者的消费边界。胡锦涛正视我国消费差距过大、需求结构失衡、环境和资源压力加大对消费边界确立所形成的威胁，从如何转变经济发展方式，如何坚持科学发展，如何建设生态文明的高度提出适度消费的思想，本质是要求全体消费者建构科学消费边界。他从国家的全局角度，提出要“增强发展协调性……居民消费率稳步提高，形成消费、投资、出口协调拉动的增长格局”，在消费者与环境的边界上，要“建设生态文明，基本形成节约能源资源和保护生态环境的产业结构、增长方式、消费模式”。② 我们只有不断促进经济增长、产业结构、消费模式三者之间良性互动，形成彼此互相促进的良性格局，并在此基础上建立消费者消费格局，才能最终构建成生态文明型的消费新边界。

5.3 改革开放以来消费观教育达成的消费合宜性认同

改革开放以来，随着中国日益走向物质丰裕社会，在消费观教育方面，要突

① 王宁.消费社会学[M].北京：社会科学文献出版社，2011：76.

② 胡锦涛.高举中国特色社会主义伟大旗帜，为夺取全面建设小康社会新胜利而奋斗——在中国共产党第十七次全国代表大会上的报告[R].北京：人民出版社，2007：19-20.

出协调好消费者同自己的身心健康的关系、消费者与生产者关系的、消费者同社会的关系。这种理论关系达成的前提是通过消费观教育达成消费者在消费活动中的多重关系认同。

5.3.1　对合宜消费行为的认同

一、合宜性的标准:以人为本的和谐消费

人作为会判断的社会生物,能够对其以消费为基本环节的生命过程进行思考、分析、比较、判断乃至批判。这个过程是消费观的形成过程。从个体消费的视角看,每个消费者都有决定自己生活消费的权利,这种权利是至高无上的。但是消费者的消费活动作为人类生存繁衍方式的重要组成部分,需要具有合理性与恰当性。从这个角度上讲,消费观有恰当与不恰当、合宜与不合宜、科学与非科学、理性与非理性、正确与错误之分。因此,国家要通过消费观教育,让消费者对合宜性消费予以认同,培养消费者对不合宜性消费观负面认同的能力。以肯定的方式对以人为本的绿色消费观予以正认同,就是要培养理性对待消费的能力,以恰当的途径实现合理消费,以科学的态度建构和谐社会绿色消费观。和谐社会绿色消费观教育的目的,就是要让消费者明晰在生活的过程中如何合理消费,让消费与生产同一性原理不被抛弃和背离。

首先,通过消费观教育达成对合宜性消费的认同,有助于对和谐社会绿色消费观予以理论建构。和谐社会绿色消费观,指政府在制定消费政策的过程中,要使其内容一方面符合人的全面发展的各项要求,另一方面要促进社会经济文化发展,利于人与自身的和谐、人与生产的和谐、人与社会的和谐、人与环境的和谐的消费观念和消费行为。从合宜性消费的目标建构来说,和谐社会绿色消费观教育,要引导消费者看到人的正当消费欲望得到满足的必要性、合理性,合宜性消费是满足人的全面发展的前提。合宜性消费的两个维度就是必须既要满足人的物质需要又要满足其精神需要,同时还要防止人的虚假需要遮蔽人的精神需要,压制人的批判精神。人的需要分为真实需要和虚假需要:真实需要能引导人与自身和谐;虚假需要能从人与自身不和谐开始,最后全面导致人与社会的不和谐、人与人的不和谐、人与环境的不和谐。虚假需要是在现代商业手段主导下,

以实现商业利润最大化的目标为主导，所诱发消费者的非真实需要，甚至病态需要。其次，通过消费观教育实现对合宜性消费的认同，有助于经济发展与社会和谐的同步性。生产、分配、交换、消费是经济活动的四重节奏，这四重节奏发生在13亿消费者之间，他们相互影响、相互促进，形成了极其复杂的经济关系，所以就整个中国经济社会来说，应该结合中国经济发展水平，对消费活动，在统筹兼顾的方法论下，做出有效的引导和规定，从而最大限度地使消费活动遵循马克思的生产与消费同一性理论，发挥消费对经济成长的促进作用。最后，通过消费观教育达成对合宜性消费的认同，有助于推进中国经济社会的可持续发展，以及促进人与自然的和谐。由于人生活在地球上，地球在每一时间内所能满足生产消费和生活消费的资源有限，这就是消费者消费边界确立的总依据。因此，消费者只能在这个环境承载的有限范围内进行生产与消费，否则环境和生态的承载量就会被破坏，甚至还可能造成代际资源的争夺，从而影响后代人的生存与发展权利。因此，通过和谐社会绿色消费观教育达成的合宜性消费目标，要考虑诸多方面，那就是个人的需要、社会条件、他人的需要、自然条件。通过和谐社会绿色消费观教育达成的合宜性消费的认同，是一种可持续消费和公平消费。在人与自然的处理方法上，不能毫无节制地开发自然资源，要考虑子孙后代的需要与生态平衡；要认识到消费过程中GDP决定论的危害，认识到消费者采用拼资源、拼能源、拼环境的高投入、低产出的粗放型发展方式的不可持续性；要旗帜鲜明地批判虚假消费观，反对消费者放弃对消费边界的坚守，单纯地以占有为目的，大丢弃、大消费、大浪费；要否定那种由工具理性所主宰的消费观。

二、和谐社会绿色消费观教育要求

和谐社会绿色消费观教育的核心是以合宜为旨趣，表现为消费者身心合宜、生产与消费的关系合宜、消费与环境的承载能力合宜。和谐社会绿色消费观标志着消费观生成、消费观教育达到新境界。以合宜性消费为旨趣的、以人为本的和谐消费，是促进经济发展和改善环境的相得益彰。和谐社会绿色消费观，要求消费观教育的实施者要扬弃为消费而消费的狭隘性，反对消费意识形态允许生产者以利润为中心的不择手段，以规避消费者由于生产者、流通者的自私、贪婪和奢侈的欲望驱动而可能遭受到的各种伤害；要求消费观教育实施者积极地探求消费者生命的深层意义，科学、合宜、合理地调整消费者的生活方式。和谐社会绿色消费观，要求消费者自觉研究、思考分析消费活动的科学边界，自觉遵循健康消费理论和规范；和谐社会绿色消费观的合宜性消费，就是要摆脱消费者的自我本位，引导消费者关注其个体消费行为对社会、他人、环境以及子孙后代的长远影响。

基于合宜性为旨趣的和谐社会绿色消费观教育，是实现国民经济稳定健康的基础。推进和谐社会绿色消费观教育，有利于促进宏观经济结构的合理化；有利于合宜地扩充消费市场，传递科学的市场信息，使消费者所接受的服务的种类和人们所消费的各种商品能反映真实的国民需求，使国民经济发展所需要的客观的而不是虚假的、歪曲的信息全部来源于消费市场上广大消费者的反馈。和谐社会绿色消费观教育有助于协调经济运动的四个环节即生产、分配、交换、消费的关系。一段时间以来，重积累轻消费的发展或者消费比例偏低的发展，放在中国目前经济体量下，都是背离和谐社会绿色消费观的；以人为本的和谐消费需要平衡生产与消费之间关系，特别是要科学诊断当下消费结构是否与当下资源状况及中国社会发展阶段相匹配。

5.3.2　合宜性消费观教育与人的全面发展

合宜性消费观教育有利于促进人的身心健康发展，有利于满足从社会整体需要出发的物质、文化、生态的发展。“当人们还不能使自己的吃、喝、住、穿在质和量方面得到充分供应的时候，人们就根本不能解放。”①物质资料的消费是人的全面发展的前提与基础，而文化、生态的需要是人可持续、和谐发展的需要，马克思称之为“高级的享受”和“高级活动”。

合宜性消费观教育有利于促进人的素质的全面提高。人的素质可分自然素质和社会素质。人只有消费一定的物质生活资料和医疗服务，才能有生命地存在；只有在物质生活资料不断改善和医疗水平不断提高的条件下，人的自然素质才能提高。然而人之所以成为人，主要不在于他是一个自然人，更重要的在于他是一个具有一定的文化素质、文化人格和文化追求的社会人，而人成为社会

① 马克思，恩格斯.马克思恩格斯全集：第42卷[M].北京：人民出版社，1979：368.

人以及全面发展的人的一个基本条件就是进行文化消费。人的素质的提高是人全面发展的核心和灵魂，因此，人要想得到全面发展，提高自身的素质十分重要。

合宜性消费观教育有利于促进人的能力的充分发挥。人要在生存、享受和发展方面的需要得到满足，就必须要全面提高人的能力。人的素质和能力的发展是进一步取得成就的基础，是“人的本质力量的公开的展示”。① 消费总是指向物品的有用性，并追求物品的最大效用。因此，不论从宏观上的国家还是微观上的家庭或个人，资源稀缺的限制和效用最大化目标，都是消费观教育不能回避的问题。消费观教育的认同不得不强调物品的功用，注重消费的实用性，并以人与自然合一的规律来权衡消费适当与否。任何不从实用或者使用价值的角度进行的消费，都是不合理的或者非理性的，在消费伦理上都是非道德的、浪费的。然而在今天，人们购买商品并非为了满足原来的需要，而是为了炫耀，为了显示地位，为了无聊以至于不切实际地幻想等光怪陆离的原因，似乎完全不符合理性经济人假设。“消费系统并非建立在对需求和享受的迫切要求上，而是建立在某种符号（物品、符号）和区分的编码之上。”②

以人为本的绿色消费观教育，重在推进以消费者为中心的多维关系的认同，对真实需要的正认同，对虚假需要的负认同，对生产与消费的同一性认同，由此延伸到对创新技术、创新生产方法、创新产品的认同；进一步发展到对发展教育的认同，对科教兴国战略的认同，对人才强国战略的认同。对资源稀缺的限度和效用最大化目标的认同，是消费观教育不能回避的话题。

5.4 对均衡消费的认同

5.4.1 从消费领域的非均衡到消费均衡目标的追求

通过消费观教育还要达成对均衡消费的认同。我国 960 万平方公里的土地

① 马克思，恩格斯.马克思恩格斯全集：第 42 卷[M].北京：人民出版社，1979：128.

② [法]波德里亚.消费社会[M].刘成富，金志钢，译.南京：南京大学出版社，2000：70.

上,有着众多的人口和辽阔的可居住空间,蕴含着丰富的自然资源和人力资源,这些丰沛资源为我国经济社会发展提供了得天独厚的优势;但是广阔的土地也造成了资源条件差异和人口分布差异,为我国推进共同富裕,实现消费公平带来了一定的困难。我国经济社会发展不平衡带来的消费不平衡是既成事实。目前我国有接近甚至超过发达国家消费水平的大都市如北京、上海、广州等,同时又有与这些地区形成鲜明对比的中西部极不发达地区。一边是城里的人出门乘坐地铁、公交或开私家车,另一边是老少边穷地区的人们穷得甚至连买盐的钱也没有。我国的消费总现状是既有消费水平较高的东部沿海地区,又有经济十分不发达的西部内陆地区。目前我国消费的不平衡表现为东部地区与西部地区的差异、沿海与内陆地区的差异、城乡之间的差异。这种现状严重制约着我国共同富裕目标的实现和均衡消费目标的实现。

我国消费不均衡的形成有一个漫长的历史过程。上海是我国工业化发展的摇篮,19世纪下半叶以来,随着外国资本的入侵,我国沿海地区和长江中下游地区因为交通便利、农业基础好,首先发展了起来。从这个角度分析,今天中国消费不平衡的基础在100多年前就奠定了,经过多年发展,虽然中西部地区发展速度提高很快,但基本的消费不均衡状态没有改变。改革开放以后,在党的"让一部分地区一部分人先富起来"的政策引导下,各地经济总体水平提高很快,但消费提升的速度却呈现很大差异,表现为极度的不平衡。

针对我国消费领域不均衡的现实,必须以和谐社会绿色消费观教育实现对均衡消费的认同。实现均衡消费的目标有根本的方法论做保证,那就是统筹兼顾理论。科学发展观中的统筹兼顾理论,说明党和政府已经认识到生产领域的不均衡必然导致消费领域的不均衡;消费领域的不均衡必然影响人的自由全面发展进程。科学发展观潜藏着中国共产党将均衡消费观视为目标追求。而实现城乡消费均衡认同的路径必然是:大力发展农村经济,花大气力解决农业、农村、农民问题,全面扭转城乡二元结构的发展差异,推动农村经济社会协调发展,破解城乡二元结构。而破解区域消费不均衡的现实,同样离不开方法论工具:统筹兼顾。统筹区域发展的方法论与实施区域发展总体战略的有机结合,把振兴东北老工业基地、西部大开发、促进中西部地区崛起三大问题协同解决好。实现区域消费均衡目标的方法论工具就是"要推进科学发展,促进社会和谐,必须更加自觉地运用统筹兼顾的办法,正确反映和兼顾不同方面的利益”。[1] 只有统筹兼顾的方法,才能最终培育与支持中西部地区人们的消费力,通过振兴这些地区的消费来推动经济成长。落后的中西部地区消费水平低下,直接影响这些地区发展所依赖的消费层面的推动力。因此,只有大力促进农村地区和中西部地区消费力的提高,才能推进中国特色社会主义事业奋斗目标的最终实现。为此,政府应当调整政策导向,彰显社会主义制度优越性的功能,使国民收入分配不断向农村人口、中西部地区等低收入人群和社会弱势群体转移。研究表明,高收入家庭40%以上的收入用于储蓄积累和投资,而低收入家庭消费率高达90%以上,由此得出家庭消费随收入的增加而递减的规律。[2] 所以均衡消费的认同不但是邓小平的“两个大局”以及“先富带动后富”的伟大构想的正确思路,也是保证经济稳定增长的正确路径。

5.4.2 从社会生活变化到均衡消费的实现路径

改革开放40年来的实践雄辩地证明,改革开放推动了中国社会的深刻转型。这种转型的效果,从国家的角度看,国际地位明显提高,国家的综合国力显著提高;从人民生活水平的角度看,人民的衣食住行等方面的生活水平发生了显著变化,这些变化表现在以下数字上:我国国内生产总值(国内生产总值表明物质生产数量的变化态势,表明人民群众消费数量的变化趋势)从1978年的3 624.1亿元提高到2007年的24.66万亿元,增长了67倍;占全球比重由1978年的1%发展到5%,由世界第11位跃升到世界第4位[3]。这些数据的变化,反映了我国居民可消费对象数量的急剧增加。除了消费数量增加之外,还有消费种类的增加,这从进出口总额数字可以侧面反映出。进出口是一个互通有无的过程,出口数量增加一方面反映了我国劳动力就业机会的增加,而就业机会增加为进一步获得劳动报酬,为进入更高层次的消费水平提供了条件。2007年,我国的进出口总额比1978年增长了104倍(1978年206亿元,2007年2.17万亿元),从1978年占全球比重不足1%,发展到2007年占全球比重的

① 胡锦涛.在中央经济工作会议上的讲话[N].人民日报,2007-12-5.

② 李义平.怎样使消费成为拉动经济的重要力量[N].人民日报,2009-5-11(7).

③ 徐崇温.中国特色社会主义理论体系研究[M].重庆:重庆出版社,2011:311.

8%，由 1978 年世界的第 32 位一举跃到世界第 3 位。我国外汇储备由 1978 年的1.67亿元提高到 2007 年的 1.52 万亿元，增长了约 9 101 倍，由世界第 40 位跃升到世界第 1 位[①]。中国改革开放的全面推进，带来了政府财政收入的迅猛增加，为政府发展社会公共事业，特别是向弱势群体倾斜，提供了可能性。我国财政收入由 1978 年的 940 亿元提高到 2007 年的 5.13 万亿元，增长了53.6 倍。[②] 从人均可支配收入的变化可以测度我国人均购买力的变化趋势。我国的人均国民收入由 1978 年的 343.4 元发展到 2007 年的 13 786 元，增长了 39 倍。从我国人均预期寿命的变化，可以测度我国人民消费生活水平提高对生命质量的积极影响。从 1978 年的 68 岁到 2007 年的 73 岁，是我国的人均预期寿命的变化数据。中国经济的飞速增长客观上带来了消费的不平衡，但中国经济的飞速增长也进一步为实现消费平衡创造了条件。

不仅中国人感受到自己消费生活的巨大变化，而且外国人也明显感受到了中国人生活质量的变化，中国正进行着消费的深刻转型。1997 年 2 月 26 日，《亚洲华尔街日报》(*The Wall Street Journal Asia*)描述了中国人消费生活的变化："今天，中国人民可以选择多彩的服装和具有个人风格的发型了，他们越来越多地到全国各地旅游，按照自己的意愿变换工作。"1997 年 7 月 21 日，德国《法兰克福汇报》(*Frankfurter Allgemeine Zeitung*)从中国就业模式的变化，看到了中国人消费结构的变化："在数百万人的职业生涯中不再受企业、单位影响，而是自己对培训和选择工作单位做出决定，数百万人变成个体户或者是为外国公司工作，大约有两亿人是流动的短工，为了找一份收入较高的工作，他们前往其他城市或省份。"日本人也关注到中国人消费生活的变化："改革开放以后，人们摆脱了种种束缚，思想活跃，加上大量国外信息的流进，人们的价值观念趋于多样化，人们从以往被动消极状态转向主动积极状态。"[③]这些变化表明，在今天中国共产党致力于发展社会主义物质文明和精神文明基础上，在人民群众消费生活发生巨大变化的基础上，不断推进人的全面发展的任务的客观条件日趋成熟。

实现均衡消费的理论依据是科学发展观。科学发展观的形成，一方面是奠

---

① 徐崇温.中国特色社会主义理论体系研究[M].重庆：重庆出版社，2011：311.

② 徐崇温.中国特色社会主义理论体系研究[M].重庆：重庆出版社，2011：311.

③ 转引自：龚耘，胡向辉.社会主义与人的全面发展[J].社会主义研究，2003(03).

基于我国改革开放的实践，紧密贴近社会主义初级阶段基本国情，不断地借鉴国外发展经验，尤其是西方大国的发展经验，适应中国新阶段、新世纪的发展要求提出来的。西方有关发展的经验，在某一时期具有重大启迪意义，但是对后来的发展可能又形成新的禁锢。比如，二战以后，资本主义世界把加快经济增长奉为人类社会发展的共识，特别是刘易斯提出了轰动一时的宏观经济理论，刘易斯理论本质上就是把发展等同于经济增长。但是，这种经济增长是建立在资产阶级财富增长基础之上，是以一部分人发财致富，另一部分人贫穷困苦为代价的不均衡发展。

均衡消费的实现路径，应该是不断致力于改善全体人民群众消费的质量和结构，使 13 亿人民不管是东部还是西部、城市还是农村，让他们吃饭讲营养、穿衣讲漂亮、住房讲宽敞、出行讲快捷。并在此基础上，使人民的生活水平逐步提高，消费结构升级，生活更加富足；使人民增进健康，提高素质，开发智力，提高文明程度。

第6章　和谐社会的绿色消费观教育及其困境

改革开放以来，中国消费观教育转型，从消费观的政策导向上看，由原来的“抑制生活消费，促进生产消费的消费观”教育，转变到现在的“扩大内需，刺激消费”的政策性消费教育导向；从消费观教育内容上看，由原来的节俭教育到现在的主流是适度、非主流是浪费，以及外来的消费主义消费观教育；从消费观教育的主体看，由原来的家庭教育、消费者自我教育发展到现在的陌生人社会中消费者之间的相互模仿性教育（如示范、从众、炫耀）；从消费观教育的资源看，由原来的本土性、传统性教育发展到现在的外生性、解构性教育；从消费观教育转型发生背景看，由前现代到现代乃至后现代，由前工业社会发展到后工业社会；从消费观教育转型的效果看，由原来的一元主导性消费观教育发展到现在的多元共生的消费观教育；从消费观教育转型的心理感受看，由原来的相对幸福的消费者到现在的消费者幸福感相对缺失甚至出现相对剥夺感；从消费观教育转型的内容看，由原来的艰苦奋斗到现在的和谐社会绿色消费观与消费主义消费观的抗争；从和谐社会绿色消费观实现路径看，由改革开放前的共同贫穷到现在的一部分人先富起来与贫富两极分化日益明显，以及为扭转两极分化，追求实现共同富裕而不断探索；从和谐社会绿色消费观实现方法看，由十七大以前的以GDP为中心到现在的和谐社会绿色消费观，出现了一方面以资本鼓噪为方式的追求资本增值与追求综合效益的教育抗争；从消费观教育中处理天人关系的角度看，由改革开放之前的人定胜天到改革开放之后的天人对立到现在的天人合一的生态消费观教育；从生产、消费发生的空间、时间变迁看，消费观教育由生产、消费基本合一到生产消费分离，由原来的生活消费观到现在的生产消费观与生活消费观同时并存。从消费观教育的价值形态变迁看，由原来的注重使用价值的消费演变为现在的符号价值消费，并形成了符号暴力，导致消费观教育中出现了消费强制；从消费观教育的环境转型来看，由原来的商品匮乏到现在的商品丰裕，由原来的单一认同到现在的多维认同，由注重消费者与自己基本需要满足的关系发展到要求协调消费者与自身、消费者与生产、消费者与社会、消费者与他人、消费者与环境的关系。

6.1 和谐社会绿色消费观的理论来源与形成

6.1.1 马克思消费理论的“以人为本”意蕴

马克思和谐社会绿色消费观意蕴体现在人的全面发展理论上。人的全面发展在马克思那里表述为，人作为一种单数和复数的集合体，需要从控制不利因素和发展有利因素两个维度有目的地来发挥人的主观能动性，并在此基础上，促进社会的物质财富科学合理增长，尽可能地消除人类社会发展的盲目性。为此，对人类社会的运行发展要科学分析，对可能出现的问题要提前预见、采取有效手段，克服人的发展中即将遇到的各种风险和问题。只有在这样一个层面上，才能实现人的全面和谐发展。马克思关于“每个人的自由发展”的理论，先后在《资本论》《英国工人阶级的状况》《德意志意识形态》《反杜林论》《共产党宣言》中提出。在《资本论》中，马克思提出了“每个人的自由全面发展”，在《反杜林论》中提出了“每一个人的全面发展”。马克思认为，人的本质要求、文明社会的发展趋势以及未来社会的建立均要指向于人的全面发展。

马克思认识到人的全面发展有利于人的兴趣和才能、天赋与潜力得到充分发展，有利于人的个性、才能、身体能全面地丰富和不断地提升，因此应根据人的智力、能力、体力、道德境界等方面的发展程度，来规划人的发展、引领人的发展，而不能仅仅根据人的劳动能力让人自发地发展。由于生产力状况制约着人的发展程度和水平，因此，人的全面发展是一个历史的、没有终点的过程。而人的片面发展是根基于生产力不发达，根基于社会分工的深度不够。只有通过科学的社会分工，才能创造高度发达的社会物质条件，才能为人的全面发展提供前提条件。为此，马克思深刻指出："他们是什么样的，这同他们的生产是一致的，既和他们生产什么相一致，又和他们怎么生产相一致。因此，个人是怎么样的，这取决于他们进行生产的物质条件。"①客观地说，资本主义生产力的发展，为人的全面发展创造了条件，但是资本扩张性的社会劳动和社会关系的存在，使资本主义文化中一些空虚、道德堕落的元素，进一步波及人的生产生活，严重危及人的全面发展。资本主义对人的发展状况的改善是片面的，因为它深深地打上了物的烙印，导致了全面的人的异化。

马克思看到资本主义消费观是一种背离以人为本意蕴的异化消费观，是一种异化发展观带来的异化消费观。由于资本以追求效益最大化为旨趣，这种动力资本的能量外化为商业的本领，已经对社会日常消费生活的每一个角落进行渗透。资本主导下的渗透，带来了普通大众日常消费活动的普遍异化现象。在后工业社会，尤其是资本主义社会，人们的生活早就放弃了朴素的品格，日益演变为商业舞台上的道具，转化为商业机器的华丽附庸。资本异化了消费者的消费观，异化的消费观引领人们产生异化了的消费行为，两者相互促进。从本原的动机看，消费的目的只是为了满足人类发展需要与生活需要，生产应该服务于消费。而在实际资本主义消费生活里，人的实际生活消费与生产消费已经是两股道上跑的车，发生了完全的背离，生产与消费的同一性早就破坏，于是各种危机不断。消费的目的异化为促进生产的手段，促进生产的手段也就完全异化为促进资本家赚钱。这样人的本质生活已经完全从生产与消费生活中淡出，人们沉浸在商业符号所赋予的意义的意淫之中。广告以生产传播商业符号为目的，动不动就是谎话连篇的欺骗，对夸示性、浪费性消费进行不怀好意的鼓励。"使用更加精美的物品，既然是富裕的证明，这种消费就成为光荣的行为，相反地，不能按照适当的数量和适当的品质来进行消费，意味着屈辱和卑贱。"②测评个人地位、权利、身份的重要指标体系早就被夸示性消费、炫耀性消费、浪费性消费所占据。当人们的地位、权利需要依赖商品来包装时，说明消费异化已经由劳动侵入人的心灵：生产异化推进消费异化，消费异化推进权力异化，最后是人自身的全

① 马克思，恩格斯.马克思恩格斯全集：第1卷[M].北京：人民出版社，1972：25.

② [美]凡勃伦.有闲阶级论[M].蔡受百，译.北京：商务印书馆，1964：56-57.

面异化。资本主义经济的繁荣和资本家通过剥削剩余价值的财富积累方式，带来了工人生活的全面贫困。现代经济的发展使资本主义社会这种劳资分化愈发严重。社会分工的细化和现代化流水线使生产环节组合日益严格科学，现代工业的组合方式把工人(白领、蓝领)都囚禁在繁复而单调的工作环境之中，劳动产品的占有与工人的劳动过程彻底分离。工人成为资本增值的依托，工人的属性日益淡化，工具的属性日益强化，工厂的整个生产信息完全封锁，工人对之完全没有发言权。虽然有些资本家从提高工人的劳动效率出发，打造企业文化，比如在工人生日的时候，送一份蛋糕，但这完全是为了增强工人劳动的积极性，让资本增值更多更快。

马克思认为，要冲破资本主义生产关系对人的全面发展的桎梏，就必须实现生产关系的革命，以为人的全面发展开辟广阔道路。如何对生产关系进行革命，如何建构一个新社会呢？首先，要将全体成员的共同联合体作为社会变革后的目标。建构联合体的目的是充分地、有计划地利用生产力，建构联合体的另一目的是使全体消费者的消费规模与生产力发展的水平相协调。其次，要防止一些人需要的实现以牺牲一些人的利益为途径。马克思认为："彻底消灭阶级对立和阶级，通过进行生产教育，消除旧的分工，变换工种，融合城乡、创造大家共同消费福利、使社会全体成员得到全面的发展——这一切是废除私有制的最主要结果。"①只有克服生产资料私人占有和生产社会化的矛盾，才能克服劳动异化，才能克服消费异化。马克思深度分析了资本主义社会"以物为本"所带来的人的异化，而克服人的异化途径是从"以物为本"走向"以人为本"，走向人的自由而全面的发展。

6.1.2 和谐社会绿色消费观是对毛泽东消费思想的继承与发展

在社会主义制度建立以后，毛泽东在面对经济文化比较落后的中国，为建构一个适合当时国情的消费理论，进行了艰辛的探索。如何从政策的角度建构一个科学的消费意识形态即国家消费观？经典作家理论谱系中没有提供适合中国国情的现成理论，人类社会实践中也没有最好的经验可以借鉴，刚刚完成新民主

① 马克思，恩格斯.马克思恩格斯全集：第1卷[M].北京：人民出版社，1995：243.

主义革命的中国共产党，在许多方面只能沿袭苏联的模式和做法。但苏联的基本国情又和中国相去甚远，并且苏联的实践本身也存在很大不足，因而在1955年底，毛泽东就提出走中国自己路的号召，要求“以苏为鉴”。特别是1956年社会主义改造提前基本完成，而当时的总任务也要求国家加快工业化步伐，在这样一个重要矛盾的基础上，开始对适合中国国情的社会主义消费观进行艰辛探索。

探索适合中国国情的社会主义消费观的重点在于我们自己从中得到教训。毛泽东指出，最重要的教训是运用调查研究的方法，摸清本国国情，坚持独立自主，真正把马克思主义的基本原理同我国建设和革命的具体实际相结合，只有这样，制定方针、政策和路线才能避免走弯路。过去我们走过了一些弯路，认真反思其原因，就是没有落实好理论和实践的结合，吃亏以后我们才成功实现了这种结合。马克思主义理论和中国实践一旦成功结合，就找出了在中国进行革命和建设的正确道路。毛泽东指出在建构适合中国国情的消费政策上，由于我们毫无搞社会主义的经验，只能模仿苏联，这自然束缚了自己的积极性和创造性。现在我们有自己的初步实践，有了苏联的经验教训，应该更加强调开动脑筋，强调从中国的实际出发，强调创造性，不断在结合上下功夫，才能在中国这块土地上真正找到适合建设社会主义的具体道路。总之，毛泽东探索适合中国国情的消费政策，道路是艰辛的、过程是曲折的，正反两方面经验对中国后来发展意义是重大的。

6.1.3　江泽民社会主义观中蕴含的和谐绿色消费观

江泽民把代表最广大人民群众的根本利益与促进人的全面发展结合起来。江泽民的社会主义观中蕴含的和谐绿色消费观体现在“两个着眼”上。第一个着眼是人民现实的物质文化生活需，而实现的途径是大力发展中国特色社会主义的各项事业；第二个着眼是促进人民素质的提高，实现的途径就必须努力促进人的全面发展。这是马克思主义关于建设社会主义新社会的本质要求。① 促进人的全面发展的实现路径是：改善人民群众物质文化生活与推进经济、政治、文化

① 江泽民.论“三个代表”[M].北京：中央文献出版社，2001：179-180.

协调发展统一起来。只有实现了人的物质文化财富的增加、人民生活水平的改善，才能实现人的全面发展。人的全面发展要落实到人的消费的全面性。作为复数人的消费与作为个体人的消费要兼顾。人一旦拥有优裕的物质文化生活，人的全面才有现实可能性。"三个代表"的要义之一是代表先进生产力的发展要求，它基于人民物质文化财富的创造和社会生产力的发展是逐步提高的，是没有止境的过程，而人的全面发展标准也是没有穷尽的。这就要求中国共产党在推进人的全面发展过程中，首先要大力发展社会主义物质文明、建设社会主义政治文明、大力彰显社会主义精神文明，着力提升人的科学文化素质、道德素质、身体素质以及由此生发的无限创新能力。

6.1.4 和谐社会绿色消费观的形成

根据西方的消费生活实践，弗洛姆和马尔库塞深刻指出，消费过程中物质的占有不能简单地与幸福等同，在生活领域人和动物的差异表现为：人不会仅仅满足于物质层面的享乐，他总是不断摆脱物质的束缚，不断追求精神和价值层面意义的形而上冲动。然而当代西方社会的消费模式和消费观教育，让消费者追求形而上意义的冲动短路了。当代西方对物欲的放大，使人的幸福感缺失，因而产生精神上的痛苦。生活消费实践反复向人们揭示这样一个道理：一旦人们将物质需要上升到自己的最高需要，人的灵魂就被商品和物质享受所占据，这时生活消费的异化就不期而至——人与商品的主客关系颠倒，商品作为物不再服务于人的需要，而成为主宰人的超人力量。于是，在异化了的西方消费社会，人的灵魂深陷在物欲泥潭，不可自拔。以人为本的和谐消费在物欲横流的西方消费社会成为一句空话。当日常生活的物质之需较好地满足之后，在新的起点上，消费者还要更多的物质、更多的奢侈去安顿自己永不满足的脆弱的灵魂，这种由于不满足所产生的纠结，不仅意味着生存境界的降低、更意味着消费者畸形与片面的发展。当消费者把所有时间用于获取对消费品的超限占有和寻求感官刺激时，是错觉主导了消费者对生活的迷失性追求，是对人性的彻底背叛。

由于资本主义生产消费观、生活消费观的诸多弊病，因此，通过对其扬弃与超越，形成一套完全不同的消费观，成为社会主义消费意识形态建构的当务之急。和谐社会绿色消费观就是在科学发展观的指导下应运而生的，科学发展观就是直接基于当代中国生产消费的浪费性、粗放性以及生活消费的两极不均性、浪费性、非公正性等问题而形成的。如果说西方社会所经历的现代性观念的集中表现为现代性的消费观，那么对新的消费观的开辟和新的现代性观念的建构是和谐社会绿色消费观的目的与任务。正是从这一角度看，和谐社会绿色消费观成为对传统消费观的一种超越、一种扬弃、一种革命。

和谐社会绿色消费观要转化为现实的消费实践，第一大前提性要件是需要大力发展社会主义生产力，并充分利用生产力培育人类需要的物质财富和精神财富，最终落脚于满足人的生活消费需要。和谐社会绿色消费观应该表现为：人的消费过程与人的全面发展相统一。以人为本的和谐消费首先是全面消费，如果说传统社会以物为中心是由于物质匮乏导致的，那么后工业社会消费追求以人为中心是由于教育的推进、科学技术发展带来生产力的腾飞、知识的进步，国家创新型战略的布置。现在早已不同于改革开放之前的匮乏年代，在丰裕的消费语境下，消费者消费就需要摆脱以物为中心的状态，代之以人为中心，以人的生活、生命、尊严为本，促进人的全面发展。这就要求在消费观教育中，改变过去的教育模式和教育内容，将物的消费教育融入生态消费教育、文化消费教育、教育消费教育，并以此为基础，建立和谐社会绿色消费观。

6.1.5 和谐社会绿色消费观的构成要素

坚持以人为本的执政理念，就是要将发展目标锁定为努力实现人的全面发展，国家需要从人民群众的根本消费利益出发促进发展、布局发展，在此基础上，让人民群众及时满足其日益增长的物质文化生活需要，让发展成果惠及全体人民，让人民群众的政治、经济以及文化权益得到切实保障。以人为本的和谐社会绿色消费观的社会主义解读，必须遵循以上原则。这种解读与实践，具有鲜明的社会主义意识形态和时代精神，是对以人为本的最权威性解释。以人为本在政治层次上，表现为对人民群众的消费生活高度关心，全部政策都应当以为人民谋福利为要旨。从消费的主体看，以人为本就是要尊重消费者的主体地位和目的性，避免消费者主体的人性异化，要求在消费生活层面要开展人文关怀。以人为本就是要把消费者的真实需要的满足放在首要地位，强调消费者主体性、目的性和消费者利益至上性。不难看出，和谐社会绿色消费观是对旧的消费意识形态的根本超越。

在建构以人为本的消费观内容中，精神消费占有突出的地位，即在消费者与自身的关系方面不应该因物的过度占有、过度消费而伤害人自身，要进行更多的精神消费，在消费者处理好与自身的关系前提下，寻求处理好消费者与生产的关系、与他人的关系、与社会的关系。然而，中国在落实以人为本的消费观教育中，面临的现状是：精神生产和物质生产、精神消费与物质消费之间的发展具有不同步性。从中国国情的角度考量，消费领域的主要矛盾仍然停留在广大消费者日益增长的物质文化生活需要同落后的社会生产不能满足这种需要之间的矛盾。人的消费活动还是遵循马斯洛的需求法则的第一层次，倾向于第一步满足物质消费。而物质消费满足以后还没有创造更好的机制，转换到精神消费，由此造成人的精神消费总体处于缺乏和不足的状态。只有当人的精神消费成为社会普遍认可并重视的一部分以后，人类才能摆脱荒蛮进入文明。当精神消费被人们过分轻视甚至受到排斥，物质消费被整个社会十分看重，整个社会必然走向物欲横流。消费的正当性、合宜性必然被遮蔽，于是社会必然就走向道德沦丧。人的创造力、想象力的提高离不开丰富的精神生活，而人的智慧的启迪、思想的丰富、潜能的开发也需要精神消费。总之，丰富的精神生活消费利于人与人之间的情感交流，对于社会关系和人际关系的融洽十分有益。健康的精神消费引领着物质消费的方向，低俗的精神消费则助长人的物欲，将物质消费引向错误的方向，极大地消耗社会财富，不利于社会进步和人的全面发展。

和谐社会绿色消费观教育是引导人类消费由落后到进步、由不科学到科学、由不合规律到合规律的过程。和谐社会绿色消费观教育遵循的是当今社会发展进程中绕不开的一个重大课题，那就是，消费作为消费者的基本活动之一，离不开人的生命过程，离不开对人的生命意义的揭示。因此，孤立地研究消费，永远也找不到消费的规律。

和谐社会绿色消费观的理论依据是人的需要。人的需要是人对外部世界的一种物质与精神的输入与摄取状态，一方面，它展示的是人对其自身之外的一种本质的、客观的、不以人的意志为转移的依存关系。而另一方面，人的需要又展现为人具有能动地改造、获得和使用外部力量的能力。与动物的需要相比，人的需要有着本质的差别性。就差别性来说，人作为社会存在，具有最为典型的社会需要，比如社会发展需要、社会尊重需要、社会认同需要。就生存需要的视角看，人是一个客观的、自然的存在物，表现为一系列具体的自然性。而人的一系列自然属性是以保持人的生命所必需的自然需要呈现的。人的自然需要由人的肉体决定，以人的生理表现出来，那就是以维持人的生命机理而形成的对生活资料的需要，这些需要是直接的、周期性的。在周期性的需要中，有对食物、住所、饮料、氧气、睡眠等的需要。一个缺少食物的人，首先是肠胃发出对食物强烈需求的信号，表现为身体不适。一旦食不果腹，他就无视其他需要，为填饱肠胃而奔波、努力，并把其他需要都推到后面。因此，马克思指出，人们为了续写历史，必须生活，而生活的基本内容是衣、食、住、行。衣食住行的维持过程就是消费，也称为满足人性中的自然性。如果说人的肉体需要是偏重于人的本能需要，那么人的社会需要是超越于人的肉体需要。人的本能需要与人的社会需要密切关联，相互影响。人为了实现本能需要必须追求社会需要。以劳动的需要为例，人对劳动的需要是人的社会需要中最基本的需要。人为了发展，为了延续人的存在，就必须不断地满足人的需要，而需要归根到底是通过人的对象性活动，即劳动才能满足的。人的对象性活动即劳动，包括体力劳动和脑力劳动，归根到底是为了实现能满足人的本能需要的自为自觉的活动。人为了满足自身的本能需要，就必须从事劳动和其他社会活动。由于人的劳动越来越具有体力劳动和脑力劳动合一的特征，脑力劳动帮体力劳动收集理性，最终帮助体力劳动提高效率，降低强度，提升劳动的对象物即劳动产品的科技含量，让创造出的劳动产品越来越贴近人的需要，越来越具有人性化，可以满足人的多样性需要。所以，在劳动实践过程中，人的自然需要满足方式在脑力劳动的推进下，发生了根本性的变化，由本能的方式变成了社会获得方式。因此，以吃、喝、住、穿为特征的人的本能需要实际上越来越社会化。由于体力劳动与脑力劳动的相互推进，既满足了人的需要，又不断创造出升级换代的符合人的本质需要的物品。人通过消费自己生产的物品使自然需要得到满足，而自然需要满足以后又产生出新的需要，这个新的需要又具有社会属性。“需要—劳动—消费—新的需要”不断依次推进，生生不息地发展，带动人类社会不断地发展。

人在生产过程中通过反思，促进了工具不断改进、生产经验不断积累、劳动技能不断提高，这种反思性的活动促进了人的劳动的对象物——生产工具的不断更新换代，从而促进了生产力的发展。总之，和谐社会绿色消费观的构成要素是基于人的需要，这种需要是自然需要和社会需要的统一体。自然需要的满足途径、方式通过理性的方式来反思，由此，形成社会需要，社会需要要引领自然需要。双重需要的有机统一，成为和谐社会绿色消费观的构成要素。

6.2 和谐社会绿色消费观的民生价值

6.2.1 改善民生成为消费观教育的落脚点

和谐社会绿色消费观教育进一步推进民生商品符号化、民生符号商品化。住房限购政策的推行，将住房的民生意义由一维发展到多维。住房商品化，一方面，使住房成为意义的载体，显示人的社会地位、社会分层；另一方面，使住房成为投资的载体，在住房上投资，会培育资本保值、增值的冲动。这种冲动不断地推高房价，让住房不断地集中，这种现实与中国共产党实现"住有所居"的民生目标极不相称。和谐社会绿色消费观教育，需要保证住房成为维持社会公平的载体，成为中国共产党保障民生的载体。正是基于此，国家通过限购政策，防止住房恶性炒卖，继之，推出廉租房、经济适用房。住房成为民生符号，住房消费的民生符号，也促进住房成为保护土地的载体，即房子只住不炒，克服了住房资源闲置，最终也防止了土地资源的浪费。

把改善民生作为消费观教育的落脚点，成为和谐社会绿色消费观教育的实践依托，改善民生与和谐社会绿色消费观教育的密切关联是基于党的发展理论。中国共产党领导下的发展目的是什么？资本主义的发展目的是为了维护大资本家的利益、促进资本增值，这种发展目的形成了资本主义社会层出不穷的劳资对立。中国特色社会主义道路的发展目的是"坚持发展为了人民，发展依靠人民，发展成果由全体人民共享。不断实现好、维护好、发展好最广大人民的根本利益"。[①]

---

① 胡锦涛.高举中国特色社会主义伟大旗帜 为夺取全面建设小康社会新胜利而奋斗[N].人民日报，2007-10-25(1).

一方面，人的需要总是和人的本性关联在一起的，另一方面，人的需要又总是打上了本能、历史的烙印。从人的本能和历史维度看，人的需要分为正当的需要和非正当的需要、人的需要和非人的需要、真实的需要以及虚假的需要。人的真实需要是指人的消费活动符合人性，人的消费活动有利于增强人的本质力量，人的消费活动有利于巩固人在世界中的主体地位。消费活动符合人性应理解为消费从其需要类型上说，就是指人的自然需要、社会需要和精神需要。① 真实的人的需要是符合社会认同并且以社会认可的方式实现的需要，反之，就是非正当的、非人的、虚假的需要。“所谓虚假需要，是主体自以为需要而实际上并不需要，只是由于外部舆论导向和主体赋予需要物以某种非本身固有的象征而加以追求。”②比如吸毒，是人在毒品的作用下，产生的一种强烈的、虚幻的、非实在的依赖需要。关注民生就是要关注人的真实需要，限制人的虚假需要，促进人的身心和谐。

虚假需要因追求面子、浪费、炫富等无益的虚荣而生成。因为空虚和寻求刺激或者由于外在因素强加于人，摧残人性、影响人的发展的需要都具有虚假的、“非人”的性质。马尔库塞为此指出：所谓“真实的需要”，是指人本身存在和发展所必需的那些需要，只有那些无条件满足的需要，才是生命攸关的需要——“在可达到物质水平的衣食住行”，对这些需要的满足，是实现包括粗俗需要和高尚需要在内的一切需要的先决条件。③ 虚假需要是在人的错觉支配下，超越人的自然本能阈限，过度占有、过低效率地利用人类的各种物质和知识资源，主观上使人类产生无益虚荣和快感，实际上使人的本能遭受严重压抑和摧残的需要。“反者道之动”说的就是当人类的需要背离自然规律、社会规律时，就会遭受自然规律和社会规律的严重惩罚。在无益的需求遭到无情惩罚后，人又被迫回到真实需求的状态，放弃虚假需求。马尔库塞说：“大多数现行的需要，诸如休息、娱乐，按照广告的宣传来处事和消费，爱和恨别人所爱和所恨，都属于虚假需要这一范畴之列④。”和谐社会绿色消费观赋予人的真实需要的合理性、合法性，将之

① 袁贵仁.马克思的人学思想[M].北京：北京师范大学出版社，1996：54.

② 袁贵仁.价值学引论[M].北京：北京师范大学出版社，1991：54.

③ [美]马尔库塞.单向度的人[M].刘继，译.上海：上海译文出版社，1989：7.

④ [美]马尔库塞.单向度的人[M].刘继，译.上海：上海译文出版社，1989：7.

上升为民生角度予以保护和维系。

和谐社会绿色消费观教育就是要引导人在满足需要的过程中，把本能的需求提升为自觉的有意识的追求，由此，形成自觉意识支配下的遵循理性和规律的满足需要的实践活动。这种理性的尺度，就是要处理好人与自身的关系、人与社会的关系、人与生产的关系、人与自然的关系。消费一旦脱离了理性的自觉尺度，就必然会最终蜕变为人对物品的肆意掠夺与消耗。人一旦被虚假的欲望所控制，就会贪得无厌、道德败坏、人性扭曲，像永不满足的巨兽。虚假的需要所引发的欲望是形式的、虚空的、无限的，而非理性需要的满足往往采取不择手段的方式。因此，真实的需要就是中国共产党以民生为内容的消费者需要，因而把改善民生视为消费观教育的落脚点，是必须的，也是应该的。

6.2.2 和谐社会绿色消费观的价值维度

和谐社会绿色消费观内含着满足生存需要的正当性和必要性。和谐社会绿色消费观的要义是以人为本。以人为本就是以人的尊严、人的价值、人的发展作为人的最根本。而人的价值体现、尊严的实现与提升以及人的发展进步的基础性条件是人的生存。因为人作为肉体的存在，是在气的主导下所发生的生理机能的维持。首先要满足的是生存的需要，这是人的生存前提，所以和谐社会绿色消费观教育在中国现阶段将其拓展为：住有所居、劳有所得、老有所养、病有所医、学有所教，体现了浓厚的民生意蕴。以人为本的消费观教育是基于人们为了能够创造历史必须能够生活，而衣食住行是基本前提，是生存的先决条件。只有在维持生存的基础上，人才能进行其他的具有社会性的活动，包括政治、哲学、艺术、宗教、创新、科学研究、教育等活动。所以，和谐社会绿色消费观是认定人的欲望、本能和需求的合理性、合法性。人类的一切科研创新、政治、哲学、艺术活动都是基于这一自然属性。不仅如此，和谐社会绿色消费观，又予以消费者一种自我调控、自我控制的标准，那就是和谐、不伤害以消费者为中心的多维关系。十七大报告指出："社会建设与人民幸福安康息息相关，必须在经济发展基础上，更加注重社会建设，着力保障和改善民生，推进社会体制改革，扩大公共服务，完善社会管理，促进社会公平正义，努力使全体人民学有所教、劳有所得、病有所医、老有所养、住有所居,推动建设和谐社会。"①所以和谐社会绿色消费观教育就是民生政治的具体体现。

6.3 和谐社会绿色消费观教育面临的困境

和谐社会绿色消费观教育本质上是要协调好消费者与自身的关系、消费者与他人的关系、消费者与环境的关系、消费者与社会的关系。然而,现在的困境是以消费者为中心的多维和谐关系难以达成。其具体表现为消费者与自身的关系和谐难以达成、消费者与社会的和谐难以达成、消费者与生产者的关系和谐难以达成、消费者与环境的关系和谐难以达成。

6.3.1 多元消费观之间的张力

由于消费观教育的多重面向,带来了消费观教育中不同消费观之间的张力,甚至出现对立倾向:雅与俗、思想性与娱乐性、纯粹审美与大众审美、超越性与实用性的冲突。消费观教育的精英主义,强调消费的高雅、思想性、纯粹审美等超越性的一面,体现了远离大众、高高在上、矫揉造作的一面。对于经济资本、文化资本相对贫乏的下层民众,他们被束缚在日常生活的迫切需要上,没有优雅、闲适的奢侈心态,无法理解那种对形式的注重超过功能和内容的艺术或文化消费品。消费观价值取向的对立,带来了消费观内容的对立;消费观内容的对立带来了消费观教育方式、方法的对立。消费观教育的对立导致了知识分子的社会分化:大部分人屈从于经济资本的需要,依附于经济资本,失去了人文知识分子对真理、正义的坚守,比如文化生产者,在很大程度上是由商业运作支配。另一部分人坚持精英立场,强调文化艺术的超越性和批判性;知识分子中的另一群体就是技术知识分子,他们独领风骚,成为知识分子主流。技术理性或工具理性导致了人文知识分子的边缘化。一部分人文知识分子利用自己的文化资本纵横市

① 胡锦涛.高举中国特色社会主义伟大旗帜 为夺取全面建设小康社会新胜利而奋斗[N].人民日报,2007-10-25(1).

场，直接投身文化产业，生产大众文化消费品。另一方面，也有一部分公共知识分子努力在公共领域发出自己的声音，他们均实现了对经济资本程度不等的合作和妥协。[①] 当然，他们是以放弃了人文知识分子的超越性和批判性为代价的。

在消费观教育领域中，多元消费观之间的张力重点表现在消费观教育价值取向上的张力。消费观教育价值取向，就是消费主体根据自身发展的需要，对价值进行选择时所表现出来的一种倾向或意向。消费观教育价值取向有两个层次：宏观层次和微观层次。宏观层次的消费观教育价值取向指的是在社会大系统中，考察消费观教育与其他社会子系统的关系；宏观层次的消费观教育是对社会与人的发展中，人与社会分别所处的地位和所起的作用认识与评价；宏观层次的消费观教育往往决定了一个国家的消费教育决策，如共同富裕的政策目标、科学发展观、民生政策、和谐社会绿色消费观。微观层次的消费观教育价值取向，考察消费教育系统内诸要素之间的关系，它更直接地影响着消费教育者的具体教育行为和教育对象的现实发展，如给消费者教什么、怎么教。在这里，研究消费观教育既要探讨宏观层次的消费观教育价值取向，又要探讨微观层次的消费观教育价值取向。

消费主义消费观教育的价值取向肤浅化、娱乐化、实用化、功能化，麻痹了人们对民族国家的社会责任等严肃、宏大主题的意识，使人们的注意力偏离了对人生问题的深刻、严肃思考，让消费者陷入对西方文化的肤浅、简单认同之中，更不能对西方文化进行辨别、判断、吸纳、筛选。其危险性是放松对西方消费观的警惕，认识不到消费主义消费观的深刻危害。

美国推进消费主义消费观教育；中国以科学发展观为指针，推进和谐社会绿色消费观教育；而经历传统社会严重匮乏的老年人，往往持有传统的节俭消费伦理观；在利益最大化的驱使下，文化资本、货币资本、企业三家合谋，生产现代消费观，借助现代媒体传播，达到符合自身利益的消费观教育目的。推行消费主义消费观是西方文化帝国主义的主要目的。通过文化自觉抵消文化帝国主义，推进和谐社会绿色消费观教育，才能对外来消费观进行自觉反思，并以此来抵御消费主义消费观的入侵。总之，消费观教育本质上是一种价值取舍活动。任何消

① 张筱薏.消费背后的隐匿力量——消费文化权力研究[M].北京：知识产权出版社，2009：128.

费者在消费过程中，都表现为一定的价值取舍。消费观教育中，宣传“宁要社会主义的草，不要资本主义的苗”，是一种反对科技进步，反对人民生活水平提高的被禁锢的消费观。消费观教育中，推行“大锅饭”模式，是一种结果平等的公平消费观。而实践反复证明，忽视过程公平的结果公平是一种表象的公平。这种消费观教育是一种缺乏系统思维、缺乏全局观念的个体狭隘消费观，它代表的是一种落后的消费观教育。“宁在宝马车里哭，不在自行车后座上笑”，宣传的是一种拜金主义消费观；住房限购的推行，标志着反对投机购房，标志着公平消费住房。一定时代的消费观，一方面受到文化传统的制约，另一方面也成为特定文化传统的一面镜子，体现了很强的价值取向性，体现出当时的社会结构、精神面貌、文化心理和价值观念。消费观教育所体现的真善美的境界，绝对不是一种孤立的境界，而是通过一个系统所展现出来的和谐，是至真至善的境界。至真至善的境界也一定是一种审美的境界。消费观教育如果抽离了真和善，就失去的价值取向，就丧失了灵魂。消费观教育中，片面的幸福宣传，往往使人带上物欲的枷锁；片面的 GDP 维度成为科学发展的枷锁；片面的消费审美维度成为消费自由的枷锁。

不同的消费观源于不同的价值取向，不同的价值取向必然体现明显的消费差异。消费观价值取向的差异乃至对立，带来了消费观内容的对立，消费观内容的对立带来了消费观教育方式、方法的对立。因此，要以和谐社会绿色消费观为引领，建构好消费观教育的顶层设计，在形成消费观共识的前提下，细化教育内容，建构教育方式、方法。在尊重消费差异的前提下，构建和谐社会绿色消费观。

由于资本的本质在于增值，从而决定了资本运行的逻辑就是不断地追求资本增值——这是资本存在和壮大的唯一路径。因此，资本逻辑必然要鼓励和倡导消费，由此很容易推进消费主义消费观教育。因为只有推动消费才能带来资本增值。消费是实现产品价值的必要环节，产品只有经过惊险的一个跳跃，才能最终完成资本增值的旅程。这个跳跃的彼岸就是消费，产品在市场上被购买，才能实现资本的终极逻辑——资本增值。商品这一惊险的跳跃如果失败，摔坏的不是商品，而是资本家。商品通过消费这一惊险的一跳，生产出新的需求，由于消费是消费者对使用价值的消耗，而消费者的需求又是无限的，消费者需求满足后又会产生新的需求，可见，消费是生产的动力。资本增值的冲动还表现为资本无限扩张的特性。资本的生命在于资本周而复始的循环,像滚雪球一样无限壮大自己。为此资本会冲破国家地域的界限,将资金、技术、劳动力等要素向全球蔓延。资本扩张、蔓延的最重要途径就是对消费者进行消费观教育。资本的扩张表现为贸易、生产的扩张,资本增值的意图仿佛是社会躯体的灵魂,已经系统、深入广泛地渗透到社会生活的各个方面。全社会围绕资本增值的原则组织和运转,自然会导致消费革命、消费主义的兴起。

在资本引导下的文化生产者,作为消费观教育的重要主体之一,其教育方法是鼓噪着时尚,控制着消费流行,策划各种大型商业文化活动,包装当代偶像和明星,同时,有意利用报纸、电视、杂志、网络等大众媒体进行消费模式推介、消费观念炒作,人为制造消费热点和消费聚焦。这整个过程中就是消费观教育的重要途径之一。比如,近几年对选秀节目的商业包装,对足球世界杯,以及影视剧等娱乐事件进行大肆渲染炒作,并在报道上不惜以低俗化方式,满足人们对奇闻轶事和明星私生活的窥探欲;各种形式雷同、主持风格重复、相互模仿的娱乐节目占据了电视剧频道。比如湖南卫视的《快乐大本营》,江苏卫视的《非诚勿扰》等一些谈话、访谈和评论节目,则以一种未必客观的论调使大众形成一种先入为主的看法;更有各种任意进行文化联想的广告,以其新奇巧妙的比喻制造出种种的符号和意象。在大众传媒的触角无所不在的年代,人们不得不生活在这些被强加的"主流话语"和"舆论中心"之下。

在这种背景下,消费观教育要落脚到形成和谐的、科学的消费文化权力,还是要以文化资源的方式来承载。文化资源主要是指各种用以创造和传播的符号、信息、文化观念等,用以控制、左右人们价值取向的资源总和,这些资源可以是有形的也可以是无形的。消费观教育的内容要转化为文化资源,才可能实施文化权力。政权既要借助武力统治、管控人们的身体,更须借助意识形态来管控人们的头脑;资本家以利润最大化为目标,但是实现资本利润最大化的商家,需要建立相应的企业文化,塑造企业品牌,打造企业形象,来说服和赢得消费者支持和认可。社会主义国家以共建共享为总目标,以社会和谐、共同富裕为目标追求,要实现以上目标追求,国家需要制定科学、合理的消费观理论和内容,用和谐社会绿色消费观教育全体人民。

和谐社会的绿色消费观教育,要直面社会制度的压抑、技术理性的压抑、都市生活压抑；后现代社会，消费者面对社会制度的压抑、技术理性压抑，这些压抑如影随形。当这些压抑没有体制、机制上的排解措施时，消费者便只能将释放途径转向消费。一些消费团体就这样出现了，他们在日常生活当中以消费为核心，消费标新立异，通过身份符号和时尚追求来打造个人主义、吸引眼球，以获得心理上的快感。“现代生活中最深层的问题来自个人在面对压倒性力量时仍宣称要保存自身存在的自主性。”①所以，许多人通过消费，来显示与众不同，通过引人注目，来抗拒社会力量对个性的压抑。他们通过消费让自己与他人区别开来，从而获得一定的消费认同感、社会认同感，由此释放各方面的压抑。

消费观教育要防止消费主体和消费对象混同。人是消费主体，但在消费观教育的多维渠道中，尤其是广告，经常将人作为消费对象。人虽然参与了消费过程，但人在消费观教育过程中被异化、物化是消费观教育进入歧途的典型表现。其途径有两种：一是在大众媒体或广告中，直接把人作为消费对象。比如有一则广告词是这样的：“她聪慧动人……她清新如水……芳名：××智能星；三围：109 mm×45 mm×21 mm；身材：小巧玲珑；肤色：……身价1 980元”，广告词虽然是在借喻手机，但其中包含了视女性为可以把玩之物的意象，显然地把女性形象等同于消费对象的客体，给人感觉女性是一个美丽动人的有价物而已。途径之二是消费观教育过程中灌输男权意识，使男权思想内化为女性的自觉认识结构，使女性泯灭自我意识，最终，把女性消费对象化。在这种消费观教育下，女性往往习惯于按照男权文化的审美眼光来审视自己，她们消费自己的身体，对自己身体的各个部位进行改进和修补——眼睛、眉毛、鼻梁、嘴唇……同时也让别人来消费，实际上是社会连同女性自己，都把自身当作消费对象。有人曾说：“男人观看女人，而女人在观看自己被观看。”把消费主体和消费对象混同，其消费作用在于加速了消费观教育中人的异化，也加速了性别异化。

消费观教育要努力培育消费者的判断力、批评力、思维力。现代大众文化工业的文化权力，主要表现为销蚀大众独立自主的判断力、批评意识，塑造肯定思维的模式，等等。具有文化权力属性的消费观教育，其运作机制具有无意识性或隐蔽性。消费观教育不是用一种命令或强制的办法来实现的，而是力图潜移默

① [英]Robert Bocock.消费[M].张君玫，黄鹏仁，译.台北：巨流图书公司，1999：31.

化,使权力主体的意志转化为权力对象的自觉、自愿,这也是消费观教育作用于人的意志结构必然会产生的一种结果。

消费观教育最终要落实到形成和谐的科学的消费文化权力。消费观教育以文化资源的方式来承载。文化资源主要是指各种用以创造和传播的符号、信息、文化观念等,可以控制、左右人们价值取向的资源总和,消费观教育依托的文化资源可以是有形资源,也可以是无形资源。消费观教育的内容要转化为文化资源才可能实施文化权力。政权可以借助武力统治、管控人们的身体,同时必须借助意识形态来管控人们的头脑;资本家以利润为目标,但是商家却需要建立自己的企业文化,塑造企业品牌,打造企业形象,来说服和赢得消费者的支持和认可。社会主义国家的消费文化应该是以社会和谐、共同富裕为目标追求,因此,国家需要制定科学、合理的消费观理论和内容,用和谐社会绿色消费观教育全体人民。

消费观教育的另一途径是将消费物品与消费意象建立有机联系,二者一旦建立了有机联系,那么消费者的消费积极性就被极大地调动起来,由此形成相应的消费观。比如,现代社会对成功人士的认知,必须有以下不可或缺的因子组合形成相应的消费意象:宽敞明亮的办公室、笔记本电脑、劳力士手表、豪华轿车、舒适而精心设计的寓所、美丽的女主人、可爱的儿子…… 这些构成初级符号并意指一个有一定职位的男子。他收入较高,妻子美丽、孩子可爱。这又构成次级符号。因此,成功就与一定的消费能力和消费品位联系起来。要想获得社会对于你生活的价值和意义的认可,一定的物品消费是必须的。那么这些物品消费本身就被赋予了这样的意义和象征。当物品一旦与消费意象或者说一定的象征意义建立的联系,那么大众消费积极性就被大大地调动起来,人们潜在的消费欲望也就被调动起来。这样消费观念的生产和传播不但直接控制着消费品的消费,而且也控制着人们的日常消费生活。当一种生活风格和消费方式如此密切地与人们渴望的符号意义相联系的时候,人们感觉到,不去消费相应的物品,不具有相应的消费能力,就无法获得自己想要得到的生活意义和价值。于是,寻求意义的渴望促使人们努力追求这些消费,而消费本身是不是幸福,他们的生活是否值得羡慕则不受关注。

目前主导消费主义消费观教育的是两种力量,即经济资本和文化资本。消费主义消费观教育的前台是文化资本,利用符号的生产能力进行消费主义符号和意义创造，而在消费主义消费观教育的后台，经济资本支配着文化资本，通过文化资本实现对消费的控制。经济资本和文化资本双重作用，让社会主义核心价值体系蕴含的和谐社会绿色消费观边缘化，让资本主义核心价值体现的消费主义消费观中心化，因此，和谐社会绿色消费观面临被解构的风险。

经济资本的拥有者尽管不掌握直接的符号生产权，但由于其在经济资本上的优势，所以力图在消费教育倾向上实施控制和影响，来体现经济资本利益和自己的消费旨趣。经济资本拥有者把持的消费观教育和文化资本拥有者把持的消费观教育出现了对立。经济资本倡导错觉消费，其途径是在消费观教育方面选择面对市场和迎合大众，倾向于大众化、娱乐化、注重感官享受和通俗浅显的一面，通过媚俗、肤浅、单纯强调娱乐性的特点来制造消费错觉。他们认为人是一个单纯的个体，不需要参与、建构社会关系。而文化资本拥有者把持的消费观教育注重意义、人与自然、人与社会的关系协调，通过人与心灵、人与良心等多维关系协调来展开消费观教育，虽然有时候文化资本的生产有言不尽意、高高在上与矫揉造作之感。对于经济资本和文化资本相对贫乏的民众来说，他们被束缚在日常生活的迫切之需上，不可能拥有悠闲、奢侈的心态，无法欣赏那种对形式的注重超过功能和内容的艺术或文化消费品。他们的消费观更多指涉现实，强调娱乐性、功能性和感官刺激，面对颓废的、唯美的审美情趣无法认同。于是经济资本和文化资本在消费观教育上出现了难以协同，甚至对立的情况。

消费观教育的另一困境在于消费者知与行的背离。个人口头消费观与个人事实消费观的冲突，比如：开会的时候讲艰苦奋斗，吃饭的时候铺张浪费；写文章的时候讲保护环境，实践中经常向环境中排放污水、废气、污物。消费观教育摆脱困境的出路在于，当越来越多的消费者因为社会的整体发展和教育机会的增多而使自身审美潜力得到发掘时，科学精神不断提高、道德水平不断提升以后，原先对立的经济资本和文化资本的消费观教育将日益趋向融合。

价值理性和工具理性的张力。价值理性“在本质上是遵循人的生命规律的理性，是人自身发展的主体尺度，它涵盖生存意义覆盖下的道德价值、理想价值、情感价值等，具有明确的目的合理性与终极关怀性。”[①]反过来，工具理性是指人

① 胡建.启蒙的价值目标与人类解放[M].上海：学林出版社，2000：257.

在实现某种目标的驱动下，运用各种手段的价值取向观念，其特性是关心手段的适用性与有效性，而将道德、理想、情感、社会、公共性置于次要位置，甚至完全抛弃。人既有物质的需求，又有精神的需求，在物质消费和精神消费的关系上，虽然物质消费是基础，但只有精神消费才是人的本质。科学技术的迅猛发展，推动现代生产力日益应用于生产过程，使人类获取的物质资料越来越丰富；资本增值的逻辑主导消费者、生产者，由此带动人的物欲不断膨胀；运用工具理性不断实现物欲的过程中，人的价值理性日益萎缩，导致消费者的精神荒芜。消费者日益转向为单向度的消费者，那就是消费者精神追求日益减少，物质享受需要日益增多。这种局面，完全是资本逻辑主导的工具理性至上的结果。一个社会如果工具理性至上，必然冲击价值理性对人文世界、生存世界的关怀，以和谐社会绿色消费观教育也就只能成为一句空话。其结果只能人文价值日益失落，变成科学技术统治一切。如此下去，整个人类将面临毁灭性的灾难。在工具理性占主导地位的社会，把消费的炫耀性目的看得高过一切，以诱导性的消费观教育千方百计地抬高消费者的背离实际需要的消费期望值，甚至允许、鼓励消费者，为达到炫耀性的、非理性目的，而使用践踏道德与社会良知的手段。比如假药事件、劣质婴儿奶粉事件背后的生产经营者以及商贩们为了拼命赚钱，置他人的身体健康和生命安全于不顾，这是社会公德心的严重缺失。拼命地赚钱，疯狂地占有，纵情地享受，精神消费与物质消费严重失衡，却被许多人看成是真正的幸福。“人们往往把物质性需要作为唯一的价值追求，而忽视精神性需求。殊不知，如果没有精神追求，就会导致人的理性结构失衡，造成目的理性或价值理性的破损。而没有价值理性引导的物质文明只能导致享乐主义和拜金主义。”①人之所以与其他生命相区别而成为“人”，归根到底是因为人是有意识有精神生活和需求的。精神消费直接影响人的品德、思想、世界观、价值观、人生观以及整个精神世界。但可惜的是，在现代所谓的“消费社会”中，人们强调的是个人对物质利益追逐的至上意义，使金钱价值观念弥漫整个社会生活，导致了社会精神空虚、心理孤独、道德沦落的社会困境，呈现的一面是物质的丰富，另一面是精神的贫乏景观。消费观教育中，如果出现了价值理性萎缩、工具理性张扬，必然与马克思

① 肖新发.目的理性与工具理性关系的现实启示[J].湖北教育学院学报，2005(1)：28.

主义所要求的人的自由而全面发展目标背道而驰。

再来看消费主义消费观与以人为本的和谐社会绿色消费观之间的张力。"消费主义"是从20世纪中叶以来，在美国率先发端，后来在西方发达资本主义国家广泛蔓延的一种意识形态、文化态度，生活方式和价值观念。这种意识形态把消费作为人生的根本目的，把消费作为体现人生价值和意义的根本尺度，其具体操作方式是把占有更多的社会财富以及消费更多的物质资料当作人生幸福的符号和成功的标签。作为一种文化和意识形态，消费主义最本质、最核心的内容就是消费至上观念。与消费主义意识形态相呼应，凯恩斯论证了"节俭悖论"理论，从有利于资本主义生产的角度，大力反对节约型消费观念。因为消费的速度跟不上生产的速度，必然影响生产，为此，凯恩斯呼吁政府鼓励消费，提倡奢侈消费。美国维克特·勒博认为："我们庞大而多产的经济……要求使消费成为我们的生活方式，要求我们把购买和使用货物变成宗教仪式，要求我们从中寻找我们的精神满足和自我满足……我们需要消费东西，用前所未有的速度烧掉、穿坏、更换或扔掉。"①总之，消费主义的主要特征有：挥霍无度性，即鼓吹一切为了消费、消费一切，注重满足当前的消费欲望，将获得所谓的"幸福"的途径，聚焦在通过对物质的占有和消费来达到；炫耀性，即通过消费让他人明了消费者的经济力量、权力和地位，从而博得荣誉，获得自我满足；非自主性，即个体的真正需要与消费活动本身往往是背离的，消费活动是被动地按照生产经营者所设计的消费方式进行，消费者对消费活动的真实感受是被强迫、不自主；符号性，即消费行为已不仅仅停留在经济功能意义——使用价值上，而是更多地体现在消费品的主观性价值——符号价值上。消费主义主张以大量的物质消费为生活的主要内容，加剧了贫富分化，导致消费结构失衡，破坏生态环境，给人类的生存带来了危机。消费主义消费观会进一步加剧社会两极分化，而社会两极分化又进一步带来生产消费的不平衡，进一步诱发资本主义经济危机。尽管资本逻辑主导下的消费主义能够有力地促进经济增长，但这种增长是不可持续的，增长的成果是不能共享的，消费主义不能从根本上解决资本主义制度引发的种种问题。消费主

① [美]艾伦·杜宁.多少算够——消费社会与地球的未来[M].毕聿，译.长春：吉林人民出版社，1997:5.

义消费观教育必然加剧生态环境恶化和人类的资源危机，消费主义本身具有的局限性、片面性，消费主义消费观教育对人类文明进步各方面的负面作用也越来越明显。消费主义绝不会给人类社会带来可持续发展，因此，我们要指望用消费主义来促进可持续发展是十分危险的。消费主义主导的社会需要商品来承载，但更确切地说，消费社会的商品需要有钱的人去摧毁它们，才能保持生产的继续，才能保证资本增值的连续性。因此，消费主义消费观教育视野下，商品的用途只会导致消费者慢性堕落。破坏仍然是唯一代替生产的根本办法，消费只是生产和资产增值的中间阶段。消费中有两个大的倾向，就是在破坏中超越、变化。①

消费主义消费观教育的倾向是：肤浅化、娱乐化、实用化、功能化。这些麻痹了人们对国家、民族、社会的责任等宏大严肃主题的意识，将人们的注意力偏离了对人生问题的深刻和严肃思考，容易陷入对西方消费文化的肤浅、简单认同，更不能对西方消费文化辨别、判断、吸纳、筛选。其危害性是放松了对西方消费主义消费观的危害性的警惕。西方国家通过媒体将西方人的生活方式全球传播，产生广泛的示范和模仿效应。于是人们毫不掩饰地释放对发达国家品牌的追求和钟爱，消费西方发达国家的商品成为时尚、前卫的标志。在美国，快餐常客通常与低收入、低品位联系在一起，而在北京，大多数快餐常客是中层专业人员，时髦的雅皮士和受过良好教育的年轻人。随着西方的消费品被人们接纳和喜爱，其中蕴含的西方生活风格、消费方式可能悄悄被认可和接受，其中包括政治理念、价值观。西方消费文化产品向发展中国家倾销，而民族资本对文化入侵和文化同质化威胁视而不见或麻木不仁，因此，大众对西方消费观全球传播采取了积极迎合的态度。人们将西方的消费标准、消费趣味、消费传统内化，表现出对欧美文化、文明、价值观无意识的认同。现代社会的消费，本质上是符号和意义的消费。因此，要控制符号和意义的生产，国家对消费观教育的管理，主要是管理文化资本的拥有者和符号生产者，控制着意义的生产，也就控制着意义的消费。广电总局提出的电视剧中间禁止插播广告的法令，就是消费观教育的探索。

现代社会，加强和谐社会绿色消费文化的生产，是加强和谐社会绿色消费观

① [法]让·鲍德里亚.消费社会[M].刘成富，全志钢，译.南京：南京大学出版社，2008：26.

教育的前提，一般说来，体现和谐社会绿色消费观的消费文化的生产者主要是知识分子、政府宣传部门、党政机关。而现代社会，知识分子成分复杂，层次多样：自然科学家、哲学家、艺术家、作家、新闻撰稿人、评论人、记者等等，他们把持着学术领域、技术领域、艺术领域、公众舆论领域等的话语权力的信息和符号传递、制造。

以人为本的和谐消费文化，可以表现为观念形态存在的知识体系、概念、理论、问题，也可以表现为以声音、音像、图片、文字、物体等形态。改革开放40年来，和谐社会绿色消费文化表现为以下术语或概念，如：是否有利于人民生活水平提高，廉租房、公园、新农村建设，农超对接，工业反哺农业等；要保证全体人民住有所居、劳有所得、老有所养、学有所教。这些均是和谐社会绿色消费观所具体化的知识体系、概念、问题。

和谐社会绿色消费观教育与消费主义消费观教育的另一差异表现为，和谐社会绿色消费观把改善民生教育与扩大内需教育更好地结合了起来。消费主义消费观将发展成果给有钱人享用，自然就带来了消费不振，而和谐社会绿色消费观教育，坚持共建共享的原则、理念。社会主义初级阶段还是非常不富裕的阶段，但是，“我们正在进行的保障房建设、新一轮医改、集中连片扶贫攻坚，这不仅是重大的民生工程，也是重大的发展工程，同时又是调解收入分配的重大举措。有利于保障人民群众基本生活。我们要围绕保障人民基本需求来实施好这些重大工程，并注重在发展经济与提高居民收入同步的过程当中，提高居民的消费能力，增强居民的消费信心，促进消费和投资良性互动，使改善民生成为发展之基，使全国人民共享发展成果”。①

消费者群体消费观与社会倡导的主流消费观的冲突。群体消费观是指具有某种兴趣爱好的人群，由于需求的驱使，他对某种消费观有强烈的认同度，比如吸毒人群、飙车人群等。他们的消费观与和谐社会绿色消费观的冲突。所谓群体消费观与主流消费观冲突是指某一群体把自己的消费观看作社会的消费观，将社会的消费观弃之不顾。这样，某一消费群体消费观与国家倡导消费观自然发生冲突。比如事业单位泛滥的公车消费与国家限制公车消费的对立，某些事

① 李克强.在“中国发展高层论坛2012年会”上的讲话[N].人民日报，2012-03-18.

业单位员工及其工作人员认为公车消费天经地义，是他们特定的权利，可以不受时间、地点、人员、事由的限制，而国家认为公车消费资金是国家从纳税人手上拿来的，公车必须是因公务需要而消费，公车消费要受纳税人的监督。经济全球化的进程使我们关注消费领域价值观冲突的政治意蕴凸显出来，消费领域的文化冲突和文化融合成了全球化时代特有的景观。① 群体消费观与主流消费观的对立愈加明显，通过消费观教育，弥合这种对立就显得尤为迫切和必要。

全球化带来的文化效应，首先表现为文化融合。各地文化作为人类改造世界的物质成果或精神成果有相通的地方。由此，强势文化传播渠道畅通无阻，交通、通信技术所形成的全球性链接，使人们比以往任何时候接触都要频繁；文化产品可以通过贸易渠道流向世界各国市场，它们所承载的消费观，或隐或现地传递给世界各个国家和不同民族的消费者。承载西方消费观内容的产品在全球渗透。全球化带来的文化效应，其次表现为不同主体持有的消费观冲突以及不同地区的文化冲突。消费观教育传播与文化传播并非均衡，承载西方消费主义消费观的文化传播，凭借西方的政治经济技术优势地位，在美国以外的世界其他国家处于明显优势。另外，消费观传播、文化传播并非盲目的。对于站在优势地位一方来说，有明显的目的性和意向性。

消费主义消费观同质化全球消费观引发忧虑的原因是：来自西方商业化的消费观教育对后发展国家本土消费观教育产生冲击，西方经济资本出于商业利益的考虑，积极推进西方消费观全球传播。而一段时期以来，许多发展中国家出于同样的利益考虑，采取放纵和鼓励的态度，积极引进和扶持西方消费主义消费观的传播。他们对西方的文化入侵或消费文化同质化的危险，茫然不知或者视而不见。西方资金资助中国推进西方消费主义消费观教育，比如：渗透着浓郁消费观教育的广告文化、电影文化、消费文化、饮食文化、休闲文化、娱乐文化的生产、制作都得到西方跨国公司的支持。比如好莱坞大片，其前期消耗的巨额资金，往往受到华尔街大金融资本家的资助。而中国许多演艺界的名人常常成为某些企业产品的形象代言人，实际上也得到了西方跨国公司的资助，因此，要通过形象赋予商品消费意义的方式为西方国家说话。本土消费观教育在方法和技

① 金民卿.文化全球化与中国大众文化[M].北京：人民出版社，2004：23.

术上对西方消费观教育存在模仿，对西方消费观教育蕴含的价值、观念、标准、模式表示认同在体现消费观念的文化产品的生产上，西方发达国家文化产品在娱乐性、想象力、感官刺激、声像效果上更容易吸引大众消费、更容易让人产生消费错觉。体现西方消费观的消费文化产品一方面培养了消费大众对西方消费风格的胃口，另一方面他们的巨额资金投入和强大的技术支持以及先进的创作手段，都是后发展的国家，特别是文化产业极力想学习的。

中国的消费观教育要实现“与国际接轨”“走向世界”，必须把本国的消费价值观与西方的消费观教育的习惯、方法、技术结合起来。有人对西方消费观的涌入忧心忡忡。他们的担心主要有：西方消费观教育的泛滥会造成奢靡的社会风气，自然资源的过度开发；西方资本扩张，外国资本与本国资本结合加剧社会不平等；一些本土民俗和民间文化遗产随着外来大众文化的涌入而日益衰落和消亡，导致国家面临社会、文化、环境危机。消费主义消费观在全世界蔓延更是资本逻辑在全球扩展的华丽外衣，由此形成了西方优势文化权力的基础。消费主义消费观在世界各地的流行，从来不是孤立的，以西方流行时尚、消费模式、西方品牌为符号意义的流行，带来的是对西方消费品的欲望和羡慕。必胜客、肯德基、麦当劳，不仅意味着消费品，还是国外资本的代名词。当肯德基在中国大中城市如雨后春笋般发展的时候，人们切身体会到外国资本对本国文化肆无忌惮地逼近，在温情脉脉的外衣之下，来自国外的资本有能力去动员和组织影响民族国家制度和政策，来为自己无限扩张服务。在消费主义消费观教育进程中，资本是支配消费观最深处的灵魂，资本逻辑为消费主义消费观教育的运作提供了重要的驱动力。

6.3.2 人与物的矛盾

人类消费欲望的膨胀必然导致消费的异化，反过来，消费异化必然带来人的消费欲望膨胀。人们为了满足需求，需要获得一定数量的消费对象，从而实现过上幸福生活的目标。然而，消费实践中，容易出现消费者对消费对象的需求数量、需求层次的无边界限制，出现消费边界的模糊，由此，常常造成物多累己的现象，出现人与物的矛盾。消费实践证明，当一种需求被满足以后，消费者会在纷繁复杂的消费实践中，通过对从不同消费者身上获取的消费信息进行分析、判断，容易滋生另一种新的消费需求。西方消费主义消费观教育致力于将消费者的主观能动性、消费创造性全面开发，为人的虚假需求无限扩张奠定基础。在消费主义消费观主导下，消费者的需求满足达到一定限度时，合理需求便演变成毫无底线、毫无节制、毫无意义的欲望。随着消费者虚假欲望的不断膨胀，出现了实际生活中有限的消费对象与无限欲望之间的冲突，这就是消费走向异化的过程。“欲望的消费”和“需要的消费”是现代经济学家对物质消费的分类。人们正常的基于生活需要的消费行为属于需要的消费，它是相对稳定的、有底线的；欲望的消费是把个人主观欲望作为消费的出发点，是远离生活本身为目的的消费，是属于一种典型的为欲望而欲望的错觉主导的消费行为，追求地位上的优越感、攀比、炫耀、嫉妒等，归属于追求心理上的各种满足，具有无限性特征。需要的消费和欲望的消费是根本不同的，它们对生态环境产生的影响后果是存在根本差异的。需要的消费目的是满足正常的需要，是正当的，是对使用价值的消费，是有限资源能够承载的；欲望在叔本华那里曾被比喻为一个永远饥馋、永不饱和的“胃”，永远也得不到满足，因此常常造成不必要的巨大浪费，具有不合理性。无限欲望的消费与有限资源的矛盾在当今社会成为一个人人皆知的客观事实。欲望消费使人的占有欲无限地膨胀，就像吸食鸦片一样使人成瘾，后现代资本主义的消费异化，造成消费者把废气排放到天空，盲目地加工自然资源，把废弃物丢弃给大地，把废水倒入河流，造成生态环境危机。

过度消费导致人的身心分裂。奢侈消费观特别是消费主义大众文化的推波助澜，导致人的消费是被强迫的，是不能自主的，是被控制的。这就造成人自身的分裂，使欲望主导的消费表现出人与自身的严重对立，人为了满足消费而疲于奔命。西方马克思主义者弗洛姆认为，各种广告宣传、促销活动，使消费者被财富和荣誉引诱、强迫。买到市场上的名牌、高档商品是每个消费者的梦想，而使用时的满足和享受则成了第二位的需要。人不是一般的物体，而是物质和精神的统一体，过度的物质享受并不会给人带来幸福的生活，相反却会使人内在的物质和精神严重分裂，变得更加寂寞、空虚。在这种分裂中，消费者既不能认识自己，也不能认识他人。在被消费主义意识形态所中介下，消费者的自我认同感只有在不断的消费中才能产生。消费者在对物的享受中丧失自我，往往根源于人类对物的顶礼膜拜。事实上，人的需要是多方面的，当物质享受将精神的享受和消费在生活中压缩到最小时，人自身就出现严重的分裂：从内在看，人还有着强烈的精神诉求；从外在看，人异化为物的奴隶，真正成了单面的人。“由于一体化，人变成了机器上的零件，变成彻底的消费者。”[①]消费作为人类重要活动的根本目的是使人的一切才能得到充分发挥，实现人的全面而自由的发展。人的消费活动不只是要保证人的生理需要，还应保证人的精神和理性需要；否则，人还是动物性的存在，会失去人之为人的尊严。消费观教育所形成的人的灵魂和肉体的内在冲突是和谐社会绿色消费观教育遇到的最大困境之一。

6.3.3　社会倡导与企业追求的背离

企业家主导的资本不但要消费者通过消费化解人们在工作中的无意义感，而且还要在消费和娱乐领域继续控制消费者。因此，资本主导的消费观教育已经深入到人们无法察觉的地步。企业、资本投其所好的消费策略、政策、模式让人民丧失了判断力和分辨力，更谈不上批判力。消费者对身份认同的要求和凸显个性的渴望，以及对无意义感排遣的需求及其满足，无不在培养一种对消费主义消费生活的默认和无意识的认同——这就构成了生产消费视野下，企业家主导的、对西方消费观教育的实施保证。

企业家在进行消费观教育过程中，从空间上看，有星罗棋布的消费场所，从手段上看，有花样翻新的促销策略，极大地诱导人们的消费欲望这些策略与手段，表面上看都是非常诱人的，是满怀善意的，但他们很少体现消费者利益和社会利益，甚至以侵害消费者利益和社会利益为代价，其最终目的更多的是实现生产者和销售者利益，他们的目的是让消费者中招。这种自自然然的中招，是基于他们操纵着商品的符号威力。这就不难理解为什么含三聚氰胺的牛奶，在广告宣传时，还要说“每天一瓶牛奶，壮大一个民族”；含苏丹红的鸭蛋为什么还要宣传其红得那么鲜艳。

社会倡导与企业家追求背离，很容易带来消费者与生产者的不和谐，最终影响和谐社会绿色消费观的价值取向。我国企业在生产过程中，长期以粗放型发

① [德]尤尔根·哈贝马斯.合法化危机[M].刘北成，曹卫东，译.上海：上海人民出版社，2000：41-44.

展为特征，表现为三高，即“高投入、高污染、高消耗”。在不同时期，在科技发展的不同阶段，在人类认识能力所处的不同方位，对企业家的道德血液的界定是有差异的，即对其道德血液的评价是有差异的。目前我国企业家道德血液存在问题的领域表现在：环境污染严重、资源供应不足、生态破坏加剧。比如，在工业密集、中小企业以及私营企业较多的乡镇企业以及东部沿海城市，出现了乡镇污染与城镇污染相互策应的局面，严重影响了这些区域的用水、空气和居住环境；在中西部欠发达地区，对矿产的无节制开发使得许多一次性珍贵资源严重流失，也对四周环境造成严重危害。这些严重背离了以人为本的生产消费观，使得广大人民群众对企业发展的道德血液发出拷问。

据《2005年中国环境状况公告》显示，我国大江大河劣五类水质的断面比例达27%，其中辽河、淮河、黄河、松花江水质较差，海河严重污染；国家控制的28个重点湖库中，劣五类水质占43%，其中太湖、巢湖、滇池水质均为劣五类水。全国开展酸雨监测的市县中，出现酸雨的市县占51.3%。① 正是由于企业在生产消费过程中开发过度，以及污染的无节制排放，致使生态环境受到剧烈破坏，致使气候反常，洪涝、干旱等自然灾害不断增多，进入21世纪以来，南方夏天水灾、旱灾与冬天雪灾交替上演。因为工业企业生产消费的非科学性而导致了生态破坏的另一个让人类难以接受的后果是因为土地沙化，每年造成直接经济损失达540亿元，今后50年，中国将还有5亿—6亿亩土地面临沙化。

社会倡导与企业追求的背离，还表现在企业生产消费过程中，背离和谐社会绿色消费观的理念，对产品的过度包装。这是生产者在生产过程中追求超额利润的动机所驱使的。虽然中国以立法的方式对过度包装予以限制，如普通包装物成本不得超过产品的15%，空隙不得大于20%，但是生产者通过市场研究，认为产品豪华包装能够吸引消费者眼球，促进消费者产生购买冲动，能够满足炫耀、面子的心理诉求。于是为了推动消费生产者置环境与资源压力于不顾，大量生产出包装价值远远超过自身价值的产品，以追求更多利润。过度包装给环境造成了巨大压力，从空间上统计，目前我国包装废弃物超过城市家庭生活垃圾的10%，仅北京一地，年产近300万吨垃圾中，像商品包装物这样的固体垃圾约

① 何清涟.现代化的陷阱——当代中国的经济社会问题[M].北京：今日中国出版社，1998：108-110.

83万吨，其中约60万吨是可以减少的过度包装物。减少1千克过度包装纸，可节能约1.3千克标准煤，相应减排二氧化碳3.5千克。如果全国每年减少10%的过度包装用纸量，那么，可节能约120万吨标准煤，减排二氧化碳312万吨。[①] 生产消费观的消费主义倾向，给生产者本人带来的是经济增长的满足，而给外部带来的是环境恶化，这些负面问题更多的是要全社会去买单，而且把很多危机传递给我们子孙后代。总之，作为人类存在基础的生态系统遭到人类自身行为的巨大破坏，这其中企业扮演了一个十分重要的角色。可见，企业的追求应该与社会的倡导相统一。

企业不诚信的生产消费观，往往损害消费者权益。在生产与消费的链条中，生产是始端，消费是终端。终端是否顺畅决定始端是否流畅。从这个角度看，消费者是企业的上帝，是企业利润的根本源泉，企业应当把满足消费者需求作为自己中心目标，这也是企业在竞争激烈的市场获胜的利器。所以，企业的核心价值观应当是诚信、公平地对待消费者。然而，许多企业背离这一核心价值观，生产伪劣产品、假冒产品，危害消费者的健康。一系列侵害人们生命财产的事件屡屡发生，触目惊心。每年我国假冒伪劣产品总产值高达2 000亿—3 000亿元，给企业造成的利润损失在1 000亿元。2004年，安徽阜阳的劣质奶粉事件致使许多婴儿发育畸形，成为“大头婴儿”，另有多名儿童死亡。类似的事情不胜枚举：河北的红心鸭蛋事件、上海的瘦肉精事件、齐二药的假药事件、北京的福寿螺事件，还有假化肥、假种子、假鸡蛋等，从南京的百年老字号冠生园陈年馅料月饼到钱塘江、九江大堤豆腐渣工程，再有为牟取暴利，一些从事精神生产的企业复制传播具有精神污染的不健康书籍和音像制品。企业不诚信的根源在于其把获利作为唯一的目的，过分夸大其经济性的一面。一些企业为利润最大化，坑蒙拐骗无所不为。如果企业背离以人为本的生产消费观，放弃对和谐社会绿色消费观理念的坚守，那么消费者容易产生恐惧性消费观，表现为消费者在市场上战战兢兢，害怕消费。所以企业家缺乏道德血液，是和谐社会绿色消费观教育面临的又一困境。

6.3.4　大众传媒和特殊群体的消费误导

在生产与消费不断分离的状态下，生产者生产产品要让消费者消费，就必须

① 全国节能减排手册.http://www.most.gov.cn//ztzl/jginjp//qmjnipsc/qmjnjpsc-32.htm.

依托广告。广告传播面越广，产品的市场覆盖面就越大。因此，广告是沟通生产者与消费者的桥梁。有些消费者通过广告了解自己的心仪产品，兴奋得喜出望外，而生产者通过广告看到消费者激动，自然也是激动不已。当今社会，广告业已经成为一种迅速发展的产业，现在各种媒体都在千方百计地推出广告，我们被广告彻底包围。2006 年，全国广告经营额达到 2 573 亿元，比 2005 年增长了156.7亿元。

从生产者与消费者的分离来看，企业利用广告的目的在不断地发生变化：起初是告诉消费者他们需要的东西在那里，现在是诱导消费者去消费已经生产出来的但可能是消费者并不需要的东西。为此，广告要制造消费时尚，显示“派”的要素，即制造新的消费标准、新的潮流动向，这样才能促进消费者不断地将已经过时的、已经不“派”的仍然具有使用价值的消费品换掉、扔掉。这种用过即扔的消费宣传颠覆了人们传统的消费观，取而代之的是新的消费观和消费模式。其企图将上流社会的高端时尚的派头十足的炫耀性消费变成人人皆可为之的大众消费。现在的广告动辄以“贵族气派”“成功人士的典范”“没有什么大不了”的口号，引领消费者。在企业宣传的诱导下，人们已经不再根据自己的需要来消费，而是根据生产者的需要而被动地消费，完全失去了自主性。

企业通过愚弄消费者的方式，以追求利润为目的进行虚假宣传，从应然角度讲，广告企业对消费者的应尽义务包括以下方面：客观的、实事求是地做广告，讲求广告道德。然而，虚假广告在我们现实生活中，防不胜防、无孔不入，特别是与民生密切相关的保健、医疗、教育等领域。据北京市中医管理局对中医医疗广告进行的调研结果发现，每 100 条广告中，只有 0.87 条广告是符合广告法要求的。① 这样的结果令人吃惊的同时，也使很多患者错过了治疗时机，最后落得人财两空的悲惨处境。时下面向女性的美容、美体、整容广告，往往以高档科技名词予以包装，让消费者不懂原理但了解结果，即会让自己重新变成一个美女。因此，众多消费者对此趋之若鹜。西方市场上生产的劣质硅胶在中国市场上的销量一次次刷新。现在中国已经进入一个美体后遗症时代，许多消费者身体严重不适，甚至有人为了追求美搭上了一条命。

---

① 马国川.谁在享用虚假医疗广告的蛋糕[N].人民日报，2005-04-19.

企业生产消费观背离和谐社会绿色消费观的要求是有深层次原因的。企业既是一个经济组织又是一个社会组织:从企业的经济组织属性来说,企业要通过获取利润,以实现自己生存发展的条件;而企业作为社会组织,必须为消费者生产和提供满足他们日益增长的物质和文化生活需要的精神产品和文化产品,实现社会全面进步以及促进人的全面发展等目标。因此,企业必须强调所生产产品量的增长和质的提高相统一,强调生产的营利性目的与社会性目标的协同。但是,市场经济语境下,一些企业自身定位错位,把利润最大化作为自己的唯一目标,不计后果地开发自然资源、污染环境、损害消费者利益。从内因和外因两个方面来看,内因来自企业缺少自律,逃避社会责任;外因主要是制度供给与制度约束匮乏以及道德舆论约束乏力。所以,大众传媒与特殊群体的误导,也成为和谐社会绿色消费观的困境。

6.3.5　消费者幸福感与压力感的并存

消费的错觉与消费的无意识,带来了消费者幸福感与压力感的并存。“如果我们必须假定某一过程目前正在进行,然而,我们又对它一无所知,我们便称该过程是无意识的。”①无意识或者错觉,描述的是人们对一个事件、过程不能知觉的状态,不能进行价值判断,不能进行善恶判断,只是在场、接收。

错觉的消费观教育与幸福感的形成在于,通过宣传唤醒了人们诸多似乎自然的欲望和需求,通过鼓吹对消费生活的向往、对享乐和安逸的追逐,把现有生活秩序和对生活的需要以合法、自然的方式灌输给大众,特别是通过符号的大量复制和生产,把消费和娱乐的生活夸大为人生的全部——或至少造成这样的暗示。于是,一种自然如此,无须发问,更不用质疑的秩序不容人们分辨就取得了它的合法地位,满足需要就成为自然而然的事情。消费至上、享乐主义似乎毋庸置疑。人们在消费和娱乐中很少认识到这种狂欢的人为性。人们甚至会问追求享乐和快乐有什么错呢?因此,错觉的消费观教育与虚假的幸福感就这样形成了。如果不按照时尚打造的模式生活就被认为落伍、保守、边缘化,这是消费主义消费观传导给消费者的压力。可见,消费强制对消费错觉与压力感的维持。

---

① 郃尚贤.弗洛伊德无意识论[M].西安:陕西人民出版社,1998:60.

引导消费者获得真正的幸福感，缓解消费者压力的途径是对消费主体社会责任的建构：从消费主体与各种维度的关系，建构负责任的消费主体社会角色：生产消费者、生活消费者对自己负责，生产消费者对生活消费者负责，生产消费者、生活消费者对环境负责，生产消费者、生活消费者对他人负责。

第 7 章　和谐社会绿色消费观教育的路径转型

改革开放 40 年以来，中国社会在消费领域发生了深层次转型，既体现在国家消费政策的价值取向上，又表现在生动活泼的消费实践中，尤其是表现在消费观教育内容的多样性、差异性乃至冲突性上。在西方消费主义消费观颇有市场的情况下，国家如何建构好和谐社会的绿色消费观，并利用和谐社会绿色消费观去引领个体消费者的消费观？本书认为应该坚持以下途径。

7.1　途径一：推进以消费者为中心的“关系群”教育

和谐社会绿色消费观的核心是追求和谐，那就是倡导消费者在消费过程中，实现消费者本人的身心和谐、消费者同生产者的关系和谐、消费者同社会的关系和谐、消费者同环境的关系和谐。由此，形成了一个以消费者为中心，包括消费者自身在内的多元关系的“关系群”。

7.1.1　促进消费者身心和谐教育

促进消费者与自身的身心和谐是消费观教育成功的基础和前提。人一出生就是一个消费者，人的一生是消费的一生。消费作为人的基本生命活动，须臾不能停止，至死方休。消费首先是基于人的需要，如吃喝住穿。马克思将人的消费需要分为生存、发展、享受需要。尽管对于较高层次需要的满足，消费并不是其得到满足的唯一源泉，但是，可以说任何层次的需要，都离不开对物品的消费，甚至某些重要的精神、心理需求在许多人那里也是要通过消费来满足的。作为消费活动，消费与物质产品的生产供应有着天然的关系。

不难看出，生命是主体自我生长、进化、繁衍、感觉等丰富可能的一类现象，从消费视角看，生命是主体感知到自己的一种存活状态。因此，生命首先是活着，活着就需要消费。消费是保持人的肉体器官运转和功能基本完好的状态。要活着就要消费，要消费就需要获取消费资料，保持获得生的权利，才能去张扬自己生存的欲望。然而生命的权利和生活的张扬受到规律的约束。人作为有思想、有尊严的存在，必须在生与命之间协调，回答好、实现好为何活、如何活、怎样活的问题。其本质上是如何处理好消费者身心和谐的关系问题。然而，在十八大之前一段时间，在消费领域没有协调消费者与自身的关系的现象比比皆是。《人民日报》在当时多次发文予以关注。以白酒消费为例，一些畸形的消费观造成了消费者与自身的完全不和谐。白酒消费过程中，消费者与自身的关系越来越不和谐。十八大以前，公款消费比较盛行，当时，在某些领域，喝酒已成为与自己生命无关，但必须以身心为载体去完成的“重要工作”。当酒和工作联系起来，与生命日益疏远以后，就出现了一些非常畸形的论调。比如：“能喝八两喝一斤，这样的同志可放心；能喝一斤喝八两，这样的同志要培养；能喝白酒喝啤酒，这样的同志要调走；能喝啤酒喝饮料，这样的同志不能要。”“公家出钱我出胃，吃喝为了本单位。”这些论调将奖励与惩罚双管齐下，喝酒成了上级传导给下级的“动力”和“压力”——获得奖励是因为自己多喝，得到惩罚是因为自己少喝或不喝。“穷也罢富也罢，喝罢！兴也罢衰也罢，醉罢！”。① 这样的消费观教育，以强制消费者身心不和谐为代价，形成浓浓的乖戾之气、腐败之味、谄谀之风、愚昧之态。

《人民日报》2012 年 1 月 10 日发文痛批这种病态的酒文化。在餐桌上推杯换盏，白酒的确具有勾兑感情的作用，发挥着人际沟通的特殊功能，然而，白酒的人际沟通功能被超常规地异化了：上级以罚下级喝酒为乐；下级按照上级的要求喝酒，体现出下级对上级的尊敬。这些现象的代价是破坏消费者身心健康，败坏社会风气。这种异化被消费文化主导，被消费文化渗透。“领导干部不喝酒，一个朋友也没有；中层干部不喝酒，一点信息也没有；基层干部不喝酒，一点希望也

① 《人民日报》评论员.腐败味乖戾气愚昧态谄谀风[N].人民日报，2012-01-10.

没有;纪检干部不喝酒,一点线索也没有。”这种消费观教育畸形到人被酒牵着鼻子走,是一种典型的消费强制。

喝酒已经成为官场的重要工作,甚至已形成了与酒相联系的理论,相联系的体制机制。几乎是无酒不成席的当下官场,已经发展到是无好酒不成席。因为是公款招待、公款吃喝,用不着掏个人腰包,所以,档次高的酒才能显示规格高;酒要把人喝倒才能显示热情。酒用来勾兑感情,勾兑业绩、利益、权力甚至情色。可见,在酒风盛行的当下,酒的功能已经发展到多重维度。有这样一种“理论”:不少人对于在官场多年“吃了个肚儿圆”颇为坦然,因为只要没把公款装进个人腰包,吃了喝了算不了什么。

当消费超过消费者的承受限度时,就出现了错觉消费。老子说:“五色令人目盲;五音令人耳聋;五味令人口爽;驰骋畋猎,令人心发狂;难得之货,令人行妨。是以圣人为腹不为目,故去彼取此。”物质资料的消费是人全面发展的前提与基础。而文化、生态的需要是人的发展需要,马克思称之为高级的享受和高级活动。物质、文化、生态三方面需要的满足,就是全面满足了人生存、享受和发展的需要。这就使人以一种全面的方式作为一个完整的人占有自己全面的本质。

产品越来越丰裕的现代社会中,消费者身份的多元化和流变性的特质更加突出。一方面消费者脱离了传统身份的束缚,有了更多自由和发展;另一方面,与自由和发展伴随的是更多的焦虑与不安。不安和焦虑的典型表现就是,消费与人的多维度的丰富存在所追求的真正幸福生活背道而驰,渐行渐远。占有和消费更多的物质财富并不意味着距离生活幸福就越近,物质财富如果被不能合理、适度地使用和消费,带来的往往是身心的疾病。过于丰富的营养在现代社会造成了许多“富裕疾病”——肥胖症、肝脏疾病、心脑血管疾病。这些病都与人的优越生活水平、过度营养供应以及过度摄取能量有关。同时,方便的电器、交通运输工具越来越代替了人本身某些生理功能,甚至把人的运动机会、必要的劳动机会都取消了。它们虽然使人的生活更加舒适便捷,却使人的自然官能开始退化。自然、健康的生活成为求之不得的奢侈品,过度的物质占有和消费,甚至还侵蚀着人的心灵。“在消费者社会,需要被别人承认和尊重往往通过消费表现出来”，甚至有人认为“消费的价值就等于自我价值”。[①] 高消费社会，正如奢侈生活的个人一样，消费再多也不会得到满足——没有人拥有足够的金钱，年收入1.5万美元的人确信如果他要收入 3 万美元就会解除后顾之忧。年收入 100 万美元的人认为如果他每年收入 200 万美元一切就会更好……于是，攀比、炫耀、竞争，使人们的意念、思想被骄傲、贪婪、焦虑、敌意所占有，精神疾病、道德败坏、自杀等各种社会病滋生蔓延。这样就出现一个奇怪的现象：按照占有和消费更多的物质财富来追求幸福生活的设想，反而只能离真正的幸福越来越远。物质越富裕、幸福感越来越少的现象也出现了。

现在，人们的消费虽然有旨在满足基本生活需要，而重在利用商品的实用功能，但更重要的是消费者在消费观的教育下，把消费视为彰显意义的方式。因此，作为消费对象的商品具有更深层次的符号价值，商品所蕴含的符号价值能够转化为消费主体定义自我、展示自我所必须的意义。[②] 由此，我们应该主动作为，赋予消费更多积极意义，压缩消费的消极意义，使和谐社会绿色消费观成为主导的消费意识形态。

实际上生理的满足与心灵的满足同样重要，而心灵的满足感比生理的满足感更重要。因此，从以消费者为中心的多维关系考察，这种身心和谐的达成，必须处理好以消费者为中心的多维关系。中国计划经济时代，没有看到提供更多的消费品，带来的消费者生理满足的意义，仅看到了消费对象的平均占有，给消费者带来的心灵满足的意义。

当消费对象不能满足消费者的生存需要、发展需要时，社会就会出现困顿。此时，消费者只能是在消费困顿中无奈地呻吟和叹息。“安得广厦千万间，大庇天下寒士俱欢颜”，说的是中国封建社会唐朝住房供给不足带来的消费困顿；“朱门酒肉臭，路有冻死骨”，说的是社会贫富消费不均带来的消费困顿。

所以，消费者在消费中要处理好生与命的关系，要处理好消费与自己的发展需要、消费与自己的审美需要的关系。毫无疑问，消费水平的提高带来的满足是消费者经常体验得到的，无产阶级作为依靠工资维持生活的群体，他们的实际

---

① [美]艾伦·杜宁.多少算够——消费社会与地球的未来[M].毕聿，译.长春：吉林人民出版社，1997：20.

② 伍庆.消费社会与消费认同[M].北京：社会科学文献出版社，2009：99.

需要和生活标准也有了大幅度的提高，这是资本主义文明带来的必然结果。然而，现代社会最大的危险是，将消费中的自由等同于其他的自由，将消费中的平等等同于其他的平等。在商品符号化和符号商品化的作用下，商品作为交换价值、符号价值、使用价值的多元性集合体，正在对消费者进行全方位教育与引导，由此，人为物欲就不可停止。比如住房有商品房、保障房、廉租房等，就是将住房赋予不同的符号，不同的意义。浪费被视为一种疯狂、精神错乱、本能的官能障碍，因为它使得人们焚烧储备物资，并通过非理性之举殃及生活条件。①

7.1.2　消费者与生产者的关系教育

生产者与消费者的双重身份，在人们身上同时存在着，但是在社会发展的不同阶段，其地位并不相等。在向消费社会进一步发展的过程中，劳动出现去意义化和去公共化的趋势，也逐渐失去了作为意义建构和人际连接纽带的功能，正在沦落为纯粹为了实现利益的谋生手段。

改革开放以前是一个产品匮乏时期，那时家庭作为最主要的生产单元，同时也是消费活动完成的场所。不管是手工业者的作坊还是商人的商铺都是与生活空间合在一起的，有时尽管也会有分割，但是直到工厂的出现，专门从事生产的场所才真正成为独立的工作空间。当然，工厂不是一天建成的，从家庭生产演变到完全的工厂生产，中间经历了多种过渡性的制度。改革开放以前的社会，生产方式是以自给自足为主，辅之以必要的市场交换。"一方面是村庄中的农民，他们几乎过着自给自足、自由自在的生活；另一方面是如油珠一般向四处扩散的市场经济和资本主义，制造业的逐渐发展开始显现今日世界的雏形。"②不断发展的社会分工在提高生产力的同时，也促进市场交换的不断深化。其带来生产者劳动组合方式、劳动时间、空间的变化，更带来劳动者与劳动成果的分离，且进而引发了消费者消费生活的巨大变革以及消费观念的深刻变化。

社会分工导致劳动者和消费者双重身份的变化。在工厂以大规模的雇佣劳

---

① [法]让·波德里亚.消费社会[M].刘成富，全志钢，译.南京：南京大学出版社，2000：1.

② [法]费尔南·布罗代尔.资本主义论丛[M].顾良，张慧君，译.北京：中央编译出版社，1997：65.

动进行生产以前，劳动主体和消费主体是叠加在一起的。随着社会分工的发展，尤其是普通人成为资本主义生产关系中的工人，仅仅在流水线上的一个工作单元上出卖自己的劳动力，不再能够完整地、独立地生产产品，使得劳动与消费的彻底分离。由此，每个人都不可能生产出满足自己需要的任何产品。在同一人身上的劳动者和消费者的双重身份完全分离了出来。

消费与生产的分离带来一系列传统关系的分离，生产关系的变革带来社会其他关系的变革。消费与生产的分离根植于一系列其他的分离：家庭与工作场所的分离，工作时间与游玩、休闲的分离、公与私的分离，甚至男性与女性角色的分离——男性是生产者，女性是消费者。正是基于这些分离才导致消费在概念上从生产中分离出来。①

分工带来了劳动者对劳动成果的支配关系的深刻变化。破碎的分工使被分割的劳动不再与劳动的成果直接联系，逐渐丧失了创造意义的功能。劳动作为人类创造性的实践活动，意义在于其所创造的劳动成果。由于社会分工的日益深化，个人作为劳动者再也不能完全地拥有自己的劳动成果。劳动与劳动成果的分离，“分工所产生的极端的彻底的专业化，只是普遍的文化困境的一种特殊形式，他所谓的普遍的文化困境就是客体文化与主体文化的相互离异——也就是异化”。② 一方面，分工以后的劳动过程中，参与的人越来越多，劳动者个人在最后的劳动产品的贡献中越来越微不足道，劳动产品中体现个人劳动的特征越来越少。“劳动分工事实上产生了这样的结果：个体的实物已经是群体的产物；由我们劳动组织所决定的将个体分解成特定的能量，再将这些分化出来的东西汇成一个客观的文化产品。其结果是：参与生产的灵魂越来越多，具体产品的灵魂越来越少。”③尤其是在机器大工业的情况下，在流水线上大批量、标准化生产出来的产品上，任何带有劳动者手工的痕迹都被剥离得干干净净。另一方面，随着分工的深化，迂回劳动过程的中间环节不断增加，最终劳动产品的生产过程中，出现了无数的独立产品，劳动者的劳动成果更多的只是间接地体现在最终产品中。对每个劳动者来说，他们与产品越来越远，能看到的只是摆在自己面前的

① A Fuat Firat, Nikhilcsh Dholakia.Consuming People[M].London: Routledge, 1998:15.

② [德]西美尔.金钱、性别、现代生活风格[M].顾仁明，译.上海：学林出版社，2000:69.

③ [德]西美尔.金钱、性别、现代生活风格[M].顾仁明，译.上海：学林出版社，2000:69.

具体烦琐的工作，而完全没有创造产品的快感。劳动者再也不能说那件产品是自己完成的，他只是在成千上万件同样产品上拧了同一颗螺丝帽。在这样一个非人格化的过程之中，到底是谁提供了劳动并不重要，只要这个人提供完成要求的操作、提供符合要求的劳动就足够了。

人们只是作为消费者，看到琳琅满目的消费品出现在商店或百货公司，以完美的形象被展示，却不了解生产过程中发生的事情。这也使独立的消费空间成为越来越重要的问题之一。因为商品的生产过程被完全遮蔽，只有在最终的消费场所才以最美丽动人的一面展示在消费者面前，而生产过程中的肮脏丑恶的一面都在消费殿堂的聚光灯下洗尽了。

社会分工使劳动者之间的精神联系日益松散，但是物质联系日益增强。分工日益细化的生产布局中，劳动者只能限定在局部的范围内活动，专注自己所从事的那一部分活动，而对其他人的劳动了解得越来越少，因此与其他人的劳动也越来越疏远。劳动者与他人以及外在社会的关系非常脆弱地维系着。越来越多的产品参与到交换中，人与人之间的关系隔着越来越多的产品，只能凭借一定的中介货币发生关系。货币为这一切的有效实现提供了手段，人与人之间的关系通过货币来维系。分工后的人们都隐退到货币之后。人们以货币为中介来实现与无数参与到分工中的人组成的世界交往。与日益复杂的交换关系相反的是，劳动者在整体的社会中越来越渺小、微不足道。相对于外部世界来说，劳动者只是一个个孤立的原子，社会变得碎片化、原子化。虽然劳动者之间的精神关系日益松散，但是，任何一个分工环节上的差错或者不负责任，足以影响消费该类产品的所有消费者，给消费者带来物质、财产、身心上的巨大伤害。分工的细化使得劳动者之间的知识分化越来越严重，出现了隔行如隔山的现象，每个人对其他人的劳动了解得越来越少，同时又越来越依赖其他人的劳动，进一步削弱了共有的知识基础。生产过程的碎片化和机器大生产的精巧复杂的工艺过程，使任何一个单位的劳动者都不能获得产品的全部生产信息。传统的劳动中，我们还可以依据自己的经验对其他劳动者的劳动和产品做分析和判断，而高度专业化、现代化的分工使我们不再具备这种可能性。

“普遍的趋势无疑是朝向主体越来越多地依赖劳动成果，越来越少地依靠在这些成果背后的人。现代的劳动分工使依靠关系中的人的数量有增无减，正如它使得个人在发挥其功用后就消失了，这正是因为只有个人的一方面起作用，所有其他方面退居次要地位。”[①]我们生活中几乎所有的物品都是经过无数双手，才最后送到我们手上。没有哪个人能够独立地、从头至尾地生产出哪怕只是一支简单的铅笔。每样物品的背后到底经历了什么，我们毫无所知。每个人对越来越少的东西知道得越来越多，协调社会共同行动的共识越来越难以达成。“专职工作的特性就在于，它摆脱了集体意识的影响……如果这些只能越来越专门化，那么，能够了解所有职能的人将会越来越少，因此，它也会游离于共同意识之外。[②]”人们面对的现实是社会生产和生活的链条越来越长，而劳动者之间的了解越来越少，依赖却越来越多，整个社会的共有知识基础遭到削弱，社会共识也越来越难以达成。这就是现代社会劳动者、生产者、消费者之间的悖论关系。

这种劳动和消费的分离与主体的身份独立是建立在时间的分离和空间的交替基础上的。正是资本主义生产在向组织化的方向迈进的时候，资本主义生产逐渐深化，在时间和空间上更加集中，形成了同一个人既是劳动者又是消费者的两种身份，并且这两种身份在时空中具有分裂的特征。人们一方面遵从劳动者的劳动伦理与工作责任要求，在另外的实践和空间中，他又变成了消费者，遵从于消费者的浪漫伦理与消费主义精神，变换成另一套行为规则。劳动者与消费者的身份分离，首先建基于劳动和消费分离在不同的空间中进行，专业化的工厂成为独立的劳动空间，而家庭不再是劳动和消费的混合空间。

工业化开始以后，工厂与家庭并没有决然分开。最开始时工厂将生产的任务分解到工厂的家庭中来完成，外包工制就是一种典型的生产方式。外包工制就是工匠从商人那里领取材料，然后在自己家里做工，并得到家人的协助，最后提交成品或半成品给商人，检验合格后结算加工费用。直到今天，这种制度在很多刚步入工业化阶段的发展中国家仍然盛行。

随着机器的普遍使用，宣告了工厂与家庭融合的这种组织形式的消亡，工厂成为纯粹的生产场所，不带有任何家庭性的痕迹。由此，工厂和家庭承担了完全

① [德]西美尔.金钱、性别、现代生活风格[M].顾仁明，译.上海：学林出版社，2000：223.

② [法]埃米尔·涂尔干.社会分工论[M].渠东，译.北京：三联书店，2000：88.

不同的功能，工厂成为公共的、生产的场所，家庭成为私人的消费的场所。哈贝马斯说："随着职业领域的独立，家庭领域退守自身：自由主义时代以来，家庭结构发生着巨大的变化，其特征并不是消费功能的增长所导致的生产功能的消失，而是家庭日趋脱离了社会劳动的功能关系。"①甚至在效率的驱使下，家庭中原本满足生活需要的生产性活动都被从市场购买的商品所代替，就像快餐进入家庭，取代家庭主妇做菜、做饭的活；袋装的咖啡进入家庭，咖啡也不再需要煮而只要开水冲一下就行了。

在工厂之内与工厂之外，人们有不同的身份，也有不同的心理感觉。由于资本主义的发展对人的感觉记忆的侵占，人们只有从工作的公共场所退回到室内的内部世界，来挽回和保持自己经验的内容。工人在工厂中以劳动者的身份出现，完全地将自己的整个身心投入到工作、劳动之中去，而回到家中，曾经仿佛出窍的灵魂又回到了身体之中。一个人身上劳动者和消费者的两重身份在不同的空间中被分离。

就消费者与生产者的关系，有人提出了消费者主权的思想。消费者主权，即在消费者和生产者的关系中，消费者是起支配作用的一方，生产者应当根据消费者的意愿和偏好来安排生产。② 原因是社会经济水平比较低下，商品经济不发育，经济结构和产业结构相对单一的历史时期，产品匮乏，消费需求受到限制，这时必然是生产决定消费。随着现代经济的发展，买方市场逐渐形成，生产者之间的竞争日趋激烈。这表明生产者若要想在生产领域获胜，就需要争取消费者，占据一定的市场和销售份额。而消费者作为一个追求满足的人，总是按照效用最大化的原则，为自己的购买行为做出决定，这种意愿和偏好通过中间环节市场传递给生产者。生产者获得信息以后，就调整生产，尽可能地满足消费者需要。这样，市场经济就赋予了消费者在消费中的主动权。③ 总之，消费者与生产者的关系，应该遵循消费者主权的思想，引导生产者了解消费心理、消费偏好、优化生产决策，协调消费者与生产者的关系。

---

① ［德］哈贝马斯.公共领域的结构转型［M］.曹卫东，译.上海：学林出版社，1999：182.

② 厉以宁.消费经济学［M］.北京：人民出版社，1984：179.

③ 张筱薏.消费背后的隐匿力量——消费文化权力研究［M］.北京：知识产权出版社，2009：40-41.

7.1.3 消费者与社会的关系教育

中国传统社会，生产者就是消费者，消费者与生产者具有合一性。那时社会分工十分不发达，整个劳动过程劳动者都全程参与，对整个产品相关信息都了如指掌。由于社会分工不发达，商品经济也不发达，市场不活跃，因此，生产者没办法获得消费的多样性信息，即自己不能生产的东西别人能生产，不能通过交换的办法互通有无，满足消费多样性的需求。由于没有进行专业化的分工协作，所以，劳动效率十分低下，因此传统社会是一个产品十分匮乏的社会。生产速度跟不上消费速度，消费者更感觉劳动的艰辛、产品获得的不易。对此，有诗为证："父耕原上田，子劚山下荒。六月禾未秀，官家已修仓。"(《田家二首》其一)"二月卖新丝，五月粜新谷。医得眼前疮，剜却心头肉。我愿君王心，化作光明烛。不照绮罗筵，只照逃亡屋。"(《咏田家》)"春种一粒粟，秋收万颗子。四海无闲田，农夫犹饿死。""锄禾日当午，汗滴禾下土，谁念盘中餐，粒粒皆辛苦。"(《悯农二首》)，传统社会消费者与生产者的合一性，决定了消费者自然形成了节俭消费意识。以孔子为代表的儒家，一直将节俭、俭朴的生活方式视为道德的生活方式，反对奢华浮华的生活。中国人也形成了知足常乐、安贫乐道的消费观。由于生产的艰辛，效率的低下，人们消费满足难以达到，于是出现了社会强势群体对弱势群体的剥削。因此，劳动者反对剥削、反对剥夺也是消费者与社会的关系之一。当社会矛盾不可调和时，往往是农民起义推翻统治者。

在前工业社会，人们还没有以劳动者和消费者的不同身份来承担劳动生产和消费休闲这两类不同的活动。消费者这个清晰的角色身份和不同的责任要求是在资本主义的发展历史中形成的。在各个历史时期不同地域的社会中，人们要生存下来都要吃饭、穿衣、住房，每一个活着的人都要消耗相应的物质资料。但是作为现代意义上的消费者，即通过市场交换他人提供的物品或劳务以满足自己需要，这个身份却并非古已有之。古代人们的消费者身份并不像我们今天的消费者，更没有成为今天的大众消费者。消费者身份是伴随着消费从劳动生产中分离出来的过程，进入社会生活情境中的。在自给自足的共同体中，人们基本上都是自己生产生活所需要的大部分物品，他们都不是真正的消费者。随着现代分工的推进，才出现了劳动者和消费者的分裂：每个人通过复杂的社会交换体系，一方面，以劳动者的身份出卖自己的劳动，生产自己并非需要的产品；另一方面，以消费者的身份向市场购买自己所必需的生活资料。生产者和消费者这两重身份在现代人身上是一体两面。劳动者和消费者的区分并不是将人划分为两个区隔的群体，人们只是在不同的时间和空间以不同的身份出现，就像在交流中，人们既是说话者又是听众一样。消费主体有多重身份，就体现出消费者与社会的关系来说。比如家庭中，父亲作为一个消费者负有养家糊口的义务，自己获得的工资除了满足自己的消费需要以外，还要关切儿女、父母的生活消费。

社会分工的广度和深度使世界越来越成为一个整体。“各个相互影响的活动范围，在这个发展进程中越是扩大，各民族的原始闭关自守状态，由于日益完善的生产方式交往，以及因交往而自然形成的不同民族之间的分工，消灭得越是彻底，历史也就越是世界历史。”①由于分工的细密，消费者与生产者的关系、消费者与社会的关系越来越紧密。

消费者的本质是一切社会关系的总和。消费者是社会的细胞，消费者的消费总是基于一定的社会生产力发展水平、社会的所有制结构状况、社会主流价值而进行的。所以，消费者的任何一次消费行为都体现出社会性。

社会经济所有制结构决定消费者的消费潜力。资本主义社会生产资料私有必然导致消费的两极分化。资本家为了获取剩余价值，拼命扩大再生产，延长剩余劳动时间，工人仅仅依靠工资去消费，而资本家利用剩余劳动去消费，形成消费两极分化，并出现异化劳动和异化消费。社会主义社会，毫不动摇地坚持公有制的主体地位，保证了剩余劳动被国家占有，工人除了工资消费以外，社会还利用剩余劳动来增加工人工资，利用剩余劳动发展社会公共事业，尤其是加强社会保障建设如失业保险、医疗保险、义务教育，让很多消费者没有后顾之忧，从而将更多的资金用于消费。这样可以提高消费者生活质量，为生产企业打开消费市场，让生产者和消费者实现双赢，同时也带来社会经济繁荣。

社会是人的集合，也是消费者相互关系的集合，消费者的消费活动创造了社会，而社会又不断影响消费者。生产者的劳动和消费者的消费共同创造了社会，推动了社会发展。正是基于此，社会总是要提出一定的意识形态来整合社会发

① 马克思，恩格斯.马克思恩格斯选集：第1卷[M].北京：人民出版社，1995：88.

展、引领消费者消费和生产者生产，最终推进消费者与社会的关系和谐科学发展。社会作为一个大系统，需要对消费者进行消费观教育，引导消费者如何理性消费，如何在权益受到侵害时予以保护，比如制定《消费者权益保护法》，将每年3月15日定为消费者权益保护日。

社会总是要运用一定的政治、经济、法律手段去引导消费者、干预消费者。褪去了社会性的消费者不是一个完整的消费者，离开了社会，消费者就进入了一个荒岛。因为现代人消费的每一件物品都不是自己生产的，都要基于社会分工，也就是每一个人的劳动都是社会劳动，每一个人的消费都是社会提供的消费。社会是为消费者的利益而存在的，社会为消费者服务搭建平台，严格地说是社会离不开消费者，消费者离不开社会。消费者之所以需要社会是为了实现互补，每个个体的不足都在社会交往中实现互补。由于消费者具有分散性，常常成为被损害的弱者，社会要为消费者提供权益保护。因为在商品交易中，消费者个人与大公司、大企业、大垄断集团相比，经济力量极其弱小，所以买卖双方的力量极端不平衡。消费者是为了满足需要而购买品种多、范围广的商品，而经营者以营利为目的专营特定商品，两者对有关商品的知识存在特定差异，又加上科学技术迅速发展，生产技术和工艺日益高度复杂，使消费者越来越难以对选购商品的品质做出判断，因而不得不对经营者全面依赖。消费者有人性弱点，常常依据个人兴趣爱好、虚荣心、侥幸心理去选购商品，这些弱点最容易被拥有现代营销手段的经营者所利用，从而导致对其利益的侵害。消费者在强大的金融资本面前，表现出显著的无力状态，少数经营者为了追求利润不择手段，让消费者置于丧失财产乃至生命安全的危险之中。因此，社会要对消费者予以保护，这样有利于提高消费者的生活水平和生活质量，有利于提高企业和全社会的经济效益。

社会要为消费者解决的基本消费问题，如住有所居、老有所养、病有所医，学有所教等，在当下的中国社会，正逐渐变得更加具有公共的内涵。消费行为不仅体现了人与物之间的关系，还是人与人之间关系的中介，其关系图式表现为“人—物—人”之间的关系。消费行为的公共性，在社会关系的多方面体现。消费者与社会的关系表现为消费与社会保障的关系，加强社会保障，有利于促进消费，改变消费者的消费观。消费行为的公共性还表现在消费者与社会政策导向关系，比如，“文革”期间实行计划分配、票证制，消费者消费无法体现多样性。社会学家认为提高社会保险、如医疗保险、失业保险、住房公积金等让消费者感到以上消费问题无后顾之忧，就可以放心地消费。因而社会保险的健全有利于消费、有利于改变消费者的消费观。另外，社会税收也影响消费观。

社会有两种存在形式，即熟人社会和陌生人社会。陌生人社会消费者和生产者的分离，导致生产者生产产品，总是尽可能地提高效益、压低成本，市场上出现了流通伪劣产品的趋势。而陌生人社会的消费者通过消费连接在一起，如果每个人以自我为中心，则共同体是松散的、斗争的、碎片化的、原子化的。西方价值观以自由、平等为根基，而建立在个人本位上的自由、平等，必定对消费共同体进行解构。随着经济全球化，消费共同体扩展到全球，美国推行自由、平等，必定是以剥削压迫其他国家为特征，像现在以在不发达国家开办血汗工厂、绑架全世界经济的途径，向本国输送巨大的市场利益，让第三世界国家为美国的经济危机买单，就是最典型的表现。

现代社会，每个人在社会中的身份和扮演的角色既是劳动者，又是消费者，这是历史演进过程的产物。劳动和消费的分离，劳动者和消费者两种身份在个人身上各自独立，是雇佣劳动条件下劳动过程分工不断深化的。① 由于生产能力的日益扩大，由此创造出来的堆积如山的产品，在资本逻辑的要求下，要求通过消费网络迅速被消化。经济学家和商家认识到，当人们对实物、衣服、住所的自然需要感到满足的时候，大规模生产的产品就会卖不出去。于是商业电视台与商家合谋，以广告为媒介，时刻向大众暗示：舒服、方便、富裕的消费品是人生幸福所必需的，是幸福生活的模式；消费琳琅满目的商品会让人生的困惑在消费过程中释然、忘却；拥有和使用数量和种类不断增长的物品和服务是通向个人幸福、获得社会地位、国家认同、个人成功的确切道路。这就是消费观教育的一个严重误导。

公共化对私人化的消解，体现在社会生活中大众传媒对私人生活各个领域的入侵。消费行为不再是简单不受外来干扰的纯粹私人领域，人们的消费行为或明或暗地被外在力量所影响，被赋予公共的意义。在传统社会中，简单明了的公共与私人之间的分野在现代社会已经不那么清晰了。在现代社会，随着私人

---

① 伍庆.消费社会与消费认同[M].北京：社会科学文献出版社，2009：82.

领域与公共领域的相互渗透和叠加，意识形态成为日常生活的主宰力量，其将价值判断以公共意见的形式强行输入到私人空间中去。消费行为本身也成为公共性的活动，消费行为所关涉的不仅仅是个人利益，同样也是公共利益和观点的表达，形塑着消费者的公共形象。消费者与社会发生关系的过程中，或者表现为身份的焦虑，或者表现为消费的兴奋。比如儿子考大学，农村父母为子女上学的学费发愁；父母住院，子女为选择什么样的大夫焦虑；子女结婚，父母为购房、彩礼发愁。

在消费者与社会、他人的关系上，消费者的消费决定要受到社会和他人的影响，消费者受到社会和他人的消费观教育。比如攀比、争强好胜、好面子，或者为了表示是某个社会、某个团体的成员，可以决定性地促进一个人去购买、消费。这种消费行为并不指向物品的使用价值，而是表明购买者具有某种能力、身份、地位或者获得社会推崇的意义。这实际上是消费者所处的文化团体、文化实践和社会所赋予他的意义、价值信念的体现。这些因素成为消费者最需要体现的东西。

7.1.4 消费者与环境的关系教育

消费者与环境的关系对比中，“人不过是一根苇草，是自然界最脆弱的东西。用不着整个宇宙拿起武器来才能毁灭他：一口气、一滴水就足以致他死命。然而，纵使宇宙毁灭了他，人却仍然要比置他于死地的东西更高贵得多，因此他知道自己要死亡，以及宇宙对他所具备的优势，而宇宙对此却一无所知”。[①] 消费者消费对象的丰富、数量的增多，造成了集体环境的破坏：噪音、空气和水污染、风景的破坏，新的公共设施（飞机场、高速公路等）的建造，给居民区带来了莫大的困扰。汽车拥挤的后果引起了巨大的技术上、心理上和人力上的赤字。[②]

人类为了大量地从地球开采的天然气、石油、煤，破坏了无数动植物的栖息地。在发展中国家，国际贸易中不得不以矿产资源的出口来支付进口西方昂贵工业品的代价，所以他们不得不出卖自己的生态精华。据有关资料披露，巴西政

① [法]帕斯卡尔.思想录——论宗教和其他主题的思想[M].何兆武，译.北京：商务印书馆，1985：157-158.

② [法]让·鲍德里亚.消费社会[M].刘成富，全志钢，译.南京：南京大学出版社，2008：18.

府因为背负了1 000亿美元的国际债务，政府补助和促进着出口工业。结果让这个国家变成了一个铝、铜、钢铁、机械、牛肉、鸡蛋、大豆和鞋的主要出口国。由于巴西的出口业，发达国家的消费者得到了便宜的产品，但是，巴西却被污染、土地退化和森林破坏问题困扰。① 当西方消费社会的制造业逐渐向发展中国家和地区迁移的时候，一些发展中国家和地区当局不惜付出生态代价，吸引西方人向当地投资。为了吸引西方资本，他们砍伐丛林、铲平山头、填平沼泽、改造江河，甚至搬迁市镇。② 消费主义消费观对地球的不幸应该存担巨大的责任。然而，非常遗憾的是，消费主义消费观教育仍然势头强劲，表现为向更广大的地区扩散，不仅在工业化国家，而且在新型工业化国家，消费主义消费观所倡导的大肆消费风气愈演愈烈，消费主义生活消费方式十分流行。西方消费主义社会弊病在许多地方继续上演。所以，和谐社会绿色消费观教育有十分重要的警示意义。罗马俱乐部在20世纪60年代就发出了振聋发聩的声音："如果世界人口、工业化、污染和粮食生产以及资源消耗，按照现在的增长趋势不变，这个星球的经济增长在今后的100年内某个时候达到极限。最可能的结果是人口和工业生产能力这两个方面发生颇为突然的、无法控制的衰退或下降。"③

人们可以无限多的消费，而消费的对象是社会财富，社会财富源自自然资源，在资本驱动下的消费观教育，有意遮蔽了人们对这些问题的了解。人们在消费的盛宴中狂欢的时候，意识不到消费与地球资源之间的有限关系。而内蕴着病态消费观教育的各种广告，总是温情默默地向人们招手："消费吧！尽情消费吧！这里的供给源源不断！"于是，消费通过两方面扩张：一方面借助媒体宣传，培养人们的欲望，培养人们的消费新需求；另一方面，大肆消费，导致的生态恶化，让大自然原本赐予的空气、水、绿地等开始一天天地变污浊。于是人们只能开着汽车，燃烧着汽油、柴油去寻找新鲜空气、干净的水源。人们不得不购买瓶装纯净水，绿色食品、保湿剂、防辐射用品，来避免环境恶化带来的负面影响。消

① [美]艾伦·杜宁.多少算够——消费社会与地球的未来[M].毕聿，译.长春：吉林大学出版社，1997：33.

② [美]艾伦·杜宁.多少算够——消费社会与地球的未来[M].毕聿，译.长春：吉林大学出版社，1997：33.

③ [美]D梅多斯，等.增长的极限[M].于树生，译.北京：商务印书馆，1984：12.

费主义消费观教育带来的种种问题，许多人不是去质疑消费无限的神话，而是将人们的注意力转到科技，用科技万能的神话来抚慰掠夺、挥霍自然资源，污染环境造成的负罪感。如果我们不从消费主义消费观教育的神话中醒来，而进入和谐社会绿色消费观之中，那么，就算科技再发达，也遏制不了人类的贪婪。消费主义消费观教育的另一个误区是，不消费就衰退。刺激消费在国家层面上表现为繁荣经济的手段，甚至是强盛国家的宣言。追寻这种理论的历史发现，在20世纪30年代大危机以来，经济学家凯恩斯提出的“有效需求不足”理论，成为时髦一时的经济学理论，随后，许多国家在政策上都肯定了扩大消费对经济增长的刺激作用。在当时，消费甚至被渲染成为一种爱国责任。① 二次世界大战以来，美国社会迅速地向消费社会转型，形成了消费主义的上升热潮。如果不消费或者少消费，就意味着国家经济的衰退、工人失业、工厂倒闭等不利后果。所以理论家认为，只有提升消费能力，张扬消费才有利于国计民生。现在想来，这种观念被普遍接受是非常可怕的。因为它忽视了无限消费所带来的环境生态代价，也忽视了越来越多的衍生需要对生态破坏的修补。比如，对纯净水的消费，对绿色食品的购买，对空调、加湿器的使用，等等，而这些物品、电器的使用又要消耗更多的资源，释放更多有害物质。这种消费观教育颠倒了生产与消费的目的，将消费视为刺激生产的手段。就个人而言，这是把仅仅作为手段的消费等同于作为生活的目的。

由于很多人深信“幸福生活就是占有更多和消费更好的生活资料”，因此，消费主义消费观在全球蔓延开来。20世纪初，美国开始进入以消费主义为特征的消费社会。根据艾伦·杜宁提供的数据：在1950年，美国每天有4 000户年轻家庭迁入新居，婴儿车、衣服烘干机、洗碗机、冰箱、洗衣机、电视机大量进入家庭。到80年代，美国人与1950年代相比较，多拥有2倍的汽车，多行驶2倍半的路程，多使用21倍的塑料，多乘坐25倍距离的飞机。20世纪60年代末期，消费主义消费观也开始在日本、西欧流行。80年代，法国、西德和英国人均钢材使用量增加了一倍，水泥和铝的进口量增加了一倍多；在日本，每个人比1950年

---

① [美]艾伦·杜宁.多少算够——消费社会与地球的未来[M].毕聿，译.长春：吉林大学出版社，1997：12.

多消费4倍的铝、25倍的钢材，人均汽车拥有量是1950年的4倍；而家用电器在西欧和日本已经成为生活的必需品。[①] 灵活的金融手段、自由放任的经济政策，极大地助长了肆意消费与及时行乐思想的流行。与此同时，在不发达的东欧，也有半数以上的居民接受了消费主义消费观。"世界范围内蔓延的消费者生活方式的野火，标志着人类物种曾经经历的日常存在中最快捷的和最基本的变化。经过短短的几代人，我们已经变成的轿车的使用者、电视观看者、商业街的购物者和一次性用品的消费者。"[②]在中国，富人阶层和中产阶层正在形成，这俨然在重复20世纪80年代后美国、欧洲消费社会的情境。中国人已经普遍拥有智能手机、电动车、小轿车、商品房，移动支付近几年也日益流行。

过度消费的第一个后果是日益迫近的资源枯竭危机。世界粮食的生产因为可耕地的有限以及非农用耕地的扩大、城市化进程的日益加剧，将面临危机。即使可耕地面积不变，消费社会对粮食的需求仍在迅速上升，全球日益蔓延的消费者阶层蛋白质很少来自农作物，而是来自动物的肉、奶、蛋，而这些食品的供应需要消耗大量的谷物。在美国，每生产1千克的牛肉需要5千克的谷物和豆类食品。结果是为了喂饱食肉阶层，使用了生长在世界四分之一土地上将近40%的谷物[③]。生活资料中，具有代表性的钢材、水泥、纸张，在消费社会中，人们的生活消耗巨大。据20世纪80年代的数据，一般来说，物质贫穷的人使用工业品的数量很少，他们每年消耗的钢材、水泥通常少于10千克，中等收入阶层少于150千克，钢材和50千克纸张，而包括日本、西欧美国在内的西方发达国家，人均钢材消耗量达到400千克以上、人均纸张消耗量达到200千克。[④] 不难看出，西方社会人均消耗着地球上的大部分资源。

地球资源十分有限，《增长的极限》一书列举了19种不可更新的资源已知储

---

① [美]艾伦·杜宁.多少算够——消费社会与地球的未来[M].毕聿，译.长春：吉林大学出版社，1997:12-13.

② [美]艾伦·杜宁.多少算够——消费社会与地球的未来[M].毕聿，译.长春：吉林大学出版社，1997:17.

③ [美]艾伦·杜宁.多少算够——消费社会与地球的未来[M].毕聿，译.长春：吉林大学出版社，1997:44.

④ [美]艾伦·杜宁.多少算够——消费社会与地球的未来[M].毕聿，译.长春：吉林大学出版社，1997:63-64.

量(1970),按照呈现指数增长的使用率,其中煤可以开采111年、铁93年、铜21年、石油20年、铝31年……(虽然新的探明储量在不断刷新,但资源的有限性是可以量化为数字的)这些资源的主要消费者是美国、日本等进入高消费社会的国家,他们的消耗量占消费总量的40%左右。① 西方消费主义消费观教育所出现的资源巨大消耗,理应对全球生态环境恶化负主要责任。现代高消费对资源的巨大消耗形成的工业垃圾、生活废弃物、有害化学物质、有害气体又被排到地球的土壤、江河、海洋、大气之中,污染了本身就已经严峻的资源,恶化了生态。据统计,有关工业化国家居民的衣、食、住、行方面的平均消费量是发展中国家的3倍,铝是19倍,能源是10倍。而工业化国家原料燃烧产生了大约四分之三的导致酸雨的硫化物和氮氧化物。目前,世界上大多数有害化学废弃物是工业化国家工厂生产的。他们的空调机、烟雾辐射和工厂释放了几乎90%的破坏保护地球臭氧中的氟氯氢。②

消费者与环境的关系认识误区:消费主义消费观教育已经形成了这样的观念,幸福生活就是占有和消费更多、更好的生活资料——更方便的服务、更宽敞的住房、用过即扔的物品、不用自己动手可以烹调的食物、反季节蔬菜、更便捷的代步工具。对于越来越热的天气,我们用空调、加湿器、冰箱、经过过滤包装的纯净水,并视之为生活的进步。这样,现代社会人们普遍认为消费更多、更丰富的商品、享受更方便的服务是好的——这是人类科技进步和生活水平提高的表现和标志,但是这些工业文明的成果,被消费主义消费观教育极力推崇的观念,存在很大的误导。

对生活进步本质的误导。工业文明语境下的消费观教育,将物质生活水平的提高作为评价尺度,比如"人均占有和消费物质财富的多少,外部自然力代替人的生理功能程度的高低"③。这种评价标准的缺陷表现为,忽视人的生活作为身与心、灵与肉、感性与理性、精神与物质等多维度展开的现实,把人的生活的狭隘等同于感性存在的方面。所以,如果不明白什么是幸福,什么是生活的进步,

---

① [美]D.梅多斯,等.增长的极限[M].于树生,译.北京:商务印书馆,1984:38-40.

② [美]艾伦·杜宁.多少算够——消费社会与地球的未来[M].毕聿,译.长春:吉林大学出版社,1997:29-30.

③ 俞海山.可持续消费模式论[M].北京:经济科学出版社,2002:83.

就不能看穿资本逻辑蕴含的宣传教育实质，就看不懂商业化对我们观念的操纵和支配，就无法从“天人合一”的视角看出，消费不仅是一个道德问题，也是一个关乎人类赖以生存的地球的安危、威胁人类生死存亡的问题。

7.2 途径二：促进生产与消费同一性理论的与时俱进

生产本质上就是消费，消费本质上就是生产，生产和消费具有同一性。在当代社会分工日益细密的背景下，遵循生产消费同一性理论显得更加具有必要性和重要性。对消费者进行生产消费同一性理论教育，更加有利于对和谐社会绿色消费观形成共识。

7.2.1 对生产者的生产消费观教育

对生产者的生产消费观教育。现代企业特别是实体企业，不仅是最大的生产消费者也是最大的生态消费者。企业尤其是重工业企业、化工企业以及大型装备制造业，对资源的消耗和环境的污染，从理论上和实践上均证明是十分巨大的。特别是在一个国家走向工业化的初始阶段，如果企业没有科学的生产消费观自我教育意识，国家没有有力的、科学的生产消费观教育手段来应对企业的生产消费行为，就难以实现社会的可持续消费，缓解生态危机，保护环境资源。同时，对企业的消费观教育不能仅仅满足于宣传一种消费意识、消费观念，要将这种意识和观念渗透到生产消费实践的每一个环节中。对企业进行生产消费观教育，是现代社会生产和消费彻底分离以后的一种不可避免的必要现象，是满足人们生存和发展的需求，实现人的全面发展的基础性条件。

马克思在《资本论》中将消费区分为生产消费与生活消费。生活消费总是指向个人消费。在资本主义条件下，生产消费与个人生活消费始终处于矛盾之中。马克思基本原理告诉我们，从最终用途看，社会产品分成两大类：生产资料和消费资料。而生产资料只要进入生产过程就转变为生产消费过程。生产消费过程结束以后，原来的生产资料通过生产消费的方式把不同的生产资料要素组合成新的商品，成为消费对象。最终通过流通过程进入消费环节，成为个人消费品。

马克思主义告诉我们，物质资料的生产是建立在劳动者以一定的方式组合起来，改造自然以及创造物质资料的过程。所以通俗地说，生产是对所有生产要素在一定的时间和空间内进行加工组合并制成产品的行为。从物质形态的空间组合角度看，生产是物质形态的转换状态及其转换过程，是通过负载一定含量的科技手段，通过加工使某种物质形态转换成另一种物质形态，而这种转换的过程本身就具有消费的特征。从这个意义上，生产和消费具有同一性。为此，马克思指出："劳动生产消费它自己的物质要素，即劳动对象、劳动资料、把它们吞噬掉，因而是消费的过程。"①由于有了这种消费，人们的生产需要才能得到满足，生产资料的价值才能得到实现。

传统消费观理论一般不研究生产消费，其对生产研究的重点是生产的投入与产出问题。因此企业如何以科学发展观为指导，去消费各种生产要素，并上升到消费观层次，在理论界一直是空白的。企业生产消费是为消费者生活消费做准备，是消费者消费的前提条件。企业作为物质财富的创造者，作为生产力组织者和实现者，是能源的消耗主体，是为消费者提供消费对象的执行主体。但是企业在生产消费过程中，也造成了掠夺性开发利用自然资源、污染环境等严重社会问题。因此，我们不能回避这样一个事实：企业是最大的生产消费组织和生态消费组织。

从生产与消费的宏观链条上说，全体社会成员都是企业产品的消费者。全体社会成员作为生产消费者，期待在生产过程中，为消费者的生活消费提供优质、廉价、舒适、耐用、安全的商品。从本质上讲，企业作为生产消费者，其生产动机是满足生活消费者的物质需求和精神需求。为消费者提供消费对象是企业的生产性消费目的之一，企业的生产消费行为对自然环境与社会环境的影响要尽可能地降低到最小限度。所以对企业进行生产消费观教育，是现代消费观教育实践中不可忽视的一个重要环节。

对企业进行生产消费观教育，要求消费观教育的主体、社会、公民引导企业自觉地关注生产消费环评效果、自觉对企业生产消费的技术手段、生产消费动机和目的进行科学性、合目的性、规律性的哲学审视和价值评判。具体地说，应该

① 马克思，恩格斯.马克思恩格斯全集：第23卷[M].北京：人民出版社，1972：208.

关照以下问题:从关乎消费者的存在意义和存在方式的哲学高度,回答为谁生产、如何生产、生产什么这样一些问题。国家对企业进行生产消费观教育,不能仅仅满足于追求资本增值,追求生产活动的效率,还要对企业生产手段、生产过程、生产消费对外在环境的影响、对消费者身心健康的影响、对企业自身的影响予以关注。生产消费的过程结束,形成最终的产品,提供产品给消费者作为消费对象,再由生产消费进入生活消费的过程之中,对消费者身心健康的影响予以关切。

对企业进行消费观教育是缓解生态危机的重要抓手。中国传统发展观存在重物质财富增长而忽视人的全面发展的不足,经常简单地把经济发展等同于经济增长。国家和地区经济社会发展压倒一切的指标长期锁定于 GDP 增长,而忽略自然的、环境的、人文的指标,这样自然界成为人类发展与生存的纯粹索取对象。客观地说,企业作为财富创造者的承担者,在推进人类生活水平提升上,的确功不可没,但是企业为社会发展累积了丰厚的物质财富,代价是十分巨大的。大气和水资源的污染,能源、矿产资源浪费,生态系统破坏的现象常常危及人类生存。人们的生活质量和水平提高常常以高昂的环境破坏为代价。

人类不科学的生产消费观指导下的消费行为对环境、生物圈的影响,让地球承载支持生命的能力日益降低。这与生产企业作为消费者使用能源与原材料的粗放方式密切相关。《21 世纪议程》指出,全球环境不断恶化的主要原因是不可持续的消费和生产方式,尤其是工业化国家的生产和消费方式。要达到环境质量和可持续发展的目标,就需要提高生产效率和改变消费模式,以便妥善利用资源和尽量减少浪费。因此,对生产企业的生产消费观教育首先是对消费者生活消费模式调整所提出的要求。其次,也要求全社会通过消费观教育,将可持续的消费观传递给企业,要求企业对不科学、不可持续的资源消费方式进行彻底的转变。

对企业进行和谐社会绿色消费观教育,需要解决的是外部性问题。所谓外部性就是企业在生产过程中,需要对生产过程中的"三废"(废水、废气、固体废弃物)进行处理之后,再排放到环境之中。但这样会推高企业的运行成本,于是企业的做法常常将"三废"直接排入公共环境。结果导致公共环境恶化,对所有人不同程度地造成身体健康的伤害。如淮河流域沈丘段的癌症村,就是因为沿淮河流域的企业污水、废气未经处理就直接排入淮河和大气，造成沿淮河地区居民癌症高发，带来巨大的社会生态问题。

从生产与消费同一性理论时代化的角度进行消费观教育，就是要坚持产品在设计和生产过程中要以人为决定要素，以最少的自然资源消耗包括能源消耗、原材料消耗以及最小的环境代价来完成。生产与消费同一性理论时代化的另一层意蕴是循环消费，要做到在生产环节节约资源，减少投入、多产出，特别是通过排泄物的再利用来减少排放，同时减少生产排泄物；而消费环节也要低碳消费，绿色消费，反对浪费性消费。

以人为本的和谐生产消费观为前提的消费观教育，提倡的消费方式是将满足人的需要作为出发点，而不是资本暴力下培育的怪诞欲求。消费活动的过程与消费活动的结果在和谐生态系统中相得益彰。这种机制要求既能实现经济增长、满足人们适度消费，又能保护环境、促进节约、保证可持续。所以，从消费的视角推进和谐社会绿色消费观教育，是人类走出生存危机、全社会实现可持续消费的重要力量。

和谐社会绿色消费观教育，是满足人们发展需求、生存需求，实现人的全面自由发展的应有之义。物质和精神产品的消费是人生存发展的基础，作为社会物质产品制造者和精神产品提供者的企业，在实现上述功能上起到支柱作用。当生产者与消费者由自然经济状态下的合一演变为市场经济状态下分离，企业成为社会化大生产的主导。由于竞争的推进、科技创新的引导，企业目前常常拥有先进的技术和生产工艺，储备了众多的高素质人才。特别是在中国，由于科教兴国战略和人才强国战略的长期推进，企业的整体水平大幅度提升，企业能够生产出符合人们不断提高要求和质量的生活需要、发展需要的产品或服务。所以对生产者进行和谐社会绿色消费观教育，是消费观教育的重要方面。

7.2.2　由四点合一到四点一线的认知拓展教育

推进生产与消费的同一性理论时代化，是生产、交换、分配、消费四环节由传统熟人社会的四点合一状态，演变到后工业陌生人社会的四点一线的需要。生产是起点，消费是终点。在现代社会，生产与消费的复杂性，是基于社会分工日益细密，人们对生产资料的占有方式不同，社会分工与生产资料的占有方式差异,出现了产品的生产者不能直接控制劳动成果,由此决定产品的生产者不是产品的直接消费者的现象。因而,生产与消费的同一性要通过科学合理的分配与交换才能表现出来。分配的功能要解决产品的价值量分割问题,这种分割从社会角度看是社会不同集团及其成员之间的分割。然而,生产资料的个人所有决定了劳动成果最终以剩余价值的形式集中于生产资料所有者之手,由此会形成社会产品的大量堆积,破坏生产消费的同一性。交换是社会成员将属于他们可支配的使用价值比例份额,通过转移所有权,获得他们所需要的新产品。所以生产与消费的同一性需要交换与分配来链接。如果将生产与消费彼此独立、割裂,使生产与消费不能系统关联,彼此割裂,必然会对社会生产造成巨大的破坏。具体表现为生产的盲目性,为生产而生产,产品的大量积压和资源的巨大耗费。由此形成资金链脱节,出现购买原料资金不足,最后工厂被迫停工,工人被迫下岗,给社会造成致命性打击。

通过大力改善民生,实现生产消费同一性理论时代化。政府需要促进公平消费,处理生活消费、生产消费、投资、出口的关系。后现代社会的分工将社会再生产的环节由原来的四点一线分解为生产、分配、流通、消费四个彼此独立而又相互联系的环节。四点合一向四点一线的转化,不是孤立的。这四个环节之间需要合理的有机配合才能保证各自的正常运行,四个环节的有机协调是社会再生产正常循环的基本要求。在生产速度大于消费速度的过剩时代,促进消费自然是最重要的环节。如果消费能力不足,一方面大批量的生产会造成市场上产品的堆积,与之相匹配的是收入分配不合理,由此带来收入差距悬殊,继而形成贫富分化这一雪上加霜的局面;另一方面因消费不足而带来的产品堆积,连锁反应到资金流通层面上,企业必然过度依赖信贷资金,由此又带来资金使用效益的大幅度降低。当生产、流通、分配、消费不协调的困境带来流动性泛滥的时候,银行业也会面临灭顶之灾。以上分析表明,作为社会再生产正常循环的四个环节——生产、分配、流通、消费所形成的链条一旦断裂,社会危机、经济危机就只有一步之遥了。政府从生产与消费同一性理论时代化的角度出发,对消费观教育的导向是改善民生。“更加注重改善民生”必须落实到政府通过二次分配,加大财政倾斜力度,千方百计提高城乡居民生活质量。生活质量是一个多学科关注的概念。经济学、政治学、社会学都将其作为热词。经济学理论认为,扩大消费是提高居民生活质量的有效途径。因为市场经济条件下，消费者生活质量的改善必须通过消费这样的实体活动表现出来。改革开放以来，尤其是十八大以来，新一届领导人将建设富强、民主、文明、和谐的国家追求概括为中国梦。中国梦落实到消费上，就是要提升中国人的消费结构，通过科技进步，培育新的消费需求。实践证明，中国每一次消费结构的提升，都带来了中国城乡广大消费者的生活质量迈进。显然，如果中国广大消费者的消费需求不能随着社会生产的发展相应地扩大，中国人的生活质量就不可能随着社会主义经济增长和社会发展而相应提高，就不可能实现共建共享，中国梦也就不能及时转化为现实。所以，在消费观教育过程中，需要深化四点合一到四点一线的转化教育。

7.2.3 生产消费同一性破坏对社会和谐的影响

生产消费同一性的破坏直接影响社会和谐。胡润研究院和群邑智库于2011年4月12日联合发布了《群邑智库·2011胡润财富报告》。该报告显示，截至2010年年底，除香港、澳门、台湾之外的全国31个省、市、自治区中，千万富豪人数已达96万人，相比去年增长9.7%。其中包括6万个亿万富豪，比去年增长9.1%。目前，全国每1 400人中有1人是千万富豪。2009年年底，全国千万富豪和亿万富豪人数分别为87.5万人和5.5万人；2008年年底，全国千万富豪和亿万富豪人数分别为82.5万人和5.1万人。报告称，北京有17万个千万富豪和1万个亿万富豪，排名第一；广东有15.7万个千万富豪和9 000个亿万富豪，排名第二；上海有13.2万个千万富豪和7 800个亿万富豪，排名第三。北京、广东、上海三地千万富豪人数占全国的近一半。[①]

当前中国的阶层结构可以直观地反映出中国的消费结构。中国两大阶层的对比明显，那就是高收入阶层与中低收入阶层的收入差距过大，并且这种过大的趋势到目前为止还没有扭转的趋势。目前，高收入阶层拥有多套宽敞的住宅甚至是豪宅，在国内外拥有巨额存款，还拥有多辆名车乃至轿车；广大中低收入阶层却因收入低微，不得不把消费限制在较低的水平和狭小的范围，更有甚者，连最起码的基本生活消费满足都还面临很多困难，属于贫困群体。目前，由于在国

① 胡润报告：中国大陆每1 400人中有1人是千万富豪.中新社，2011-04-12.

民收入总量中消费所占的份额越来越小，因此我国消费率和居民消费率也持续下降；消费率下降，可能带来的是高收入群体消费更加奢靡无度，而中低收入阶层尤其是低收入阶层的消费能力越来越低。消费两极分化日益明显的后果是：一方面带来生产和消费的不和谐，另一方面带来穷人和富人的不和谐。特别是中低收入阶层滋生仇富情绪以及中低收入阶层面对社会公正缺失而形成的心理不平衡。因为贫富这种差别，很多情况下并不是建立在公平竞争和诚实劳动的基础上。如果依靠自己的聪明才智不能致富，那么穷人争取平等权利的激烈行动不仅不可能避免，而且完全可能演化为更激烈的社会冲突，这与和谐社会建设的要求是完全背离的。所以，如果生产的利润被大部分转化为剩余价值，工资只是微小的部分，必然出现大面积的产品积压，严重破坏生产与消费的同一性理论，引发一系列社会问题。生产与消费的同一性规律一旦破坏，会对和谐社会绿色消费观的推行产生极坏的影响。

7.2.4　生产消费同一性理论教育的途径

首先，要明确政府在推进生产与消费同一性理论时代化的过程中面临的困境。如何解决经济的高速增长与低消费的问题？不难看出两者之间的不和谐，说明同我们距离建设惠及十几亿人（包括中低收入者）的全面小康社会的目标的差距还比较大。就投资、消费、出口协调拉动的增长格局而言，低居民消费率和低消费率是形成这样一个增长格局的最大掣肘因素。这种不协调局面如不尽快扭转，经济的又好又快发展的目标是不可能达成的。提高居民消费率进而提高消费率，是当前经济生活中的一项十分重要而紧迫的任务。① 需求具有相互依赖性：生产需求依附于消费需求，消费需求依附于生产需求。生产和消费——它们是出自同样一个对生产力进行扩大再生产，并对其进行控制的巨大逻辑程式。②

早在18世纪，随着资本主义的兴起，生产方式的革命使可供人们消费的物品种类大大增加，从而引发了最早的消费革命。19世纪末，在美国、欧洲等地出

---

① 卢嘉瑞.提高居民消费率：扩大消费需求的重中之重[J].消费经济，2007(06)：33-35.

② [法]让·鲍德里亚.消费社会[M].刘成富，全志钢，译.南京：南京大学出版社，2008：64.

现了新的消费模式，消费者的社会文化因素日益突出。20 世纪初，资本主义进入新的高速发展阶段，福特主义大规模标准化的生产模式又带来了新一轮的消费高潮。20 世纪 40 年代以后，西方发达国家先后进入物质产品极大丰裕时代，随着产品的大量生产和堆积，如何促进消费就成为资本主义面临的首要问题。

其次，生产与消费同一性理论时代化必须以生产为重中之重。只有在生产力高度发展的水平上，全体社会成员的同样的、合乎人们所需要的、所期待的发展，才有可能①，也才能为“充分满足全体社会成员丰裕的消费提供充实的储备，而且使每个人都有充分的闲暇时间从事历史上遗留下来的文化——科学、技术、交际方式等等——中间承受一切真正有价值的东西并把这一切从统治阶级独占品变成全社会共同财富和促进它进一步发展”②。社会主义要优于资本主义，这要表现在许多方面，但首先要表现在经济发展的速度和效果方面，没有这一条，再吹牛也没用。③“如果生产不振，却只强调公平分配，必然分配不到什么，劳工大众的薪资与福利要获得保障，一定要快速提高生产力。”④所以和谐社会绿色消费观教育前提是不放松发展，坚持发展是第一要务。

再次，要协调好人的全面发展与消费的质与量的关系。人的全面发展是需要相当水平的社会生产力及其创造的物质文化生活条件作为现实基础的，当人们还不能在量和质的方面满足自己衣食住行的时候，自由、全面发展是根本不能获得的，甚至很难提出全面而自由发展的目标和任务。正是在社会主义本质论指导下，我国进行改革开放和现代化建设取得了巨大成就，社会生产力迅速发展，这为我们现在提出努力促进人的全面发展的任务提供了前提、创造了可能。

最后，要关注马克思生产与消费具有同一性理论在实践中的运用与背离。福特主义是对马克思主义生产消费同一性理论的背离。20 世纪初，福特主义的出现预兆着消费主导社会的到来。以大型的统一公司从事大规模、标准化生产为标志的福特主义的工业生产模式，极大地促进了生产的发展和生产效率的提高。随着产量的大幅提高，生产过剩问题出现了。福特看到给美国家庭生产出

---

① 马克思，恩格斯.马克思恩格斯全集：第 16 卷[M].北京：人民出版社，1995：271.

② 马克思，恩格斯.马克思恩格斯全集：第 18 卷[M].北京：人民出版社，1995：246.

③ 邓小平.邓小平文选：第 2 卷[M].北京：人民出版社，1994：251.

④ 张传开.要完整准确地理解社会主义本质[J].安徽师范大学学报，1996，24(3)：233-236.

各种大量汽车的同时，如果付给工人工资太低，他们将不会有能力购买汽车，为了把汽车卖给一般的劳工家庭，就必须支付较高的工资，缩短工作时间，使工人有闲暇和消费能力来购买大规模生产的产品。因此，就需要塑造适应资本主义生产需要的劳动力和消费者。美国进入了大生产、大消费时代，并由大消费进入大众生产、大众消费的时代。美国的大众消费是指除了一贫如洗的人以外都投入到消费之中，然而，中国目前一贫如洗的人越来越少，在全面脱贫攻坚的政策推动下到2020年要全面脱贫。当大部分人能够成为现代消费者去选择各种曾经买不起的东西的时候，消费观教育转型就有了现实的可能性与必要性。

7.3 途径三：以措施和政策引领和谐社会绿色消费观教育

落实和谐社会绿色消费观教育，宏观层次上表现为指导思想和大政方针如何融入的问题，关键是在理论与实践中，如何反对以物为本的现代异化现象，以权为本的传统异化和以神为本的宗教异化。微观层次上表现为政策对人的安顿，人不能简单理解为整体更不只是个体，而是以人民整体为基础，与公民个体二者有机结合，并且实现两者正当消费利益的辩证统一。

7.3.1 以科技力量推进和谐社会绿色消费观教育

社会发展不仅包括科技、教育、文化、卫生、体育等社会事业的发展，而且也包括社会就业、社会保障、社会公正、社会秩序、社会管理、社会和谐等，包括社会结构、社会领域体制和机制的完善。① 因为消费不仅依托于生产的速度、生产的水平、生产对环境所造成的破坏的有限性，而这些都离不开科学技术的不断创新。因此要将大力推进科技创新教育作为和谐社会绿色消费观教育的重要内容。科技创新物化为产品，直接成为消费者潜在的消费对象。改革开放以来，由于引进、吸收、消化、创新的多维联动，中国人的消费对象不断地升级换代。从出行的角度看，70年代靠步行，80年代是自行车，90年代是摩托车，现在小轿车铺

① 巴志鹏，朱修国.十六大以来党的重大理论创新[M].广州：广东人民出版社，2007：17.

天盖地。不少小区因为车多塞得满满的、走不动路而带来现代性烦恼。车的种类名目繁多,质量不断提高,性能不断提升。火车由蒸汽车发展到燃气车、电动车,由电动车发展到动车,由动车发展到高铁。材料的创新极其迅速运用,让长距离的出行能够朝发夕至。这些消费对象的不断升级换代都依赖于科技的推动,得益于我们国家高等院校、科研院所培养了大量的科研人才,他们形成科研团队,致力于很多重大项目的研究,并将科研成果与生产结合起来,最后生产的产品成为大家的消费对象。可见,人类消费质量的每一次提升都离不开生产的革命,都离不开科技的发展,而科技发展是社会事业的重中之重。

从衣的角度看,许多衣服的材料可以人工合成,衣服的款式可以运用电脑软件进行智能化的设计。科技的发展,让人们从"新三年,旧三年,缝缝补补又三年"的境况提升到穿要讲款式、讲品牌。现在很多城市居民衣服多得没处放,柜子塞得满满的。住也由过去的土坯房、茅草顶进入了现在的钢筋水泥楼房。住房材料的更新、设计的人性化等方面都依赖于科技的发展、科技的推动。实践证明,人们生活水平的改善、消费质量和对象的不断提升,依赖于科技创新的推动。因此,以科技政策的实践努力推动科技创新,是和谐社会绿色消费观教育的重中之重。

7.3.2 以和谐生态实践深化和谐社会绿色消费观教育

要建构和谐社会绿色消费观,就要求国家和政府站在人与自然和谐发展的角度统筹规划,就是要求国家在大力发展经济的同时,协调处理好人口增长、经济建设、生态环境保护与资源利用的关系。最终的目标是推动整个社会将生产发展、生活宽裕、生态良好发展道路有机兼顾起来。人的生活消费、生产消费总是要在一定的资源承受能力的基础上,而自然资源满足人的消费能力的限度就是人与环境、人与自然的平衡点,就是人口增长与资源环境的承受限度。

和谐社会绿色消费观教育是统筹各方面发展的消费观。发展是为了人,生产也是为了人,而为了人本质上是为了人的消费。当这种发展、这种生产反过来压抑人时,那和谐社会绿色消费观就要对现有的消费模式、消费政策予以质疑批判,予以否认。比如 20 世纪 90 年代,国家对住房的集体消费、平均消费给老百姓的生活带来诸多不便:人均面积小、空间低矮,危房多。许多人家四世同堂、同室，一间房子被布帘隔成几间房子，住房建筑材料差、设计不科学，严重影响人们的消费质量。国家为这样数量庞大的群体提供住房，一方面需要面临沉重财政负担，另一方面无法满足城镇职工住房多样性的需求。在面对消费者、学界专家等的多重质疑中，国家坚持了住房货币化的市场改革方向，推出了住房公积金制度，即将过去的住房负担由单纯的国家负担变成个人负担、国家负担与银行资助相结合，将房地产全部推向市场。这大大促进了房地产市场的繁荣，改善了城镇居民的居住消费条件。但随着住房价格一路攀升，让许多人感觉到住房是一种可以用来投资、投机的工具时，很多有钱人进入房地产市场投资，加上境外热钱的作用，使住房完全背离了其原有的功能。有钱人靠着炒房牟取暴利，而没房住的人、想买房的人一天天等待房价下降，但等来的却是房价一天天的升高。于是社会利益群体之间的分歧越来越大，围绕住房消费，人们抱怨声越来越多，批评声也越来越大。住房乃民生之要，是人民群众消费生活的重要领域，是和谐社会绿色消费观贯彻的重中之重。正是基于此，党和政府从全国人民的整体利益出发，为了兑现住有所居的庄严承诺，采取果断措施抑制房价过快上涨，大力推进保障性住房建设，努力解决群众住房问题，让人们住有所居、安居乐业。① 所以，对消费政策运用的评价要按照和谐社会绿色消费观的标准实施测度。

7.3.3 发展生产力引领和谐社会绿色消费观教育

以发展生产为中心，抓住机遇，是和谐社会绿色消费观教育的第一要义。和谐社会绿色消费观教育，就是要纠正一些地方和领域出现的重经济指标、轻社会进步，重物质成果、轻人的价值，重眼前利益、轻长远福祉的偏颇。和谐社会绿色消费观教育从生产的视角看，要求我们始终坚持以经济建设为中心不动摇，因为没有过去改革开放以来的高速增长，就没有今天的大好局面。诸多社会消费民生问题的解决也是以经济生产的持续发展为基础的。生产科技的发展不是消费主义消费观教育的内容，但的确是以人为本的消费观教育的重要内容。基于我国人口多、底子薄、经济社会发展不平衡的现状，从马克思生产与消费具有同一

① 中共中央宣传部理论局.从怎么看到怎么办——理论热点面对面・2011[M].北京：学习出版社，人民出版社，2011：36.

性的理论出发，进行消费观教育就是要坚持以经济建设为中心，就是要抓住机遇，保持较快的发展速度。我国人口多、人均资源少，同发达国家相比，还处于相对落后状态。发展问题首先是一个改变落后面貌，赶上发达国家的问题。据专家测算，如果美国年均增长3%，中国年均增长为8%，那么中国需要68年才能实现人均GDP与美国相当。如果美国增长4%，中国增长7%，那么中国要118年才能赶上美国。①

和谐社会绿色消费观教育，要正确地看待GDP增长与消费的关联性。改革开放以来，特别是邓小平提出小康目标和"三步走"发展战略时，把人均GDP作为一个评价标准确定下来，但是，作为综合性评价指标，GDP也有缺陷。它不能反映经济增长的结构和质量，由此间接地反映消费的结构和质量，不能反映人们实际的福利水平，也不能准确地反映社会公正问题。因此单纯追求GDP增长绝不是真正意义上的发展。据专家介绍，巴西2002年人均GDP超过了3 000美元，城市化率达到82%，但贫困人口却占国民人口总数的34%。这种有增长无发展的情况，就是人们提到的"拉美陷阱"。② 我们经常看到，一些地方盲目攀比增长速度，甚至在GDP数字上弄虚作假，同时失业人数继续增加，社会保障体系建设滞后，社会治安局面难以根本好转，给消费领域带来了很多实实在在的民生问题。

和谐社会绿色消费观教育，就是要纠正人的发展的片面性，这种片面性表现为物对人的统治，物成为人的主人。所谓商品拜物教、货币拜物教反映的就是这种问题。和谐社会绿色消费观教育就是要改变这种"让物做主"的现象，转变为人做主，让人成为自己的主人。坚持和谐社会绿色消费观教育，既与我国经济社会发展的长期指导方针相一致，也与实际工作必须长期坚持的重要原则相协调。从国家富裕的角度看，坚持和谐社会绿色消费观教育，就是不仅要满足人们多方面的生活消费需求，而且要着力实现人的全面发展。要做到这些，就必须通过大力发展社会生产，使国家具备相应的物质基础和社会条件。这个物质基础和社会条件就必须通过科技进步和社会发展、人才培养等途径获得，因而这是一个不

① 巴志鹏，朱修国.十六大以来党的重大理论创新[M].广州：广东人民出版社，2007：21.

② 巴志鹏，朱修国.十六大以来党的重大理论创新[M].广州：广东人民出版社，2007：22.

断发展的进步过程。由于我国还处在社会主义初级阶段，因此，大力发展生产力、不断积累物质财富，是第一要义。同时，推进上层建筑与生产关系的完善，还需要很长时间很多工作去完成，但是和谐社会绿色消费观教育要求我们从现有的情况出发，全面开拓以人为本的实现条件。

7.4 途径四：以系统视角推进和谐社会绿色消费观教育

和谐社会绿色消费观教育是一个系统，关涉生产和消费系统、创新与生产系统、人才与创新系统、教育与人才系统，详细内容见图7-1。

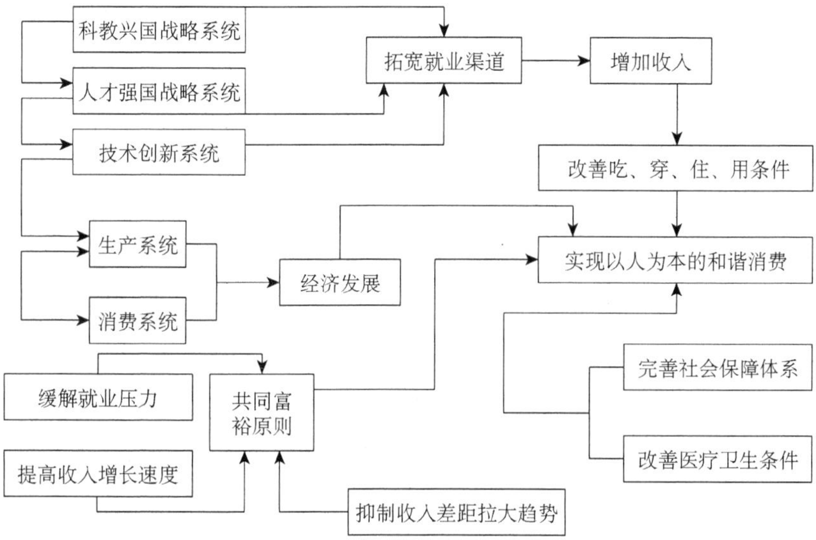

图7-1　和谐社会绿色消费观的系统关联

由于现代社会，消费已经是一个系统，关涉方方面面的关系，所以从生产的视角进行消费观教育，就必须把经济发展建立在优化结构、提高质量和效益的基础上，实现质量、结构、速度、效益的统一。

7.4.1 社会经济发展促进消费升级换代

当代科学技术的一个突出特点，是不断为人们的生产和生活消费指出新方向，开拓新领域。特别是科学理论越来越走在科技和生产的前面，为技术和生产的发展引领新的道路。要让科技创新成为引领人民生活水平提高的主导力量。科技革命给人类带来了前所未有的巨大物质财富，科技革命彻底改变了人类生存和工作环境，科技革命促进人们的消费结构发生了深刻变化。高新技术对消费者的影响，从衣、食、住、行的角度可以体现出来。比如1920年尼龙的出现，使纺织品面貌焕然一新，后来合成纤维的崛起，改变了传统的棉麻丝等纺织业。新科技革命所带来的变化也反映在了建筑上、新型建筑材料都是高新技术推进的，使人类的居住条件大为改善，水泥作为建筑材料早就用于建房。随着微电子技术的广泛应用，交通工具也趋向于品种多样化、功能优质化。科技革命使消费升级换代，现代人的消费生活越来越智能化，如各种智能化的家用电器的广泛运用，甚至还出现了智能化的公寓。现在，人们一年四季可以吃上新鲜的蔬菜、各种肉类以及优质大米等。

人类生活的改善和国民财富的积累，将越来越依赖于知识的创新和积累。想要能够在发展上掌握主动，必须依赖于国家在知识和创新方面占据优势。推动创新和科技进步作为国家战略，是世界许多国家尤其是发达国家的重中之重。各国都在加快科技事业发展，大幅度提高科技投入，重点发展战略技术及其产业，培育科技成果向现实生产力转化的体制机制，重视基础研究的人力物力的投入。

加强科技创新教育是落实和谐社会绿色消费观教育的必然要求。人类生活的改善与科学技术提供的红利密不可分。正是从这个意义上讲，科学技术是人类生活水平提高和文明进步的根本动力。时间反复证明，只有依靠科技进步，生产才能提高经济效益，企业才能优化产业结构，消费者的消费品才能更新换代，自然与人才能和谐共存。进入21世纪，日趋激烈的国际科技竞争、日趋严重的知识产权垄断、不断增强的能源资源约束，对实现全面建设小康社会目标构成严重挑战。我们已经达到了必须更多依靠增强自主创新能力和提高劳动者素质，推进经济发展的历史阶段。①

通过研究和开发的投入，在科技活动实践中，进行消费升级换代教育。日本

① 努力建设创新型国家[N].人民日报，2006-1-9(1).

和美国科技进步对经济贡献率在70%以上，在研究和开发的投入占GDP的比重一般都在2%以上，对外科技依存度大多保持在30%以下。这些发达国家深深感受到科技在推动社会发展过程中带来的好处。他们依靠强大的科技实力，巩固跨国企业在国际上的垄断地位，加强知识产权立法，通过知识产权保护来获取超额利润。有资料显示，在国际分工的产业链条中，中国曾经只能拿到8%的利润，92%都被外资机构拿走。不难看出，发达资本主义国家在维护知识产权背后所获取的超额垄断利润，核心技术、知识产权已经成为西方发达国家遏制竞争的有效武器。发达国家为了保持自己的优势地位，在国际市场上常常将事关国防安全的关键技术垄断，让第三世界国家长期依附于发达国家。实践证明，在激烈的国际竞争面前，中国人必须依靠自己的智慧和力量，才能实现全面建设小康社会的目标，才能建立自主创新的技术发展体系，才能真正建成创新型国家，才能推动产业技术实现跨越式发展，才能实现中国梦。真正的核心技术是买不来的，我们必须强化这方面的教育。

我国要进一步加强在科技活动实践中进行消费观教育。长期以来，我国经济增长能源消耗高的状况没有根本改变，严重依赖资金高投入，关键技术、部分核心技术依赖进口。关键技术、核心技术受制于人的状况在中国当下没有根本改变。目前，我国对外技术依存度高达50%，设备60%以上依靠进口，科技进步贡献率只有39%。由于不掌握核心技术，我们不得不将每部国产手机售价的20%、计算机售价的30%、数控机床售价的20%～40%拿出来，向国外专利持有者支付专利费用。应实施由资源驱动向创新驱动的战略性转变，使我国经济社会发展转到主要依靠科技进步上来。①

影响消费观形成的最根本的决定力量是科技和生产力，因为科技和生产力决定消费对象的更新换代。科学知识的不断积累、不断向技术转化，以及技术的不断创新，可以不断促进生产力的发展，从而创造出越来越丰富的物质产品，以满足消费者不断增长的消费需要。

生产作为四个环节的最上游，如果不加强上游的科教兴国战略，人才强国战略，建设创新型国家战略，那生产就是低水平基础上的重复。中国传统农业社会

① 巴志鹏，朱修国.十六大以来党的重大理论创新[M].广州：广东人民出版社，2007：117.

的生产几千年一贯制，就是由于意识不到教育、人才、创新对生产的驱动，对消费对象更新换代的巨大作用，不能只站在消费的角度看消费。站在消费的角度研究消费，就像站在山谷的谷底看天空一样，非常狭小。站在生产的角度看消费就像站在山顶看天空，非常开阔。所以，消费观教育尤其是要通过培养人才，推动科技创新，利用科技创新的成果来推动生产的发展。要通过教育，将巨大的人口负担转化为人力资源优势。2004 年以来，全国绝对贫困人口还有 2 610 万，有 4 977 万低收入人口仅能勉强解决温饱问题。这表明我国农村居民还有相当一部分生活处于较为困难状态。[①] 而对贫困人口进行教育，提高人力资本存量是推进贫困人口脱贫的上上策。

7.4.2 城乡一体化推动生产消费一体化

从消费观的最高层次来看，就是要修正国民收入分配格局。当前城乡一体化的重要任务就是加快新农村建设，这不仅关系到农业、农村的发展和农民的富裕，而且关系到国家的长治久安和民族的伟大复兴。十六届四中全会上，胡锦涛总书记提出了“两个趋向”的重要论断。他指出：“综观一些工业化国家发展的历程，在工业化的初始阶段，农业支持工业，为工业提供积累，是带有普遍性的趋向；但在工业化达到相当程度以后，工业反哺农业，城市支持农村，实现工业与农业、城市与农村协调发展，也是带有普遍性的趋向。”[②]我国现在总体上已经到了以工促农、以城带乡的发展阶段。2004 年到 2005 年，两个中央一号文件中“工业反哺农业”“城市支持农村”的方针已经开始实施，十六届五中全会和 2006 年中央一号文件进一步提出了“建设社会主义新农村”这一重大历史任务。文件要求充分发挥城市对农村的辐射带动作用，发挥工业对农业的支持和反哺作用，逐步改变城乡二元结构，促进城乡良性互动，共同发展。由于农业一直是国民经济薄弱环节，农村一直是现代化进程中比较落后的地区，城乡关系不协调，工农业发展不平衡问题十分突出，“必须清楚地看到，农业依然是国民经济发展的薄弱环节，投入不足，基础脆弱的状况并没有改变。粮食增产、农民增收的长效机制

① 巴志鹏，朱修国.十六大以来党的重大理论创新[M].广州：广东人民出版社，2007：52.

② 中共中央文献研究室.十六大以来重要文献选编：中[M].北京：中央文献出版社，2006：311.

并没有建立，制约农业和农村发展的深层次矛盾并没有消除，农村经济发展明显滞后的状况没有根本改变，农村改革和发展仍然处于艰难的爬坡和攻坚阶段，坚持农村发展的好势头的任务非常艰巨”。① 从具体政策措施看，要坚持多予少取的方针，加大对农业和农村增加投入的力度，保持公共财政覆盖农村的范围不断扩大，建立“以工促农，以城带乡”的长效机制；搞好乡村建设规划，培养懂技术、有文化、会经营的新型农民。通过国家政策的支持和农民的辛勤劳动，明显改善农村的整体面貌和生产生活条件，提高农村消费者的生活质量。“多予少取放活”的方针表现为“两减免，三补贴”的政策，即减免农业税，免征除烟叶以外的特产税和种粮直接补贴，购买良种直接补贴、购买大型农机具补贴。农民因此直接受惠 451 亿元。2005 年，又在上一年的基础上，增加 251.4 亿元。由于一系列因素的作用，2004 年，粮食总产量达到 9 389 亿斤，比上年增加了 775 亿斤，当年资产数量为有史以来之最。②

我国有一个近 14 亿人口的大市场，特别是农业市场潜力巨大，但由于农民购买力不高，农民收入偏低，农村市场还没有真正打开。通过扩大对农村的投资，加快农村的建设，可增加农民收入，从而提高农民的购买力；也可以改变农村的基础设施条件，从而改善农村的消费环境。

7.4.3　从共同富裕的角度推进消费观教育

和谐社会绿色消费观教育，要形成对共同富裕的认同。共同富裕是社会主义的目的、本质、优越性的集中体现。社会主义的本质是解放生产力，发展生产力，消灭剥削，消除两极分化，最终实现共同富裕。共同富裕将价值创造和价值实现统一起来，共同富裕是社会主义生产目的的具体体现。共同富裕与全面建设小康社会一道成为初级阶段的奋斗目标，全面建设小康社会必须以实现共同富裕为条件，坚持共同富裕的目标，有利于调动广大人民群众的社会积极性，有利于维护广大劳动人民的切身利益。中国共产党一贯以代表最广大人民的根本利益为宗旨，在社会主义初级阶段，人民利益的具体体现是发展生产力，提高人

---

① 肖进成.免征农业税的社会学思考——以宁夏平罗县为例[J].甘肃社会科学，2006(4)：117-120.

② 巴志鹏，朱修国.十六大以来党的重大理论创新[M].广州：广东人民出版社，2007：50.

民群众的物质生活和文化生活水平和质量，党的全部任务就是维护好、实现好、发展好最广大人民的根本利益。共同富裕是由社会主义生产目的的具体体现，共同富裕是由社会主义的主要矛盾决定的。全面建设小康社会的历史阶段，是我国社会经济结构快速调整时期，是社会矛盾凸显期，也是各种利益关系复杂交汇时期。如果城乡关系和工农关系处理得好，就能保持社会长期稳定和经济快速发展。反之就会造成社会矛盾和收入差距扩大，甚至出现社会动荡。农业是安民心、稳天下的战略产业。目前，我国农业基础薄弱，农村发展滞后，农民收入水平低的问题十分突出，这些问题不仅制约国民经济快速、持续、健康发展，也会严重影响社会的和谐稳定。

从共同富裕的视角推进和谐社会绿色消费观教育，就是要从片面追求经济增长转向以人为本，推进社会各项事业协调发展，另一方面从偏重一部分人、一部分地区先富起来转向共同富裕。目前，收入差距拉大已经成为影响社会和谐的一个重要因素，在地区差距、城乡差距和群体差距中，最大的是城乡差距，2005 年农村人口与城市人口收入差距比为 1∶3.3。推进新农村建设，加快农业、农村发展，增加农民收入，改善农民生活，缩小城乡差距，是和谐社会绿色消费观教育的应有之义。

和谐社会绿色消费观教育与我们党执政为民和代表最广大人民根本利益的集中表现一脉相承。中国共产党执政为民，要代表最大多数人的利益，首先要代表 8 亿农村人口的利益，我们经济发展要使全国人民能够共享改革发展成果，但这样的发展成果差距越来越大，我们现在农村人口购买力平均 5.6 人才相当于 1 个城市人口的购买力。如果这样长期下去，就会与我们党代表最广大人民利益的宗旨的形成对立。建设社会主义新农村，是以人为本和谐消费观在意识形态领域的本质体现。

改革开放以来，以人为本的消费观，体现在政策措施上是按照“三步走”予以展开的，出现了三次大的改革。第一次是 20 世纪 80 年代，实施的家庭联产承包责任制，土地承包给农民。这次改革的核心是分权，为解决人民群众的生存问题，提供了一个很好的思路。2003 年，全国普遍推开的农村税费改革是第二次。这次改革的核心是减轻农民负担。作为第三次大的改革和调整的社会主义新农村建设是实现以工补农，以城带乡的具体化方案，也是解决“三农”

问题的具体措施，[①]为解决城乡消费两极分化破了一个局。

我国农业劳动生产力低，农业是国民经济中风险最大的弱质产业。由于我国人口60%以上居住在农村，农民生活水平明显低于城镇居民，农村科技、文化、教育、卫生等事业的发展水平也明显落后于城市。从和谐社会绿色消费观教育来看，农村面临的任务更为艰巨。新农村建设目标是"生产发展，生活宽裕、乡风文明、村容整洁、管理民主"。其中，生产发展、生活宽裕是物质层面的，"乡风文明、村容整洁"是精神层面的，"管理民主"是政治层面的。对于农村农民群体来说，和谐社会绿色消费观教育包括：第一，农村经济要有新发展；第二，农民生活要有新改善；第三，农村精神文明建设要有新进展；第四，农村面貌要有新改观。

实现共同富裕的路径是将政府支出、个人支出、社会支出结合起来。比如实行医疗保险、社会保险、社会救济。政府通过税收制度调节高收入，提高就业，提高最低工资标准和社会保障标准，提高全体成员尤其是低收入者的收入水平，增加对困难地区群众的民生支持力度。

7.4.4　从区域经济协调发展的角度推进消费观教育

区域经济协调发展最终会落脚在消费上，即区域消费差异的缩小和消费水平的整体提高。由此，可见，消费问题是民族问题、政治问题、经济问题的综合表现。全国消费水平的进一步提升，必须以中西部地区共同发展为前提，非均衡发展使地区消费结构失衡。

通过和谐社会绿色消费观教育，要达成缩小地区消费差异的认同。早在20世纪80年代，邓小平同志提出："沿海地区要加快对外开放，使这个拥有2亿人口的广大地区较快地发展起来，从而带动内地更好地发展，这是一个事关大局的问题。内地要顾全这个大局。反过来，发展到一定时期，又要求沿海拿出更多的力量来帮助内地发展，这也是一个大局，那时，沿海也要服从这个大局。"[②]但是，20世纪90年代以来，东、中、西部发展差距拉大，带来恶性竞争、市场封锁、

① 巴志鹏，朱修国.十六大以来党的重大理论创新[M].广州：广东人民出版社，2007：54.

② 邓小平.邓小平文选：第3卷[M].北京：人民出版社，1993：227-228.

产业低水平重构等一系列负效应。在这种背景下，国家开启了西部大开发战略，2004年，中央经济工作会议完整阐述了区域经济发展战略："实施西部开发，振兴东北老工业基地，鼓励东部地区率先发展，实现相互促进，共同发展。"①

西部大开发的奋斗目标是："一稳"和"三新"。努力实现经济又好又快发展和人民生活水平持续稳定提高。力争基础建设和生态环境建设实现新突破；重点地区和重点产业的发展达到新的水平，基础公共服务均等化取得新成效；实现不了西部地区的小康，全国人民的小康就是一句空话；实现不了西部地区的现代化，全国的现代化也只能是空谈。因此，对西部地区大开发的认同是和谐社会绿色消费观认同的本质体现。

目前西部大开发战略对西部地区消费水平的提升有巨大的推进，鲜明地体现了以人为本的和谐消费思想。第一，青藏铁路、西电东送和西气东输等重大工程相继完成。截至2005年，西部地区累计退耕还林8 467万亩，配套荒山、荒地改造和封山育林11 579万亩，退耕还草工程安排治理严重退化草原2.9亿亩。第二，科技教育事业加快发展，人才开发力度加大。中央不断加大西部地区科技能力建设和重点科研基地建设，以基本普及九年制义务教育、基本扫除青壮年文盲为目标"两基"攻坚计划开始实施，农村义务教育得到加强。另外，制定灵活的用人政策，创造良好的用人机制和环境，改革收入分配制度，建立大中城市专业人员到西部地区基层服务制度。第三，特色产业发展步伐加快，经过这些年的发展，西部地区的水电、天然气、石油、有色金属、棉花、糖料、水果、肉类等特色产品初步形成优势。第四，促进了其他地区的协调发展。西部地区的重点工程建设有效地扩大了东部地区的市场空间，促进了产业结构调整，增加了就业岗位，有力地支持了中西部地区经济的发展。西部地区还存在很多问题，严重影响了人们的消费生活质量，基础设施依然滞后，生态环境建设任务严重，自我发展能力特别是科技创新能力不足，产业链不长，"三农"问题和城乡就业矛盾突出，扶贫开发工作艰巨，基本公共服务水平偏低，人才不足和人才流失现象严重。发展观念和体制、机制还不适应市场经济的发展。所以，必须从区域经济协调发展的角度，大力推进和谐社会绿色消费观教育。

① 李善同，侯永志，冯杰.着力推进区域协调发展[J].江淮，2005(5).

7.4.5　从资源节约型、环境友好型社会建设推进消费观教育

良好的生态结构，健康、全面的生命维持体系，丰富的自然资源，是人类生存、全面发展的物质条件，是建构资源节约型，环境友好型社会的应有之义。要通过和谐社会绿色消费观教育，达成建设资源节约型、环境友好型社会的认同。改革开放40多年来，我国顺利实现了现代化建设“三步走”战略的前两步，人民生活总体上达到了小康水平。但是，回过头来看，我们大部分企业和行业都是走了一条“高消耗、高污染、低利用”的路子，即经济社会的快速发展是以资源的大量投入、环境的严重破坏为代价的。十六届五中全会上，党中央明确提出要建设“资源节约型、环境友好型”社会目标，并把它确定为我国国民经济和社会发展中长期规划的一项战略任务。虽然近几年，单位国内生产总值能耗明显下降，受严重污染江河湖海以及良田、居住地得到一定程度的治理，污染加剧的趋势得到初步遏制，环境质量总体稳定，主要污染物排放总量得到控制，但是，我们必须看到环境形势依然严峻。由于长期积累的粗放经营增长方式尚未根本改变，资源利用效率低下，经济社会与资源环境矛盾日益突出，环境污染尚未得到根本解决。发达国家上百年工业化过程中分阶段出现的环境问题，在我国20多年集中出现，呈现结构型、复合型、压缩型特点。环境污染和生态环境破坏造成巨大经济损失，危及群众健康、社会稳定和环境安全。① 从2002年到2004年，我国能源消耗增长过快，年增长率分别达到9.8%，10.1%和15.2%。主要原材料消耗速度大幅度超过GDP的增长速度。煤、电、油、运供求消耗第一次出现全面紧张。资源短缺对经济增长的刚性约束日益凸显。中国对钢材、水泥、淡水、一次性能源、常用有色金属的节约指数为1.896，意味着中国五类资源的平均消耗强度高出世界平均水平的90%，位列世界54位。中国仍旧处于发展粗放阶段。因此，2005年10月，十六届五中全会提出要把节约资源作为基本国策，大力发展循环经济，提高资源利用效率，形成有利于节约资源的生产模式和消费方式，建设资源节约型社会。在后来召开的各种大型会议上，在制定相关的文件中，党中央都强调这一基本方针，并把转变经济增长方式、减少资源浪费、遏制环境恶化、建设

① 巴志鹏，朱修国.十六大以来党的重大理论创新[M].广州：广东人民出版社，2007：91.

资源节约型、环境友好型社会作为一个战略决策、一个基本国策、一种奋斗目标提到全党和全国人民面前，要求全党和全国人民为这一目标的实现而不懈努力。

和谐社会绿色消费观，要求全社会达成促进经济发展与人口、资源、环境相协调的认同。改革开放以来，随着经济的发展、资源的掠夺式开发和利用，生态环境遭受严重破坏，资源和环境的形势越来越严峻。针对这一形势，以胡锦涛同志为总书记的党中央多次提出，必须落实节约资源和保护环境的基本国策，各行各业都要杜绝浪费，降低消耗，提高资源利用效率，形成有利于节约资源和保护环境的生产模式和消费方式。

落实科学发展观，转变经济增长方式、调整经济结构，是缓解人口资源、环境压力，实现社会经济可持续发展、全面协调发展的根本途径。要求全国人民在党的领导下，对不合理的经济结构要加快调整步伐，让粗放型经济增长方式转化为知识密集型。要清醒地认识到转变经济增长方式和调整经济结构对缓解资源、人口、环境压力，实现可持续、全面协调发展的极端重要性，真正把做好工作的着力点放到调整经济结构和转变经济增长方式上。要着力调整投资结构，优化各种生产要素的投入比例和投入方式，在促进经济社会发展中高度重视并抓好节约资源，保护环境，改善生态，走新型工业化道路，推动经济社会发展实现良性循环，使人口的发展和资源环境的承载量相适应，使目前的经济发展与资源环境的供需矛盾有所缓和。温家宝指出："加快建设节约型社会，事关现代化建设进程和国家安全，事关人民群众的福祉和根本利益，事关中华民族的发展和长远利益。"①2005 年 7 月，胡锦涛进一步指出："要在经济社会发展的指导思想上，真正体现建设节约型国民经济体系和节约型社会的原则，广泛推进节约型的生产方式和消费方式，大力发展循环经济，使勤俭节约在社会上蔚然成风，促进经济发展，实现人口、资源环境相协调。"②

2006 年 10 月，十一五规划建议中提出建设资源节约型、环境友好型社会的战略任务：落实节约资源的基本国策，在保护环境方面，要建设低投入、高产出、低消耗、少排放、能循环的国民经济可持续发展体系。2006 年 10 月，十六届六

① 杨青山.节约型社会视角下领导科学决策的路径选择[J].领导科学，2010(29)：48-49.

② 巴志鹏，朱修国.十六大以来党的重大理论创新[M].广州：广东人民出版社，2007：94.

中全会上,胡锦涛强调,“人与自然和谐相处”的目标能否实现,关系到2020年“资源利用效率明显提高,生态环境明显好转”的部署和任务能否落实。资源节约型、环境友好型社会发展战略的提出,体现了一种全新的环境伦理观和消费伦理观,是一种崭新的社会发展目标。

从资源节约型、环境友好型社会建设的视角开展和谐社会绿色消费观教育,是以马克思主义消费理论为指导,将生产与消费联系起来考察所形成的一种新的消费观,是对过去将生产与消费看成两个孤立方面进行决策的扬弃。这种扬弃表现为:将过去生产领域“先污染,后治理”为特征的“末端治理”发展之路转化为以提高资源利用效率,减少和避免污染产生,保护和改善环境,保证人体健康,促进经济与社会可持续发展为内涵的“清洁生产”之路,主张的是一条“以资源的节约利用和循环利用为基本特征,符合可持续发展原则”为基本思路的良性互动发展之路。① 总之,和谐社会绿色消费观教育要求从系统的角度进行(如图7-2所示)。

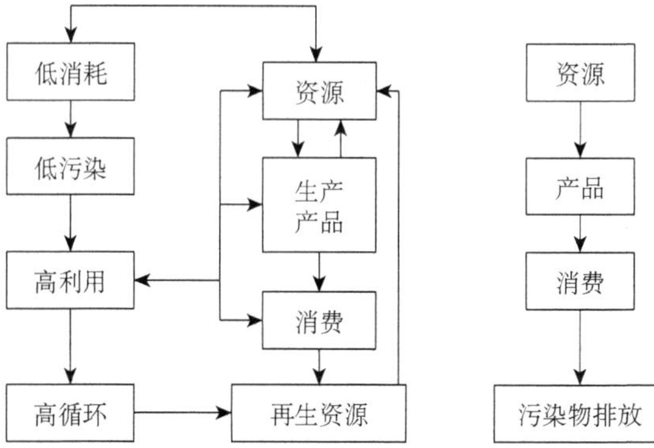

图7-2 改革开放前后的消费模式对比(左为后,右为前)

改革开放前后的消费观教育容易导致自然资源的短缺与枯竭,造成严重的环境污染,产生大量的废弃物,进而限制经济的可持续发展和损害人体健康;以人为本的消费观教育就是要将生产发展、生活富裕、生态良好整合起来思考,不是单纯的就消费而消费。消费要协调好与消费者的关系,与生产者的关系、与环境的关系、与社会的关系。2005年10月,“十一五”规划建议指出经济社会发展

① 巴志鹏,朱修国.十六大以来党的重大理论创新[M].广州:广东人民出版社,2007:97.

的首要目标是：在提高效益、优化结构和降低能耗的基础上，实现人均国内生产总值2010年比2000年翻一番，资源利用效率显著提高，国内生产总值能源消耗比“十五”期末降低20%左右。“十一五”期间要突出抓好三方面的工作，其中之一就是生态环境恶化的趋势基本遏制，耕地减少过多状况得到有效控制。要把节约资源作为基本国策，发展循环经济，保护生态环境，促进经济发展与人口、环境、资源相协调。促进国民经济和信息化，切实走新型工业化道路，坚持节约发展，清洁发展、安全发展、实现可持续发展。①

从节约资源和保护环境的角度进行消费观教育，并将之上升到关系国家长远利益和民族生存的根基。胡锦涛指出，能源问题始终是我国社会经济发展的重大战略问题，这个问题事关全局。中国政府要从推动我国经济社会持续发展和人民生活水平不断提高的全局出发，全面分析能源形势与资源形势，在此基础上，要全面做好能源资源开发、利用、普查、节能研究等方面的工作，深入研究能源资源问题，努力形成可持续的能源消费方式和经济生产方式，建立资源节约型社会，为全面建设小康社会的目标提供可靠的能源保障。加强全球合作，妥善应对环境和能源挑战，实现可持续发展，是世界各国的共同愿望，也是世界各国的共同责任。随着世界经济的不断发展，能源和环境问题日益突出，如果能源和环境问题得不到有效解决，不仅人类社会可持续发展的目标难以实现，而且人类生存状况和生活质量也会受到严重影响。可再生清洁能源丰富，可永续利用。加强可再生能源利用，是应对日益严重的能源和环境问题的必由之路，也是人类社会可持续发展的必由之路。②

7.4.6 以转变经济增长方式为抓手推进消费观教育

转变经济增长方式本质上是转变生产发展方式，生产发展方式的根本转变反过来又影响消费方式。因此，转变经济增长方式，最终还是为了转变消费方式。中央领导集体深刻认识到，转变经济增长方式对改善人民群众的消费生活福祉，提升人民群众的消费生活质量有十分重要的意义。胡锦涛就转变经济增

① 韩保江.冲刺之年更要知难而上[J].瞭望，2010(7-8)：2.

② 苏道年.关于加快我国太阳能产业发展的政策思考[J].甘肃理论学刊，2007(2)：26-27.

长方式，提升消费质量进行消费观教育提出了许多方面的要求：在国家政策层面，要大力转变经济增长方式，在转变经济增长方式的基础上，调整经济结构，通过创新型国家建设，利用知识密集型优势改造传统产业，利用政策倾斜的方式，鼓励企业积极采用先进技术，引导企业加快发展高新技术产业，在产业结构布局中，大力发展服务业，吸纳劳动力就业，提高人民的生活质量。在能源的消费管理问题上，需要用宏观调控方式，切实改变企业和生产部门高消耗、高投入，低效率、高污染的经济发展方式。从国家经费投入和政策倾斜层面，要加快建立国家能源资源研究开发的技术支持体系，通过加大对新能源技术开发资金的投入，把战略重点聚焦在研发影响、制约未来的能源资源发展方向的重大技术，要组织科研院所和研发团队集中力量研究开发资源利用效率的技术，通过消费观教育，合理引导消费者的能源消费方式，鼓励消费者消费环保、节约型产品，逐步引导消费者形成节约的消费方式，形成节约的消费共识。从废弃物的处理层面，在消费者中推行绿色的消费观教育，就是要引导消费者养成促进资源循环利用的习惯。通过经济杠杆，推动发展循环经济，尤其是在政策层面，鼓励企业循环式生产，努力实现各种废弃物的减量化、无害化和资源化。如果一个社会缺乏转变经济增长方式的共同价值标准，社会发展就会失去根基。科学发展观蕴含的和谐社会绿色消费观是社会主义社会的主导价值观，是推动社会经济发展的精神力量，代表了人类消费生活应然的发展方向，反映着时代消费生活的基本特征，引导着整个社会消费生活的价值取向。

当前我国正处在经济社会发展的关键期，消费领域的个性化特征相互激荡。相互吸引、模仿、批评。人们消费生活的独立性、选择性、多变性、差异性增强，人们的消费观价值取向呈现多样性趋势。而对这种形势，只有立足国内消费现实，把握消费的时代潮流，坚持用和谐社会绿色消费观引领多样化的消费观和消费思潮，才能为建构社会主义和谐社会提供有力的思想保障。以转变经济增长方式为抓手，推进和谐社会绿色消费观教育，是当代全体中国人民奋发向上的精神动力，以转变经济增长方式为抓手，推进和谐社会绿色消费观教育，体现了理想性、现实性的统一。

以转变经济增长方式为抓手，推进消费观教育，为的是引导消费者不要在消费对立冲突中沉沦、毁灭，而应该在宽容、协调、和平和睦中发展。这就需要确立

“和为贵”的理念。多元的社会所有制结构、多元的利益主体、多元的分配方式以及不同的社会阶层存在及其发展，也使得社会成员的消费价值观和消费行为表现多元多样。因此，通过消费观教育求得消费认同就显得十分重要。

第 8 章　研究结论与展望

8.1 研究结论

消费观教育是消费者不能回避的一项特殊的、复杂的社会体验活动，也是消费者一项基本的社会参与活动。消费观教育有教育主体、方式、情境等维度。在不同时代生产力发展水平下，消费观教育的主体、教育的方式、教育的情境、教育的参与者有明显的差异。消费者消费观的形成，离不开消费观教育，而消费观又指导消费者的消费行为。由于消费观教育发生情况的复杂性，消费观教育内容的差异性、不同消费者所持有的消费观内容的差异性甚至冲突性，造成消费者在消费实践中，常常变成自己的对立物，表现为消费过程中真实需要与虚假需要的矛盾、灵魂与肉体的矛盾、理性与欲望之间的矛盾。在这些矛盾的处理过程中，首先要尊重自己肉体的真实存在，尊重肉体和欲望的真实合理性，还要不断地对肉体和欲望进行管控和超越，逐步从价值视角去拓展心灵世界和精神世界，使人在现实生活之中去彰显、张扬生命存在的尊严。在消费实践中，除了要协调消费者身心的对立问题之外，还要协调消费过程中可能出现的悖论：消费者自知又不自知；追求真理和幸福却又常常达不到真理和幸福；不愿意承受劳碌之苦，但空虚和无聊又让人难以忍受……总之，消费赋予人以尊严，消费使人优于自然物，但是，消费又可能给人带来忧虑、烦恼和危机，消费又可能使人陷入种种诱惑、无知、自我迷失之中。这些是今天的消费观教育不能回避的话题。在这个意义上，本书的如下结论只能是一个初步的结论，具体而言，主要包括以下几个方面：

1. 消费观教育的理论支撑

研究消费观教育需要储备基本理论作为研究的逻辑起点。准确把握消费、消费观、消费观教育、消费观教育转型等基本概念，尤其是要从马恩等经典作家的典籍中寻找消费观教育的理论资源。阅读马恩原典，准确提炼出马克思的消费观，把握马克思消费观理论的一般特征，发掘马克思消费观理论，分析生产、消费、流通、分配四个环节之间的内生性、依存性、蕴含性。以此为基础，并不断提升马克思消费观理论的洞察力。在消费观教育过程中，要以马克思主义消费观理论为指导，并将马克思消费观理论时代化、中国化。

2. 从传统消费观教育中挖掘有效的、可资借鉴的理论资源

通过对传统消费观的考量，来观照今天的消费观及其形态。传统消费观教育内容、传统消费观教育方法对当今消费观教育有十分重要的启迪。传统社会中，匮乏、短缺一直是人的需要满足的障碍，在匮乏主导的社会条件下，消费常常没有被赋予道德正当性。而消费的正当性一旦失去，社会发展将失去动力甚至出现诸多危机和困境。

改革开放以前，艰苦奋斗、清心寡欲是大众普遍的消费价值观。面对新中国成立时期百废待兴的现实，政府只能通过抑制生活消费的方法，把主要财力用在国家各项基础建设上，因此，鼓励“新三年，旧三年，缝缝补补又三年”的消费观。社会推行计划生产、有限供应、凭票消费的消费模式。随着市场经济发展，原本束缚人的需要满足的客观物质条件大大改善。当人们可以随心所欲地选择自己的生活方式、消费方式时，人们曾经被前所未有的焦虑、纠结、郁闷、孤独、空虚所包围，这也成为实现美好生活需求的价值观障碍，更成为开展消费观教育的意义。

全面分析我国当代消费观教育转型面临的困境，要求在论证过程中遵循马克思的消费理论，并且与中国国情相结合，推动马克思主义消费观中国化。只有致力于消费观教育转型，才能推动中国和谐消费，民生消费目标的完成。根据马克思的生产与消费的辩证观，只有生产与消费相适应，才能推进社会再生产的顺利进行，使经济平稳发展。因此，我们要设法使国民的消费能力的提升与国家的GDP增长相协调。按照马克思的生产消费同一性原理，努力实现消费公平，尤其重要的是在消费前实行社会再分配的公平，利用社会主义制度优势，努力保障弱势群体享有平等的消费权利。目前我国社会保障制度的不完善、贫富差距加大的现状客观上导致了低收入阶层消费意愿减弱、消费能力降低。而社会大众

消费的低迷则直接影响了再生产的进行，所以，实现消费公平具有重大经济、政治意义。反思传统的消费观教育，尤其是要反思传统消费观中压抑人的正当、合理欲望的部分；抛弃传统消费观中落后内容，但并不意味我们可以毫无原则地矫枉过正，不意味着将节俭、朴素视为落伍、保守。

考察中国当代消费观教育转型的脉络，必须从时间的维度分析改革开放以前，中国社会的消费观教育的形态，具体化为主流消费意识形态语境下，消费观教育方式、内容、载体、原因等因素。改革开放以来，中国消费观教育发生了转型，转型的背景、消费观教育转型的目标是建构对中国特色社会主义道路的认同。

3. 在协调以消费者为中心的多维矛盾中搞好消费观教育

现代人的消费受到一系列关系的挤压，表现为个人需要与自己生理阀限的挤压；生产能力与消费能力的挤压，消费冲动与环境承载限度的挤压，社会消费潮流和时尚演绎的消费前沿与自己的购买能力有限性的挤压；富人炫富与穷人仇富的挤压。这些挤压要求消费观教育转型。

研究消费观教育转型，必须在社会经济结构转型、生产方式转型、分配结构转型、消费对象转型、社会运行模式转型的大背景下进行。因为“教育发展并非孤立的运动，非自始至终与世绝缘的运动，而是随着人类精神生活的发展而发展的。所以在任何地方，我都把广阔的人类精神生活发展的趋势及其在教育上的影响，尽可能清楚而明晰地显示出来。”①教育转型是为社会转型服务的，而社会转型反过来又推动了教育转型，两者相辅相成。

4. 客观评价消费主义消费观是开启中国消费观教育转型研究的重要环节

目前，不能回避的事实是消费观教育往往被商家主导了。商家主导的商品被商家文化化以后，将文化予以蒸馏，就露出消费观。商家主导的消费观教育体现商家的盘算。消费观教育与商家的盘算粘连在一起，可能对社会核心价值观予以解构。因此，消费主义消费观的典型特征是消费控制生活，而不是生活控制消费。商业活力和美学感觉是对于商业选择的两个条件。现代消费主义消费观教育看到的是物的产生、完善，而消亡的却是人类自己。

消费主义消费观的运作机理表现为：经过生产社会化机制所形成的产品，又

① [德]弗·鲍尔生.德国教育史[M].腾大春，腾大生，译.北京：人民教育出版社，1986:1.

要通过符号的方式去进入消费体系，通过符号商品化和商品符号化的机制，将文化世界中的意义转移到商品中形成了符号价值，使得商品成为意义的载体。对商品的认同奠基于对商品符号的认同。这是现代社会消费教育的必然结果。在消费行为建构认同的过程中，商品毫无疑问是最重要的基础，尤其值得探讨的是商品的符号意义问题。如果我们渴望得到实物而且还知道他们的意义，就不需要广告添加意义了。显而易见，大多数物品其本身意义并不充分。事实上我们渴望得到的根本不是物品本身，而是它具有的意义。[①] 在文化世界的意义转移到商品上去的过程中，广告、时尚系统毫无疑问是非常重要的工具。除了以上系统之外，现实生活中的电影、电视、文学作品、新闻报道，甚至教育体系，都在潜移默化地将文化世界的意义投射到商品之中去。我们更关注的是，在时尚、广告这些具体的工具形式背后，有什么样的深层机制，推动着意义向商品的转移。可见，消费主义消费观在推动社会经济发展、人民生活改善等方面有一定的积极作用，但也需要有效管控，分析其可能带来的潜在风险。

8.2 研究展望

消费主义消费观作为西方自由、平等价值观的派生物，在后资本主义社会发展到了登峰造极的地步。由于消费主义消费观推崇毫无顾忌、毫无节制地消耗物质财富和自然资源，它以享乐主义作为物质基础，结果使人变成只能追求感官享受的动物，最终使人类社会在与自然对立的道路上越走越远——人类在享受前所未有的物质财富的同时，却陷入了深深的生存困境之中。和谐社会绿色消费观引导消费者区分虚假消费与真实需要，努力使消费者协调好消费者与自身的关系、消费者与他人的关系、消费者与社会的关系，最终达到人与自身、人与社会、人与自然的多维和谐。和谐社会绿色消费观与消费主义消费观的碰撞是长期的，和谐社会绿色消费观的科学性是在消费实践中比较得出的。消费主义消费观背离自然规律、背离社会规律、背离人自身的规律的特征决定其最终要被消费者所抛弃。

---

① [美]詹姆斯·特威切尔.美国的广告[M].屈晓丽，译.南京：江苏人民出版社，2006：15.

主要参考文献

一、马克思主义理论及思想政治教育著作参考文献

[1] 马克思，恩格斯.马克思恩格斯全集：第1卷[M].北京：人民出版社，1995.

[2] 马克思，恩格斯.马克思恩格斯选集：第2卷[M].北京：人民出版社，1995.

[3] 马克思，恩格斯.马克思恩格斯全集：第12卷[M].北京：人民出版社，1962.

[4] 马克思，恩格斯.马克思恩格斯全集：第40卷[M].北京：人民出版社，1979.

[5] 马克思，恩格斯.马克思恩格斯全集：第42卷[M].北京：人民出版社，1979.

[6] 马克思，恩格斯.马克思恩格斯全集：第46卷(上)[M].北京：人民出版社，1997.

[7] 马克思.资本论：节选本[M].北京：中共中央党校出版社，1983.

[8] 毛泽东.毛泽东著作选读：下册[M].北京：人民出版社，1986.

[9] 毛泽东.毛泽东文集：第6卷[M].北京：人民出版社，1999.

[10] 毛泽东.毛泽东选集：第4卷[M].北京：人民出版社，1991.

[11] 毛泽东.毛泽东选集：第3卷[M].北京：人民出版社，1991.

[12] 刘少奇.刘少奇论新中国经济建设[M].北京：中央文献出版社，1993.

[13] 陈云.陈云文选：第2卷[M].北京：人民出版社，1995.

[14] 陈云.陈云文选：第3卷[M].北京：人民出版社，1995.

[15] 邓小平.邓小平文选：第2卷[M].北京：人民出版社，1994.

[16] 邓小平.邓小平文选：第3卷[M].北京：人民出版社，1993.

[17] 江泽民.论“三个代表”[M].北京：中央文献出版社，2001.

[18] 胡锦涛.高举中国特色社会主义伟大旗帜，为夺取全面建设小康社会新胜利而奋斗——在中国共产党第十七次全国代表大会上的报告[M].北京：人民出版社，2007.

[19] 孙其昂.社会学视野中的思想政治工作[M].北京：中国物价出版社，2002.

[20] 张耀灿，等.思想政治教育学前沿[M].北京：人民出版社，2006.

[21] 从进.曲折发展的岁月[M].北京：人民出版社，2009.

[22] 徐崇温.中国特色社会主义理论体系研究[M].重庆：重庆出版社，2011.

[23] 巴志鹏,朱修国.十六大以来党的重大理论创新[M].广州:广东人民出版社,2007.
[24] 中共中央宣传部理论局.从怎么看到怎么办——理论热点面对面·2011[M].北京:人民出版社,2011.
[25] 中共中央文献研究室.十六大以来重要文献选编:中[M].北京:中央文献出版社,2006.
[26] 中共中央文献研究室.十六大以来重要文献选编:上[M].北京:中央文献出版社,2005.
[27] 林白鹏.消费经济辞典[M].北京:经济科学出版社,1991.
[28] 郑红娥.社会转型与消费革命[M].北京:北京大学出版社,2006.
[29] 罗子明.消费者心理学[M].北京:清华大学出版社,2002.
[30] 杨魁,董雅丽.消费文化——从现代到后现代[M].北京:中国社会科学出版社,2003.
[31] 杨桂华.转型社会控制论[M].太原:山西教育出版社,1998.
[32] 陶东风.知识分子与社会转型[M].郑州:河南大学出版社,2004.
[33] 张筱薏.消费背后的隐匿力量——消费文化权力研究[M].北京:知识产权出版社,2009.
[34] 赵玲.消费合宜性的伦理意蕴[M].北京:社会科学文献出版社,2007.
[35] 王宁.消费社会学[M].北京:社会科学文献出版社,2011.
[36] 王宁.从苦行者社会到消费者社会[M].北京:社会科学文献出版社,2009.
[37] 刘泓.消费、象征和权力[M].福州:海峡文艺出版社,2002.
[38] 郑杭生,李强,李路路,等.当代中国社会结构和社会关系研究[M].北京:首都师范大学出版社,1997.
[39] 马立诚,凌志军.交锋——当代中国三次思想解放实录[M].北京:今日中国出版社,1998.
[40] 俞海山.可持续消费模式论[M].北京:经济科学出版社,2002.
[41] 崔欣,孙瑞祥.大众文化与传播研究[M].天津:天津人民出版社,2005.
[42] 伍庆.消费社会与消费认同[M].北京:社会科学文献出版社,2009.
[43] 吴冷西.十年论战:上[M].北京:中央文献出版社,1999.
[44] 袁贵仁.马克思的人学思想[M].北京:北京师范大学出版社,1996.
[45] 袁贵仁.价值学引论[M].北京:北京师范大学出版社,1991.
[46] 胡建.启蒙的价值目标与人类解放[M].上海:学林出版社,2000.
[47] 金民卿.文化全球化与中国大众文化[M].北京:人民出版社,2004.
[48] 何清涟.现代化的陷进[M].北京:今日中国出版社,1998.
[49] 郜尚贤.弗洛伊德无意识论[M].西安:陕西人民出版社,1998.
[50] 厉以宁.消费经济学[M].北京:人民出版社,1984.
[51] 孙伯鍨,侯惠勤.马克思主义哲学的历史和现状:上卷[M].南京:南京大学出版社,2004.

[52] 张坤民.可持续发展概论[M].北京:中国环境科学出版社,1997.
[53] 赵润琦.论中国当代价值观变革的几个问题[M].西安:陕西人民出版社,2009.
[54] 吴忠民.走向公正的中国社会[M].济南:山东人民出版社,2008.
[55] 陈学明,吴松,远东.痛苦中的安乐:马尔库塞、弗洛姆论消费主义[M].昆明:云南人民出版社,1998.

二、中国传统文化著作类参考文献

[1] 陈鼓应.老子今注今译[M].北京:商务印书馆,2003.
[2] 蒙培元.中国心性论[M].台北:学生书局,1990.
[3] 冯友兰.中国哲学简史[M].天津:天津社会科学院出版社,2005.
[4] 王先谦.诸子集成:荀子集解[M].北京:中华书局,1954.

三、国外理论著作类参考文献

[1] [美]马尔库塞.单向度的人[M].张峰,译.重庆:重庆出版社,1988.
[2] [法]埃米尔·涂尔干.社会分工论[M].渠东,译.北京:三联书店,2000.
[3] [美]凡勃伦.有闲阶级论[M].蔡受百,译.北京:商务印书馆,1964.
[4] [德]尤尔根·哈贝马斯.合法化危机.[M].刘北成,曹卫东,译.上海:上海人民出版社,2009.
[5] [德]哈贝马斯.公共领域的结构转型[M].曹卫东,译.上海:学林出版社,1999.
[6] [德]马克斯·韦伯.新教伦理与资本主义精神[M].阎克文,译.北京:北京大学出版社,2012.
[7] [英]葛凯.中国消费的崛起[M].曹槟,译.北京:中信出版社,2011.
[8] [英]Robert Bocock.消费.[M].张君玫,黄鹏仁,译.台北:巨流图书公司,1999.
[9] [德]黑格尔.小逻辑[M].贺麟,译.北京:商务印书馆,1980.
[10] [荷]伯纳德·曼德维尔.蜜蜂的寓言[M].肖津,译.北京:中国社会科学出版社,2002.
[11] [美]艾伦·杜宁.多少算够——消费社会与地球的未来[M].毕聿,译.长春:吉林大学出版社,1997.
[12] [美]D.梅多斯,等.增长的极限[M].于树生,译.北京:商务印书馆,1984.
[13] [英]安东尼·吉登斯.现代性与自我认同[M].赵旭东,方文,译.北京:三联书店,1998.
[14] [法]费尔南·布罗代尔.资本主义论丛[M].顾良,张慧君,译.北京:中央编译出版社,1997.

[15] [德]齐奥尔格・西美尔.金钱、性别、现代生活风格[M].顾仁明,译.上海:学林出版社,2000.
[16] [美]詹姆斯・特威切尔.美国的广告[M].屈晓明,译.南京:江苏人民出版社,2006.
[17] [美]乔纳森・弗里德曼.文化认同与全球性的过程[M].郭健如,译.北京:商务印书馆,2003.
[18] [法]帕斯卡尔.思想录——论宗教和其他主题的思想[M].何兆武,译.北京:商务印书馆,1985.
[19] [法]让・波德里亚.消费社会[M].刘成富,全志钢,译.南京:南京大学出版社,2000.
[20] [德]弗・鲍尔生.德国教育史[M].腾大春,腾大生,译.北京:人民教育出版社,1986.
[21] [法]爱弥尔・涂尔干.教育思想的演进[M].李康,译.上海:上海人民出版社,2006.
[22] [加]本・阿格尔.西方马克思主义概论[M].慎之,等译.北京:中国人民大学出版社,1991.
[23] [英]西莉亚・卢瑞.消费文化[M].张萍,译.南京:南京大学出版社,2003.

四、国内期刊论文类参考文献

[1] 孙其昂.论思想政治教育的现代转型——基于社会、历史、系统视野的考察[J].思想教育研究,2007(8).
[2] 侯勇,孙其昂.论思想政治教育价值的历史转型与现代发展——基于社会、历史、系统视野的考察[J].理论与改革,2011(2).
[3] 盛跃明,孙其昂.思想政治教育的现代转型及其路径[J].求实,2010(2).
[4] 戴锐.消费主义生活方式与青年精神[J].青年研究,1997(8).
[5] 侯惠勤,等."普世价值"与核心价值观的反渗透[J].马克思主义研究,2010(11).
[6] 顾明远.教育现代化的基本特征及实施策略[J].人民教育,2007(Z2).
[7] 童世骏.风险社会、文明冲突和永久和平[J].读书,2002(5).
[8] 诸宏启.教育现代化的性质与分析框架[J].高等师范教育研究,1998(3).
[9] 冯建军.论当代中国教育的双重转型[J].南京师范大学学报(社会科学版),2011(3).
[10] 叶澜.实现转型:新世纪初中国学校变革的走向[J].探索与争鸣,2002(7).
[11] 李景林.即"有名"而显"无名"——从《老子》首章看老子之道论[J].甘肃社会科学,2005(6).
[12] 朱佳木.毛泽东对计划经济的探索及其对社会主义市场经济的意义[J].中共党史研究,2007(2).
[13] 向新,苏少之.1957—1978 年中国计划经济体制下的非计划经济因素[J].中国经济史研

究,2002(6).

[14] 李晓西.中国市场化进程脉络:以计划经济和市场经济为边界[J].改革,2009(12).

[15] 高华.影响幸福的几种消费行为初探[J].消费导刊,2008(20).

[16] 卢嘉瑞.提高居民消费率:扩大消费需求的重中之重[J].消费经济,2007(6).

[17] 卢嘉瑞.论消费与环境的和谐[J].湘潭大学学报(哲学社会科学版),2007(1).

[18] 范彩娥.教育转型刍议[J].吉林教育科学,1998(9).

[19] 李景源.核心价值体系与中国发展道路[J].马克思主义研究,2010(5).